生活离不开的民法典

CIVIL CODE

北京市炜衡律师事务所 编著

法律出版社 LAW PRESS · CHINA | 北京

编委会

主　编　张小炜

编　委（按姓氏笔画为序）

王保华　孙晓琳　刘纪伟　任彦锦　严　涛
吴新华　吴　珲　杨黎明　杨　明　肖　军
张　杰　张　静　李兰明　罗记永　武　涛
胡　波　郝　萍　雷丹玫

序

《中华人民共和国民法典》(以下简称《民法典》)是一部固根本、稳预期和利长远的基础性法律,对国家的政治、经济、文化、社会和生态文明等各领域将产生广泛而深远的影响,是国家治理现代化的重要制度基础。

《民法典》作为我国第一部以法典命名的法律,共七编、1260条,10万余字,是我国法律体系中条文最多、体量最大和编章结构最复杂的“社会生活百科全书”,也是提高国民素质的“教科书”。

国家治理现代化以人的全面发展为目标,是以人为本的治理机制。《民法典》实施的过程也是主体自治能力的成长过程。如何让《民法典》走到群众身边、走进群众心里,更好地保障人民的合法权益,是法律人义不容辞的责任。

鉴于《民法典》体系庞杂,为帮助人们更有趣味地学习《民法典》,北京市炜衡律师事务所组织资深专业律师采用图文并茂讲故事的形式编著了《生活离不开的民法典》一书。我们希望通过解读与人们的生活息息相关的典型案例,普及宣传《民法典》的重要条款,让读者由浅入深、循序渐进、层层递进地学习《民法典》,以期能够对读者有所启发和裨益,切实增强法治观念,增强权利保护意识与技能,知行合一地践行《民法典》,进而有效提高国民素质,促进国家治理机制现代化目标的实现。

北京市律师协会副会长

中共北京市炜衡律师事务所党委书记

北京市炜衡律师事务所管委会主席

Contents

目　录

第一编　总　则

1. 父母向成年子女的经济资助是借款还是赠与？ / 3
2. 不诚信购物在先，超市需要为住院费用“买单”吗？ / 5
3. 谁来支付环境污染的处置费用？ / 7
4. 涉外民事活动发生纠纷适用哪国法律呢？ / 9
5. 老年人实施的民事行为效力如何认定？ / 11
6. 社区出具的无民事行为能力人的证明有效吗？ / 14
7. 谁来担任限制民事行为能力人的监护人？ / 16
8. 外祖母在世的情况下，指定其他人为未成年人的监护人合法吗？ / 19
9. 未成年人意外死亡，父母有责任吗？ / 22
10. 监护人有权处分未成年人的财产吗？ / 24
11. 公司未成立的，公司在设立过程中产生的债务由谁负担？ / 27
12. 公司董事的行为可以和章程冲突吗？ / 30
13. 股东签名不属实的股东会决议是无效的吗？ / 33
14. 村民委员会与居民委员会的职责一样吗？ / 36
15. 什么是非法人组织？ / 40
16. 合伙企业欠款，债权人可以直接起诉合伙人吗？ / 43

17. 合伙企业期限未届满能解散吗？ / 46
18. 人民法院能否受理合伙企业强制清算案件？ / 50
19. 网络游戏消费者的虚拟财产能受到保护吗？ / 54
20. 丈夫未尽扶养义务，妻子离婚时如何维权？ / 56
21. 沉默在什么情况下可以被视为作出意思表示？ / 59
22. 拍卖所得房产未及时变更登记，拍卖购房行为是否有效？ / 62
23. 缺乏判断能力导致签订了不公平的合同，合同可以撤销吗？ / 65
24. 投资约定了“固定回报”就一定有效吗？ / 68
25. 民事法律行为被确认无效后当事人该怎么办？ / 71
26. “有钱时再还”的还款约定是否有效？ / 74
27. 附期限的民事法律行为何时生效？ / 77
28. 银行工作人员的行为对银行有效吗？ / 79
29. 没有代理权实施的代理行为有效吗？ / 82
30. 借款人不还款，保证人要承担什么责任？ / 85
31. 侵害他人的著作权，应当承担什么样的民事责任？ / 88
32. 违约行为造成对方财产损失应承担何种责任？ / 91
33. 当事人涉嫌犯罪，还需要承担民事责任吗？ / 94
34. 诉讼时效抗辩权应当如何适用？ / 97

第二编 物　权

35. 借用别人的名义出资买房，房屋能按约定归出资人所有吗？ / 103
36. 不动产权证书与不动产登记簿不一致时以哪个为准？ /106
37. 承租人可以查询、复制出租人的房屋登记资料吗？ / 109
38. 购房后的网签可以替代预告登记吗？ / 112

39. 能否基于以物抵债取得车辆的所有权？ / 115
40. 继承的房屋未经登记就直接转卖能过户吗？ / 118
41. 村委会是否有权强拆农民宅基地上的房屋？ / 121
42. 土地补偿费归土地承包人所有吗？ / 124
43. 一楼业主有权不交电梯费吗？ / 127
44. 物业公司有权在小区绿地上划出停车位出租吗？ / 130
45. 购买的车位占用了小区道路，可以要求开发商退款吗？ / 133
46. 住宅小区的业主有权将自己的房屋出租给健身公司吗？ / 136
47. 按份共有人擅自处理共有财产怎么办？ / 139
48. 合法取得的他人遗失物是否需要返还？ / 143
49. 发布了悬赏广告可以不兑现吗？ / 146
50. 不动产被征收、征用后用益物权人能否获得补偿？ / 149
51. 转让或互换土地承包经营权，未经登记有效吗？ / 152
52. 村委会能以家庭人口减少为由收回土地承包经营权吗？ / 155
53. 土地承包经营权人向本集体组织之外的人出租土地经营权，需要经过村委会同意吗？ / 158
54. 土地经营权人未经登记能否对抗其他善意土地经营权人？ / 161
55. 住宅建设用地使用权届满了，怎么办？ / 164
56. 因泥石流等导致宅基地灭失的，村民能否重新分配获得宅基地？ / 167
57. 所有权人可以通过设立居住权保护再婚配偶的权益吗？ / 170

58.“以房养老”如何能更有保障？ / 173
59. 新房屋所有权人能要求居住权人搬出房屋吗？居住权人死亡后居住权能被继承吗？ / 176
60. 为了维护自己土地的利益，可以设定地役权吗？ / 179
61. 成立在先的用益物权能否对抗地役权的设立？ / 182
62. 以房屋买卖为名为借款提供担保的合同性质如何确定？ / 185
63. 尚未分割的遗产可以用来设立抵押权吗？ / 188
64. 企业能不能以现有的以及未来可能买进的全部生产设备设立抵押？ / 192
65. 抵押人能把抵押物卖掉吗？ / 195
66.“A 货”能不能用作质物呢？ / 198
67. 借款时可以约定若不还钱质物直接归质权人所有吗？ / 200
68. 质押的牛死了，责任该由谁承担？ / 203
69. 债权人何时可以行使留置权？ / 206
70. 已经被设立抵押登记的财产又被留置了，是抵押权优先还是留置权优先？ / 209
71. 基于合同关系产生的占有，占有人有权要求排除妨碍吗？ / 211

第三编 合同

72. 商业广告宣传能构成要约吗？ / 217
73. 预约合同如何受到法律保护？ / 220
74. 格式条款是否会成为“霸王条款”？ / 224
75. 完成悬赏广告的任务后可以要求“一手交钱一手交货”吗？ / 228

76. 法定代表人越权签订的合同有效吗？ / 231
77. 网购产品遗失，谁来负责？ / 234
78. 垫付连带债务是理所应当的吗？ / 238
79. 涉及第三人的合同，债务人对谁负责？ / 241
80. 债务人有债不讨，债权人如何维权？ / 244
81. 债权人如何避免债务人恶意逃债？ / 247
82. 债务人能否向债权的受让人主张抵销？ / 250
83. 在哪些情况下可以行使合同解除权？ / 254
84. 买卖合同中的检验期限有多长？ / 258
85. 分批交付买卖合同可以部分解除吗？ / 262
86. 分期付款买卖合同何时可以解除？ / 265
87. 所有权保留的买卖合同中买受人停止付款，出卖人要怎么办？ / 268
88. 赠与合同可以随时撤销吗？ / 271
89. 借款合同应该包含哪些内容？ / 275
90. “砍头息”的约定有效吗？ / 278
91. 民间借贷如何确定利息？ / 281
92. 民办学校能否作为保证人承担保证责任？ / 285
93. 当事人在保证合同中对保证方式没有约定或者约定不明确，该如何承担保证责任？ / 288
94. 没有约定或者约定不明确的保证期间到底有多久？ / 291
95. 租赁合同要约定哪些内容？ / 294
96. 承租人可以转租租赁物吗？ / 298
97. 融资租赁遇上无法还款的情况怎么办？ / 301
98. 签订了“保理合同”就属于保理合同法律关系吗？ / 304
99. 串标签订的建设工程合同有效吗？ / 307

100. 乘客在行程中突发疾病身亡，承运人要承担责任吗？ / 310
101. 客车发生交通事故，免票儿童的人身伤害由谁负责？ / 313
102. 相继运输合同中货物灭失责任由谁承担？ / 316
103. 技术咨询合同的技术成果属于谁？ / 319
104. 寄存的物品受损谁来担责？ / 322
105. 受托人可以把委托事务转给其他人吗？ / 325
106. 解除委托合同后对方可以主张预期利益吗？ / 328
107. 业主收房后久未居住，是否应当交纳物业费？ / 331
108. 什么是行纪合同？ / 334
109. 客户“跳单”需要支付中介费用吗？ / 337
110. 散伙后合伙债务如何承担？ / 340
111. 合伙人的债权人可以行使“代位权”吗？ / 343
112. 合伙合同终止后合伙财产如何分配？ / 346
113. “无因管理”后可主张哪些费用？ / 349
114. “意外之财”需要返还吗？ / 352

第四编 人格权

115. 死者的名誉权能受到法律保护吗？ / 359
116. 双方自愿的情况下能否买卖人体器官？ / 362
117. 员工遭遇职场性骚扰，单位需要赔偿吗？ / 365
118. 为索债非法拘禁他人要担责吗？ / 368
119. 使用他人姓名举报侵犯了他人姓名权吗？ / 371
120. 子女可以随除父母之外的第三方姓氏吗？ / 374

121.“无偿”的“粉丝爱”侵犯肖像权吗？ / 377
122. 新闻报道配图侵犯肖像权吗？ / 380
123. 许可使用肖像后，对使用方式有异议怎么办？ / 383
124.《肖像许可使用合同》签订后可以随时解除吗？ / 386
125. 自己的声音被他人使用能维权吗？ / 389
126.“新闻人”的报道行为一律免责吗？ / 393
127. 文学作品里未“指名道姓”会侵犯名誉权吗？ / 397
128. 媒体平台报道失实，当事人可以要求其删除吗？ / 400
129. 信用信息登记错误了怎么办？ / 403
130. 荣誉被“遗忘”，当事人可以维权吗？ / 406
131. 不涉及隐私的个人信息能受到法律保护吗？ / 409
132. 个人信息的处理要遵循哪些原则和条件？ / 413

第五编
婚姻家庭

133. 受胁迫的婚姻可以被撤销吗？ / 419
134. 婚前患有重大疾病，婚姻有效吗？ / 423
135. 夫妻一方的行为什么时候对双方发生效力？ / 427
136. 婚姻关系存续期间所得的财产都是夫妻共同财产吗？ / 431
137. 夫妻一方产生的债务是夫妻共同债务吗？ / 435
138. 夫妻之间有“财产约定”，债务如何承担？ / 439
139. 丈夫转移、挥霍资金，妻子可以主张分割共同财产吗？ / 442
140. 离婚后爸爸不再支付抚养费，妈妈可以代表未成年子女起诉吗？ / 445
141. 生父需要支付非婚生子女的抚养费吗？ / 448

142. 如何通过诉讼确认亲子关系？ / 451
143. 诉讼离婚可以适用冷静期制度吗？ / 455
144. 夫妻分居多久可以离婚？ / 459
145. 现役军人长期无法回家，妻子能够以感情破裂为由提起离婚诉讼吗？ / 463
146. 丈夫能否在妻子分娩后 1 年内要求离婚？ / 466
147. 对于抚养权有争议时，孩子到底跟谁？ / 469
148. 离婚时未约定抚养费，直接抚养子女的一方还能要求对方支付抚养费吗？ / 473
149. 父母离婚后，爸爸能否拒绝妈妈探视孩子？ / 476
150. 离婚时夫妻共同财产如何分割？ / 479
151. 对方出轨能否主张离婚损害赔偿？ / 483
152. 离婚后发现前夫用夫妻共同财产支付私生子抚养费，属于自己的财产还能要回吗？ / 487
153. 被送养的孩子长大后，亲生父母能主张收养关系无效吗？ / 490
154. 舅舅收养外甥女需要满足哪些条件？ / 493
155. 亲生父母能否与未成年子女的收养人解除收养关系？ / 497
156. 成年养子女不尽赡养义务，收养关系能解除吗？ / 500

第六编 继承

157. 父子同时死亡，遗产该如何继承？ / 505
158. 丧葬费和死亡抚恤金是遗产吗？ / 508
159. 沉默的受遗赠人可以获得遗产吗？ / 511
160. 虐待老人会丧失继承权吗？ / 514
161. 私生子有继承权吗？ / 517

162. 姐姐的儿子是代位继承人吗？ / 520
163. 丧偶儿媳可以继承婆婆遗产吗？ / 523
164. 同为子女，为什么继承的遗产份额不均等？ / 526
165. 遗嘱信托是什么？ / 529
166. 代书遗嘱什么情况下无效？ / 532
167. 打印的遗嘱有效吗？ / 535
168. 由亲属见证的录音录像遗嘱有效吗？ / 538
169. 口头遗嘱有法律效力吗？ / 541
170. 谁是合格的遗嘱见证人？ / 544
171. 遗嘱人先后写有多份遗嘱，到底哪份有效？ / 547
172. 精神病人的遗嘱有效吗？ / 550
173. 继承开始后，由谁担任遗产管理人？ / 553
174. 不能协商一致时，到底该如何确定遗产管理人？ / 556
175. 遗产管理人损毁遗产要承担责任吗？ / 559
176. 孙子可以继承爷爷的遗产吗？ / 562
177. 处分了夫妻共同财产的遗嘱有效吗？ / 565
178. 胎儿可以继承遗产吗？ / 568
179. 人死债消，还是父债子偿？ / 571
180. 没有法定继承人和受遗赠人的遗产该归谁？ / 574

第七编
侵权责任

181. 什么是侵权责任中的过错责任？ / 579
182. 什么是侵权责任中的无过错责任？ / 582
183. 二人以上共同实施侵权行为，如何承担法律责任？ / 585
184. 教唆未成年人侵权要承担什么责任？ / 587
185. 共同危险行为致人伤害，应如何承担法律责任？ / 590
186. 分别侵权造成同一损害，责任怎么承担？ / 593

187. 有过错的被侵权人能获得全部损害赔偿吗？ / 596
188. 在自愿参加的足球赛中受伤，能否要求其他队员承担赔偿责任？ / 598
189. 饭店老板可以扣押拒绝付账的客人吗？ / 601
190. 同一事故死亡，会“同命不同价”吗？ / 604
191. 被侵权人何时能够请求精神损害赔偿？ / 607
192. 双方都无过错，责任由谁承担？ / 610
193. 精神障碍患者侵权，谁来承担责任？ / 613
194. 用餐时被服务员烫伤，谁来承担赔偿责任？ / 616
195. 受雇承揽某项工作致自己损害，谁来承担责任？ / 619
196. 顾客受伤，经营者是否要承担赔偿责任？ / 622
197. 小学生在校受伤，学校要承担责任吗？ / 625
198. 高中生在校受伤，学校在何种情况下承担侵权责任？ / 628
199. 未经家人同意将未成年人交由他人接走后发生事故，幼儿园是否应当承担责任？ / 631
200. 产品缺陷导致损害，生产者应承担何种责任？ / 634
201. 因产品缺陷致人损害，应该向谁主张责任？ / 637
202. 运输者过错导致产品缺陷造成他人损害，受害者应当向谁主张权利？ / 641
203. 把车辆借给别人发生交通事故，车主要担责吗？ / 644
204. 机动车未过户，侵权责任谁承担？ / 647
205. 搭乘同事车辆发生事故致伤，同事是否担责？ / 650
206. 公益组织是否有权要求污染企业承担惩罚性赔偿责任？ / 653
207. 高空抛物致人损害，整栋楼都要承担赔偿责任吗？ / 656

第一编　总　则

1.父母向成年子女的经济资助是借款还是赠与？

答案

汤女士的父母向其成年子女汤女士的资助应当视为借款行为，且应属汤女士与其先生的夫妻共同债务，汤女士的先生对此负有偿还的义务。

相关法条

《民法典》第1条　为了保护民事主体的合法权益，调整民事关系，维护社会和经济秩序，适应中国特色社会主义发展要求，弘扬社会主义核心价值观，根据宪法，制定本法。

《民法典》第8条　民事主体从事民事活动，不得违反法律，不得违背公序良俗。

《民法典》第26条　父母对未成年子女负有抚养、教育和保护的义务。

成年子女对父母负有赡养、扶助和保护的义务。

律师评析

在现实生活中，父母给予成年子女的经济帮助，多数并未明确是借款还是赠与。但是，根据我国法律有关规定，父母抚养子女的义务，仅限于对未成年子女或不能独立生活的子女；对于能够独立生活的成年子女，父母则没有抚养的法定义务。如果将父母对成年子女的经济帮助视为当然的赠与，这无疑是鼓励社会上的“啃老”恶习，这与我国所弘扬的社会主义核心价值观明显相悖。基于此，我国及时将“弘扬社会主义核心价值观”纳入《民法典》。这无疑是时代的呼唤和人民的期盼，体现了我国《民法典》坚持依法治国与以德治国相结合的鲜明中国特色。

律师提示

父母对成年子女的经济资助有权要求子女偿还，成年子女应当强化自立意识，丢掉“啃老”的幻想和恶习。

2.不诚信购物在先，超市需要为住院费用“买单”吗？

答案 超市不用为楼老太住院的医疗费用承担赔偿责任，因为楼老太违反诚实信用原则在先。

相关法条

《民法典》第 7 条　民事主体从事民事活动，应当遵循诚信原则，秉持诚实，恪守承诺。

律师评析

诚实守信是民法中的“帝王条款”，不仅我国《民法典》对此予以明确规定，其他国家民事法律也多有明确规定。这就昭示人们，从事民事活动应当切实遵守诚实信用原则。当事人因违反诚实信用原则而没有得到法院对其诉求的支持的案件非常多。例如，一购买者违反约定，“跳过”房屋中介私自与房主签订购买协议，因为违反诚实信用原则，赔偿了房屋中介所遭受的中介费用和服务费等损失。又如，一名劳动者多次通过“劳动碰瓷”的方式诱使用人单位解除劳动关系，因其严重违反诚实信用原则，法院对其支付工资差额与赔偿金等主张不予支持。再如，因于某某学历造假，法院判定公司无需支付于某某违法解除劳动合同赔偿金。

上述案例中，楼老太违反诚实信用原则在先，且超市方未对楼老太采取不适当的措施，故对楼老太的住院治疗费用，超市无需承担赔偿责任。

律师提示

诚实信用原则是我国公民从事民事活动和进行民事诉讼的核心原则，从事民事活动应当切实秉持诚实，恪守承诺。诚信乃为人之本，无信者寸步难行。

3.谁来支付环境污染的处置费用？

答案

某异型钢有限公司应当向靖城街道办事处支付已垫付的90万元环境污染处置费用。因为该公司无证排放污染物的行为不仅严重影响周边居民的正常生产生活，也损害了周边地块的环境，是典型的违反《民法典》所规定的节约资源、保护环境原则的行为。

相关法条

《民法典》第9条　民事主体从事民事活动，应当有利于节约资源、保护生态环境。

《民法典》第294条　不动产权利人不得违反国家规定弃置固体废物，排放大气污染物、水污染物、土壤污染物、噪声、光辐射、电磁辐射等有害物质。

律师评析

节约资源、保护环境是我国生态文明建设的客观需要和紧迫任务。我国《民法典》及时予以回应，将节约资源、保护环境上升为一项基本原则。为了切实落实这一基本原则，《民法典》物权编中还增加了业主的相关行为应当符合节约资源、保护生态环境的规定（第286条），用益物权人行使权利应当遵守保护生态环境的规定（第326条）；合同编中增加了出卖人应当采取有利于节约资源、保护生态环境的包装方式的规定（第619条）。现实生活中，礼品和小件快递过度包装也已成为我国现代社会铺张浪费和破坏环境的一个不可忽视的突出问题。

律师提示

节约资源、保护环境人人有责，从自己做起、从现在做起、从身边做起。

4.涉外民事活动发生纠纷适用哪国法律呢?

答案

该纠纷应当适用中国法律。因为我国《民法典》明确规定，中华人民共和国领域内的民事活动，尤其是中外合作勘探开发自然资源等合同，应当优先适用中华人民共和国法律。

相关法条

《民法典》第12条　中华人民共和国领域内的民事活动，适用中华人民共和国法律。法律另有规定的，依照其规定。

《民法典》第467条第2款　在中华人民共和国境内履行的中外合资经营企业合同、中外合作经营企业合同、中外合作勘探开发自然资源合同，适用中华人民共和国法律。

律师评析

在我国境内从事中外合资经营、中外合作经营和中外合作勘探开发自然资源等活动，涉及中国的重要利益，故我国法律明确规定优先适用中国法律。这与2020年1月1日施行的《外商投资法》《中华人民共和国外商投资法实施条例》规定的外商投资促进新政策并不矛盾。在我国领域内从事民事活动适用我国法律，这种属地管辖优先原则是国家主权原则的体现，也是世界各国民事立法的普遍做法。

律师提示

在我国境内从事民事活动，尤其是外商投资企业和外商投资者涉及中外合资经营、中外合作经营和中外合作勘探开发自然资源等的活动，出现纠纷应当优先适用中国法律。

5.老年人实施的民事行为效力如何认定？

答案　刘某有医院的体检证明，证明其属于完全行为能力人，其到公证处进行遗嘱公证的民事法律行为具有法律效力。

相关法条

《民法典》第22条　不能完全辨认自己行为的成年人为限制民事行为能力人，实施民事法律行为由其法定代理人代理或者经其法定代理人同意、追认；但是，可以独立实施纯获利益的民事法律行为或者与其智力、精神健康状况相适应的民事法律行为。

《民法典》第1133条第2款　自然人可以立遗嘱将个人财产指定由法定继承人中的一人或者数人继承。

《民法典》第1142条第3款　立有数份遗嘱，内容相抵触的，以最后的遗嘱为准。

律师评析

民事行为能力，是指自然人通过自己独立的行为参与民事交往，从而享有民事权利和承担民事义务的可能性。规定这一制度一方面是为了保护未成年人以及心志不正常者的合法权益，另一方面也是为了维护正常的交易行为，提高交易效率。

《民法典》总则编第22条对自然人的限制民事行为能力作出了规定，指“不能完全辨认自己行为”。《民事诉讼法》第十五章“特别程序”中规定了“认定公民无民事行为能力、限定民事行为能力案件”，我国在对成年的无民事行为能力人和限制民事行为能力人的认定上，采用的是宣告制度。在经过法院宣告之前，这个人从事的民事行为都是有效的。

所以，在上述案例里，如果大儿子主张刘某立遗嘱时年龄较大、精神不佳，不具有完全民事行为能力，应根据《民法典》第24条的规定，作为利害关系人向法院申请宣告刘某为限制民事行为能力人。本案中，刘某去医院做了身体健康方面的测试，并去公证处进行了遗嘱公证，说明其智力精神正常，其立遗嘱的行为显然具有法律效力。

律师提示

阿尔兹海默症在我国的老年群体里发病率极高，如果家中有老人患了这种疾病，最好尽早到法院申请对其民事行为能力进行宣告，患病老人自宣告之日起成为限制民事行为能力人。否则，如果老人在精神状况不佳的情况下实施了一些不利的民事行为，需要承担的仍然是完全民事行为能力人的责任，可能由此造成更多不必要的纠纷。

民事行为能力可以恢复，宣告民事行为能力的判决可以撤销。被人民法院认定为无民事行为能力人或者限制民事行为能力人的，可以由本人、利害关系人或者有关组织申请，人民法院可以根据其智力、精神健康恢复的状况，认定该成年人恢复为限制民事行为能力人或者完全民事行为能力人。

6.社区出具的无民事行为能力人的证明有效吗？

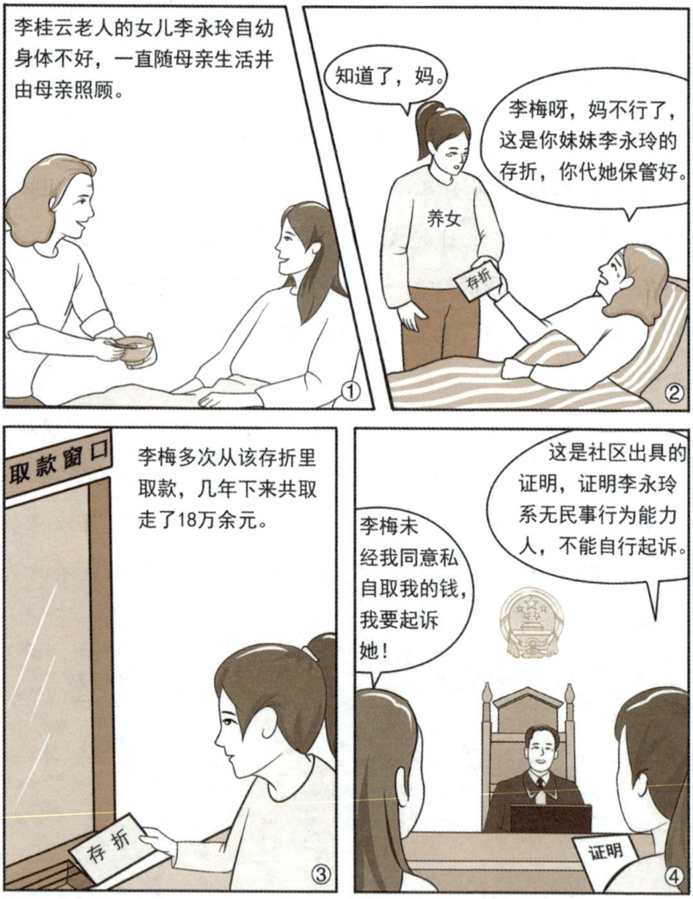

答案 社区出具的李永玲系无民事行为能力人的证明没有法律效力。根据我国民事法律的有关规定，成年人为无民事行为能力人或者限制民事行为能力人只能由法院认定。

相关法条

《民法典》第 24 条　不能辨认或者不能完全辨认自己行为的成年人，其利害关系人或者有关组织，可以向人民法院申请认定该成年人为无民事行为能力人或者限制民事行为能力人。

被人民法院认定为无民事行为能力人或者限制民事行为能力人的，经本人、利害关系人或者有关组织申请，人民法院可以根据其智力、精神健康恢复的状况，认定该成年人恢复为限制民事行为能力人或者完全民事行为能力人。

本条规定的有关组织包括：居民委员会、村民委员会、学校、医疗机构、妇女联合会、残疾人联合会、依法设立的老年人组织、民政部门等。

律师评析

对无民事行为能力人或限制民事行为能力人的确定，我国民事法律规定了两种方式：一种是直接由法律明确规定。不满 8 周岁的未成年人为无民事行为能力人，8 周岁以上的未成年人为限制民事行为能力人。另一种是由法院予以认定。不能辨认或者不能完全辨认自己行为的成年人为无民事行为能力人或者限制民事行为能力人需由法院认定。实践中，不少村委会、居委会常以自己的名义出具无民事行为能力人或者限制民事行为能力人的证明，但这是不符合法律规定的。村委会等有关组织只能作为申请主体向法院提出认定无民事行为能力人或者限制民事行为能力人的请求。

律师提示

认定成年人为无民事行为能力人或者限制民事行为能力人应向法院提出申请，而不能由有关组织予以直接认定。

7.谁来担任限制民事行为能力人的监护人？

答案 赵孝帅不是赵某的合法监护人，徐翠才是赵某的合法监护人。我国《民法典》明确规定，担任限制民事行为能力人的监护人是有顺序的，作为侄子的赵孝帅只能属于“其他愿意担任监护人的个人”，其担任监护人的顺序远远地排在了作为女儿的徐翠后面。

相关法条

《民法典》第23条　无民事行为能力人、限制民事行为能力人的监护人是其法定代理人。

《民法典》第28条　无民事行为能力或者限制民事行为能力的成年人，由下列有监护能力的人按顺序担任监护人：

（一）配偶；

（二）父母、子女；

（三）其他近亲属；

（四）其他愿意担任监护人的个人或者组织，但是须经被监护人住所地的居民委员会、村民委员会或者民政部门同意。

律师评析

监护人制度是我国民事法律制度的一项重要内容。我国民事法律针对两类不同对象，规定了两种类型的监护人制度。第一类为父母已经死亡或者没有监护能力的未成年人，担任其监护人的顺序为：（1）祖父母、外祖父母；（2）兄、姐；（3）其他愿意担任监护人的个人或者组织（须经未成年人住所地的居民委员会、村民委员会或者民政部门同意）。第二类为无民事行为能力或者限制民事行为能力的成年人，担任其监护人的顺序为：（1）配偶；（2）父母、子女；（3）其他近亲属；（4）其他愿意担任监护人的个人或者组织（须经被监护人住所地的居民委员会、村民委员会或者民政部门同意）。简言之，不论是担任未成年人的监护人，还是担任成年人的监护人，不仅要具有“监护能力”，而且应当根据法律规定的监护人顺序确定。

上述案例中，赵某作为无民事行为能力或者限制民事行为能力的成年人，其监护人序列中，配偶优先于父母、子女，父母、子女优先于其他近亲属，排在最后的是其他愿意担任监护人的个人或组织。赵孝帅虽与赵某亲近，但根据法律规定，其不属于“其他近亲属”，只能属于“其他愿意担任监护人的个人”。而赵某女儿徐翠的监护人顺序远排在赵孝帅之前，是第二顺序的监护人。

律师提示

担任监护人是有法定顺序的。若对担任监护人有争议，相关人员可以提起诉讼，也可以请求由被监护人住所地的居民委员会、村民委员会或者民政部门予以指定。

8.外祖母在世的情况下，指定其他人为未成年人的监护人合法吗？

答案

村委会在尊重被监护人真实意愿的情况下，根据最有利于被监护人的原则，指定贾风林、贾汝林为贾丽静的法定监护人符合法律规定。

相关法条

《民法典》第27条　父母是未成年子女的监护人。

未成年人的父母已经死亡或者没有监护能力的，由下列有监护能力的人按顺序担任监护人：

（一）祖父母、外祖父母；

（二）兄、姐；

（三）其他愿意担任监护人的个人或者组织，但是须经未成年人住所地的居民委员会、村民委员会或者民政部门同意。

《民法典》第31条第2款　居民委员会、村民委员会、民政部门或者人民法院应当尊重被监护人的真实意愿，按照最有利于被监护人的原则在依法具有监护资格的人中指定监护人。

律师评析

在指定未成年人的监护人时，不仅应当按照监护人顺序进行指定，而且应当尊重未成年人的真实意愿，并遵守最有利于被监护人原则。如果监护顺序与未成年人意愿发生冲突，应当以尊重未成年人的真实意愿和最有利于未成年人的原则确定监护人。

根据《民法典》第27条的规定，未成年人父母死亡或没有监护能力的，监护顺序为祖父母、外祖父母，兄、姐，其他愿意担任监护人的个人或者组织。其中，第三顺序的个人或组织如果要担任监护人，需要经未成年人住所地的居民委员会、村民委员会或者民政部门同意。在上述案例中，贾丽静的外祖母有资格作为贾丽静的监护人；叔伯二人作为愿意担任监护人的个人也排在监护顺序之中。就监护人顺序而言，外祖母是优于其他人的。但村委会一方面征求了贾丽静的个人意愿，另一方面客观评估了对该未成年人成长更优的环境，在已有一精神残疾病人需要监护的外祖母和经济条件优越、没有其他监护负担的叔伯之间，选择指定后者作为贾丽静的监护人，是符合法律规定的。

律师提示

指定监护人是居民委员会、村民委员会和民政部门等组织的一项法定职责。以上三组织在指定监护人时，不仅应当根据法定监护人顺序进行指定，更应当尊重被监护人的真实意愿并根据最有利于被监护人的原则确定。

9.未成年人意外死亡，父母有责任吗？

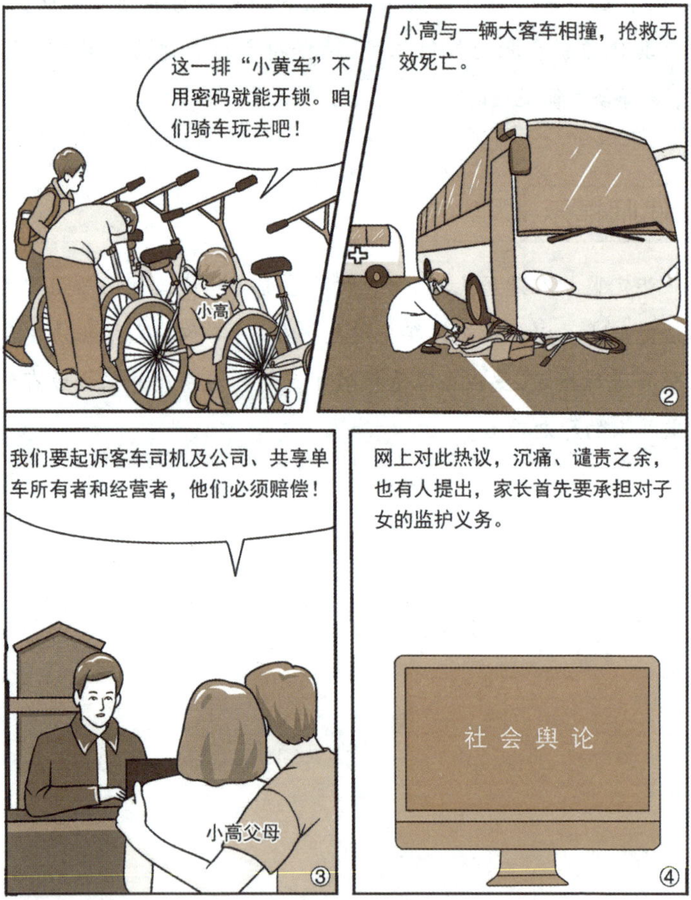

答案

根据我国法律规定，父母是未成年子女的监护人，对未成年子女负有教育和保护的义务。小高没有父母陪伴单独玩耍，私自解锁共享单车，作为法定监护人的父母没有尽到对未成年人小高的保护与教育职责，对其发生事故并导致死亡也有一定的法律责任。

相关法条

《民法典》第26条第1款　父母对未成年子女负有抚养、教育和保护的义务。

《民法典》第27条第1款　父母是未成年子女的监护人。

《民法典》第34条第1款至第3款　监护人的职责是代理被监护人实施民事法律行为，保护被监护人的人身权利、财产权利以及其他合法权益等。

监护人依法履行监护职责产生的权利，受法律保护。

监护人不履行监护职责或者侵害被监护人合法权益的，应当承担法律责任。

律师评析

小高发生事故并导致死亡的责任首先在于肇事者、共享单车经营者等赔偿主体，但是小高父母疏于对小高的管教也是显然的。小高的父母没有履行好对小高的监护职责，在培养小高形成正确的公私财物道德观念、增强日常的安全与规则意识等通识家庭教育上存在缺失，没有使小高形成必要的自我保护意识、交通安全意识及遵守规则的法治意识。

律师提示

作为监护人的父母应该切实加强对未成年子女的教育与保护，教育被监护的未成年人形成良好的公私财物道德观念、自我保护意识、交通安全意识和规则意识，减少悲剧的发生。

10.监护人有权处分未成年人的财产吗？

答案 小项母亲除非为了维护小项的利益，否则没有权利处分小项的财产。如果小项已满8周岁，属于限制民事行为能力人，母亲作为监护人，对财产的处分和利用应当征求小项的意见。

相关法条

《民法典》第35条　监护人应当按照最有利于被监护人的原则履行监护职责。监护人除为维护被监护人利益外，不得处分被监护人的财产。

未成年人的监护人履行监护职责，在作出与被监护人利益有关的决定时，应当根据被监护人的年龄和智力状况，尊重被监护人的真实意愿。

成年人的监护人履行监护职责，应当最大程度地尊重被监护人的真实意愿，保障并协助被监护人实施与其智力、精神健康状况相适应的民事法律行为。对被监护人有能力独立处理的事务，监护人不得干涉。

律师评析

监护是民法上建立的，由特定的人对不完全民事行为能力人的人身、财产及其他合法权益进行监督、保护的法律制度。监护人是履行该监督、保护义务的人。设立监护制度，是因为不完全民事行为能力人无法参与或无法全面地参与民事活动，监护人的存在可以通过代理实施民事法律行为，对不完全民事行为能力人的民事行为能力的欠缺予以弥补。《民法典》明确规定，监护人除非为了维护被监护人利益，不得处分被监护人的财产。

现实生活中，监护人的职责范围非常广泛，如保护被监护人的身体健康、照顾被监护人的生活、管理和保护被监护人的财产、代理被监护人进行民事活动、对被监护人进行管理和教育、担任被监护人诉讼中的法定代理人等。在履行这些职责时，监护人不免需要耗费一定的金钱，因此《民法典》规定，如果是为了被监护人的利益，监护人可以使用和处分被监护人的财产。而上述案例中，小项母亲纯粹为了个人消费而擅自处分小项个人财产的行为，显然不符合法律规定。《民法典》第34条也规定了监护人侵害被监护人财产权的应当负法律责任。小项的父亲同样作为小项的监护人，有权代小项就财产权受侵害向小项母亲提起诉讼。

律师提示

现实生活中，一些父母亲认为孩子年纪小，对金钱没有概念，因此经常任意支配孩子的财产，这种做法是错误的。财产权作为自然权利的一种，自人生于世上就被自然赋予，任何人都不得侵犯。

如果监护人严重侵害了被监护人的权益，那么其可能会面临监护人资格被撤销的后果，其他依法具有监护资格的人以及居委会、村委会、学校等组织有权向法院提出撤销监护人资格的申请。

根据法律规定，无民事行为能力人、限制民事行为能力人造成他人损害的，由监护人承担侵权责任。监护人尽到监护责任的，可以减轻其侵权责任。有财产的无民事行为能力人、限制民事行为能力人造成他人损害的，从本人财产中支付赔偿费用；不足部分，由监护人赔偿。

11.公司未成立的，公司在设立过程中产生的债务由谁负担？

答案 向阳公司在设立过程中产生的债务应该由甲公司、乙公司共同承担，故甲公司应该按照比例承担向阳公司设立过程中的债务。

相关法条

《民法典》第75条　设立人为设立法人从事的民事活动，其法律后果由法人承受；法人未成立的，其法律后果由设立人承受，设立人为二人以上的，享有连带债权，承担连带债务。

设立人为设立法人以自己的名义从事民事活动产生的民事责任，第三人有权选择请求法人或者设立人承担。

律师评析

法人设立过程中，因聘用工作人员、使用经营场所、购买必需品等，都有可能产生债务。如果法人最终设立，则设立过程中产生的债务应该由设立后的法人承担。但并非所有的法人设立最终都会完成。

不能完成法人设立的原因很多，主要有：(1)设立不能，包括未能募足资金、创立大会未能依法召开、未能形成章程或投资协议、不符合法人设立条件等；(2)设立无效，如存在虚报注册资本、提交虚假材料或者采取其他欺诈手段隐瞒重要事实取得公司登记等违反法律规定的行为；(3)发起人决议不设立公司；(4)未通过相关部门审批。

设立中的法人，是相对于法人的设立行为而言的，是指从设立法人开始到法人成立之前，但未取得法人地位的组织体。

依照《民法典》的规定，法人设立成功，设立人为设立法人从事的民事活动，其法律后果都由法人承担。如果法人设立失败，设立人所需承担的法律后果在对外与对内关系上有所区别：

1. 对外关系。法人未成立的，其法律后果由设立人承受，设立人为二人以上的，享有连带债权，承担连带债务。设立人为设立法人以自己的名义从事民事活动产生的民事责任，第三人有权选择请求法人或者设立人承担。

2. 对内关系。设立过程中产生的债权、债务依照双方约定处理；没有约定的，按照出资比例确认责任；没有出资比例的，按照均等份额分担责任。

律师提示

法人设立失败时，对法人设立过程中所产生的收益分配，参考有关法人设立过程中的债务处理原则，依照约定处理。没有约定的，设立人有权按照出资比例分配公司设立阶段从事经营行为所产生的盈利。

如果法人设立无效，即便法人已经登记，也应视为法人不存在。法人与其他债权人及出资人之间的关系应该均归于无效，按照无效民事法律行为处理。

12.公司董事的行为可以和章程冲突吗?

答案 该6名董事要求董事会自接到其提议之日起3个工作日形成更换董事长决议的行为,不符合公司章程,无效。

相关法条

《民法典》第 79 条　设立营利法人应当依法制定法人章程。

律师评析

章程由法人设立人共同制定并对法人、设立人、法人经营管理人员具有约束力的，调整法人内部关系和经营行为的自治规则。

设立法人必须依法制定法人章程；法人章程并不是对所有的人都有约束力，它只对法人、设立人、董事、监事、高级管理人员具有约束力。法人章程的内容、形式、修改程序都要符合法律规定，如公司章程必须在公司登记机关备案，如果公司章程有违反法律、行政法规的内容，登记机关有权要求公司作相应修改，而公司章程修改必须经代表 2/3 以上表决权的股东通过。

法人章程应该公开，不仅要对包括设立人在内的投资者公开，还要对包括债权人在内的社会公众公开。

法人章程同时还是政府对公司进行管理的重要依据。公司发起人将章程备案，就是向政府作出了保证，保证按照章程所规定的准则从事组织和经营活动，如果法人违反了章程，应该承担相应的法律责任。

《民法典》并没有直接规定违反法人章程的法律后果，我们以《公司法》为例来看一下违反法人章程的法律后果：

1. 公司股东违反公司章程应承担赔偿责任

公司股东不得滥用股东权利损害公司或者其他股东的利益，不得滥用公司法人独立地位和股东有限责任损害公司债权人的利益。

公司股东滥用股东权利给公司或者其他股东造成损失的，应当依法承担赔偿责任。公司股东滥用公司法人独立地位和股东有限责任，逃避债务，严重损害公司债权人利益的，应当对公司债务承担连带责任。

2. 董事、监事、高级管理人员违反公司章程应该承担赔偿责任

为了防止董事、监事、高级管理人员在公司治理过程中侵害股东、公司利益，公司章程对公司组织机构及其产生办法、职权、议事规则都做了具体规定，甚至对董事、监事、高级管理人员的报酬、竞业禁止都可能予以约束，所以公司章程是公司董事、监事、高级管理人员依法治理公司、行使职权的重要依据，公司董事、监事、高级管理人员不得违反公司章程。

董事、监事、高级管理人员执行公司职务时违反公司章程的规定，给公司造成损失的，应当承担赔偿责任，损害股东利益的，股东可以向人民法院提起诉讼。

律师提示

公司管理层包括董事、监事和高级管理人员，负责公司经营决策、公司事务的执行和监督，是公司管理的核心，他们的行为都应受公司章程约束。

对于法人章程是设立人签字时生效还是备案后生效，我国法律没有明确规定，但通过设立股份有限公司，应当具备的条件之一是“发起人制订公司章程，采用募集方式设立的经创立大会通过”的法律规定可以看出，募集设立的股份有限公司，章程在创立大会通过后生效，所以章程生效时间一般掌握为设立人签字时生效。

13.股东签名不属实的股东会决议是无效的吗？

答案　股东签名不属实不属于公司决议无效情形，应该根据股东签名不属实是否符合公司决议不成立或者可撤销情形，来判断股东会决议是否成立或可撤销。

相关法条

《民法典》第85条　营利法人的权力机构、执行机构作出决议的会议召集程序、表决方式违反法律、行政法规、法人章程，或者决议内容违反法人章程的，营利法人的出资人可以请求人民法院撤销该决议。但是，营利法人依据该决议与善意相对人形成的民事法律关系不受影响。

《民法典》第134条　民事法律行为可以基于双方或者多方的意思表示一致成立，也可以基于单方的意思表示成立。

法人、非法人组织依照法律或者章程规定的议事方式和表决程序作出决议的，该决议行为成立。

律师评析

《民法典》将法人、非法人组织依照法律或者章程规定的议事方式和表决程序作出决议的行为，即决议行为，纳入法律行为的范畴，最终形成了我国《民法典》依照民事主体依据意思表示发生私法效果的方式将法律行为分为单方法律行为、多方法律行为（双方法律行为）、决议行为的法律行为分类模式。

决议行为属于法律行为，其成立、生效、撤销、无效适用有关法律行为的一般规定，同时，如果特别法有规定的适用特别法规定。

1. 可撤销的决议行为。营利法人的权力机构、执行机构作出决议的会议召集程序、表决方式违反法律、行政法规、法人章程，或者决议内容违反法人章程的，营利法人的出资人可以请求人民法院撤销该决议。

2. 决议不成立。依照《公司法》及其司法解释的规定，除依法或依公司章程可以不召开股东会而直接作出决定的情形外，公司未召开会议的、会议未对决议事项进行表决的、出席会议的人数或者股东所持表决权不符合《公司法》或者公司章程规定的、会议的表决结果未达到《公司法》或者公司章程规定的通过比例的，以及出现导致决议不成立的其他情形的，公司决议不成立。

3. 决议无效。公司股东会或者董事会的决议内容违反法律、行政法规的无效。

股东签名不属实不是法定的公司决议无效情形，但如果它属于股东会决议不成立或者可撤销的情形，应该认定股东会决议不成立或可以被撤销。如公司未召开会议即形成股东会决议，股东签名由他人冒名签署；公司会议对决议事项没有表决即形成股东会决议，股东签名由他人冒名签署；公司没有通知有关股东参加会议，出席会议的人数或者股东所持表决权不符合《公司法》或者公司章程规定即形成股东会决议，未参加会议的股东签名由他人冒名签署；会议的表决结果未达到《公司法》或者公司章程规定的通过比例即形成股东会决议，股东签名由他人冒名签署。应认定上述列举情形中的公司决议不成立。

律师提示

公司股东会或者董事会的决议内容违反法律、行政法规的无效；而会议召集程序、表决方式违反法律、行政法规或者公司章程，或者决议内容违反公司章程的，股东可以请求人民法院撤销。

会议召集程序或者表决方式仅有轻微瑕疵，且对决议未产生实质影响的，不存在决议被撤销或不成立的法律后果。

14.村民委员会与居民委员会的职责一样吗？

答案 居民委员会不同于村民委员会，不能拥有集体土地所有权，也不能出租集体土地。

相关法条

《民法典》第101条　居民委员会、村民委员会具有基层群众性自治组织法人资格，可以从事为履行职能所需要的民事活动。

未设立村集体经济组织的，村民委员会可以依法代行村集体经济组织的职能。

律师评析

《民法典》将机关法人、农村集体经济组织法人、城镇农村的合作经济组织法人、基层群众性自治组织法人规定为特别法人，并明确居民委员会、村民委员会为基层群众性自治组织法人。但是两者真的完全相同吗？

村民委员会是村民自我管理、自我教育、自我服务的基层群众性自治组织，实行民主选举、民主决策、民主管理、民主监督。

村民委员会的职能主要是办理本村的公共事务和公益事业，调解民间纠纷，协助维护社会治安，向人民政府反映村民的意见、要求，提出建议。同时，村民委员会还应当支持和组织村民依法发展各种形式的合作经济和其他经济，承担本村生产的服务和协调工作，促进农村生产建设和经济发展。

村民委员会可以依照法律规定，管理本村属于村民集体所有的土地和其他财产，引导村民合理利用自然资源，保护和改善生态环境。村民委员会应当尊重并支持集体经济组织依法独立进行经济活动的自主权，维护以家庭承包经营为基础、统分结合的双层经营体制，保障集体经济组织和村民、承包经营户、联户以及合伙的合法财产权和其他合法权益。

村集体经济组织与村民委员会是两个独立的主体，村民委员会是村民自治群众组织，而村集体经济组织是经济实体。未设立村集体经济组织的，村民委员会可以依法代行村集体经济组织的职能。当村民委员会替代行使经济自治权时，其法律地位应视为准集体经济组织。

所以，村集体经济组织的职能首先应该由村集体经济组织行使，村民委员会应当尊重并支持集体经济组织依法独立进行经济活动的自主权，只有在未设立村集体经济组织时，村民委员会才可以依法代行其职能。

而居民委员会是居民自我管理、自我教育、自我服务的基层群众性自治组织。居民委员会的任务是：(1)宣传宪法、法律、法规和国家的政策，维护居民的合法权益，教育居民履行依法应尽的义务，爱护公共财产，开展多种形式的社会主义精神文明建设活动；(2)办理本居住地区居民的公共事务和公益事业；(3)调解民间纠纷；(4)协助维护社会治安；(5)协助人民政府或者它的派出机关做好与居民利益有关的公共卫生、计划生育、优抚救济、青少年教育等各项工作。

城中村改造后，村民委员会改制为居民委员会，但其不同于村民委员会。居民委员会的任务是办理本居住地区居民的公共事务和公益事业，没有被赋予开展经营性活动的权利。本案中，城中村转制后农村集体经济组织全部成员转为城镇居民，原属于其成员集体所有的土地应该归国家所有，而不能由居委会拥有原来的土地所有权。

律师提示

村民委员会、居民委员会可以开展履职所需要的民事活动，但对于其民事主体地位是法人还是非法人组织，我国法律长期以来未予以明确，致使其在一些情况下不能从事相关民事活动。《民法典》赋予了它们明确的法人地位，并将其归于特别法人，明确了其不具有经济目的，不能从事以营利为目的的民事活动。

村民委员会可以依照法律规定，管理本村属于村民集体所有的土地和其他财产，未设立村集体经济组织的，村民委员会可以依法代行村集体经济组织的职能。

居民委员会是办理本居住地区居民的公共事务和公益事业的组织，法律没有赋予其开展经营性活动的权利。

15.什么是非法人组织？

答案 合伙企业是非法人组织，它不同于公司等法人组织，是不具有法人资格，但能够依法以自己的名义从事民事活动的组织。

相关法条

《民法典》第 102 条　非法人组织是不具有法人资格，但是能够依法以自己的名义从事民事活动的组织。

非法人组织包括个人独资企业、合伙企业、不具有法人资格的专业服务机构等。

《民法典》第 103 条　非法人组织应当依照法律的规定登记。

设立非法人组织，法律、行政法规规定须经有关机关批准的，依照其规定。

律师评析

《民法通则》（已失效）规定的民事主体仅有自然人和法人，并没有将非法人组织明确为民事主体，然而现实生活中不具备法人地位的组织体也应当取得相应的民事主体地位，以便其进行必要的民事活动。

《民法典》将非法人组织作为专门规定的民事主体，并明确非法人组织包括个人独资企业、合伙企业、不具有法人资格的专业服务机构等。非法人组织，是指不具备法人资格，但能够以自己的名义从事民事活动的组织。非法人组织作为民事主体，必须是依法成立的组织，能够以自己的名义从事民事活动，也具有自己的财产，但其组织成员一般应该对非法人组织的债务承担无限责任。

非法人组织可以以自己的名义对外签订合同或者进行民事活动，而自然人之间或者自然人与法人之间签订《合伙协议》等协议后，并没有成立组织，所以其不可能以组织的名义对外进行民事活动。

非法人组织必须依法成立并进行登记，否则也无法取得民事主体资格。

非法人组织具有自己的财产，但其组织成员一般应该对非法人组织的债务承担无限责任，这一点区别于公司等法人组织。公司等法人组织以公司财产对外承担责任，公司股东以其认缴的出资额为限对外承担责任。非法人组织虽然也有自己的财产，但其没有独立的财产。例如，合伙企业的财产由合伙人共有，并不属于合伙企业的独立财产，合伙企业生产经营所得和其他所得，按照国家有关税收规定由合伙人分别缴纳所得税。非法人组织成员对非法人组织的债务承担无限责任，而不是向法人组织成员那样仅以其认缴的出资额为限对外承担责任。

律师提示

律师事务所、会计师事务所、个人独资企业、合伙企业等非法人组织已经普遍存在，并在社会生活中发挥越来越大的作用。《民法典》正视非法人组织，顺应社会发展要求，赋予非法人组织民事主体地位，使之成为与自然人、法人并列的第三类民事主体，有助于加强国家依法对非法人组织的管理，有利于加强社会主义市场经济建设。非法人组织以自己的名义独立地参与民事法律活动，也有利于非法人组织的出资人积极参与市场交易，其合法权益受到法律保护。

民事主体在进行民商事活动或者成立新组织时，应该搞清楚非法人组织与法人组织的区别，尤其是对外责任承担等方面的区别，以便更好地选择或者设立更适合自己的组织进行民事活动。

16.合伙企业欠款，债权人可以直接起诉合伙人吗？

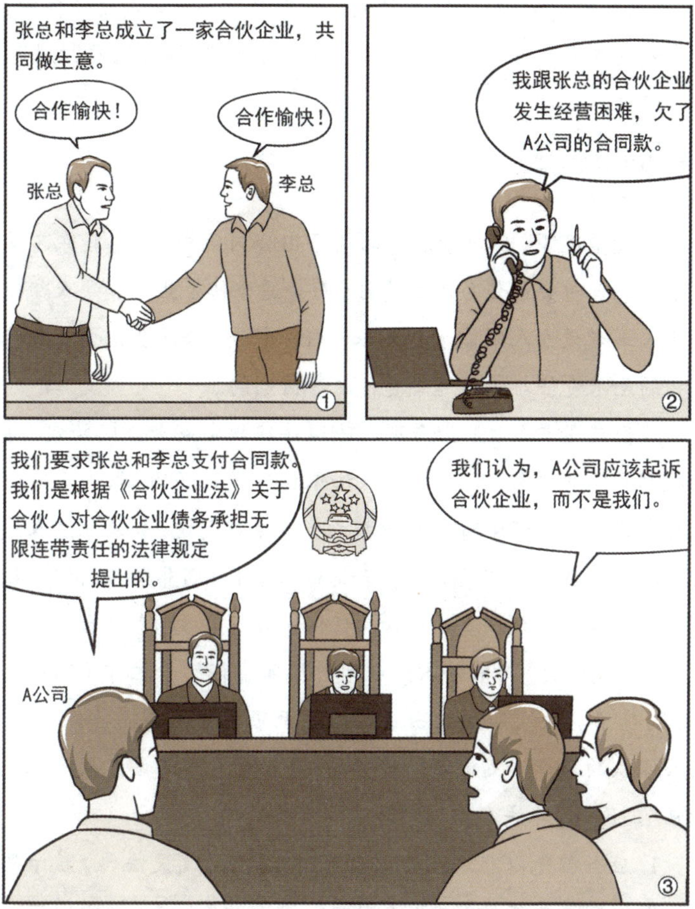

答案　第三方公司应该先请求合伙企业给付其合同款，合伙企业财产不足以清偿债务的，才能要求作为合伙人的张总、李总给付。该公司不能直接要求张总、李总支付其合同款。

相关法条

《民法典》第104条　非法人组织的财产不足以清偿债务的，其出资人或者设立人承担无限责任。法律另有规定的，依照其规定。

律师评析

一般情况下，公司等法人的债务由公司承担，公司股东不需要以个人财产对公司债务承担责任，而普通合伙企业等非法人组织的出资人或者设立人则需承担无限责任。但是，普通合伙企业合伙人承担的无限责任与普通连带责任是有区别的。

普通连带责任，是指当事人依照法律规定或者合同约定，连带向权利人承担责任，二人以上依法承担连带责任的，权利人有权请求部分或者全部连带责任人承担责任。也就是说，如果非法人组织投资人对非法人组织债务承担普通连带责任，则非法人组织债权人有权选择非法人组织或其投资人任何一方或多方承担责任。

而《民法典》对非法人组织对外民事责任的承担作了明确的规定，明确了非法人组织的出资人承担无限责任的前提条件，即"非法人组织的财产不足以清偿债务的，其出资人或者设立人承担无限责任"。因此，非法人组织对外清偿债务的规则为：

1. 应当首先以非法人组织自有财产清偿。《民法典》赋予了非法人组织民事主体资格，其不同于一般民事合伙等，可以以自己的名义进行民事法律行为，原则上只要是依法成立的组织，都有自己的财产，故非法人组织应当以自己的财产承担民事责任。

2. 非法人组织的财产不足以清偿债务的，其出资人或者设立人承担无限责任。如个人独资企业财产不足以清偿债务的，投资人应当以其个人的其他财产予以清偿。而合伙企业自有财产不足以清偿的部分由合伙人承担无限连带责任。

因此，合伙企业债权人应该先向合伙企业主张债权，确认合伙企业是否应向其承担民事责任，若合伙企业财产不足以清偿债务，再依据《合伙协议》以及法律规定向该合伙企业的合伙人主张承担民事权利，不能未起诉合伙企业而直接向合伙人主张债权。

律师提示

法律对非法人组织如合伙企业、个人独资企业等没有拥有独立财产的要求，所以非法人组织的财产与其出资人财产不能像公司等法人组织财产和其股东财产一样，相互独立。在承担相关责任时，法律规定非法人组织对外责任先以自己的财产负责，在组织财产不足以清偿时，由出资人承担无限责任。

从内部责任分配上讲，非法人组织的出资人依法对非法人组织的债务承担无限责任后，其中一人偿还债务超过自己应当承担份额的，可再向其他出资人追偿。

17.合伙企业期限未届满能解散吗？

答案 合伙企业期限未届满，除非法律规定、合伙协议约定或者合伙人一致同意，否则不能随意解散。

相关法条

《民法典》第106条　有下列情形之一的，非法人组织解散：

（一）章程规定的存续期间届满或者章程规定的其他解散事由出现；

（二）出资人或者设立人决定解散；

（三）法律规定的其他情形。

律师评析

《民法典》颁布后，我国民事主体被分为三类，即自然人、法人、非法人组织。自然人可以因死亡或者丧失民事行为能力等原因退出民事法律关系；法人可以因解散、宣告破产或者法律规定的其他原因而终止，从而退出民事法律关系；非法人组织是依法成立的民事主体，其当然也可以依法律规定终止从而退出民事法律关系。非法人组织退出民事法律关系的方式之一即为依照法律规定解散。

非法人组织的解散，是指非法人组织章程或法律规定的事由出现，或者基于出资人、设立人的决议，使非法人组织终止民事主体资格。按照《民法典》规定，非法人组织可以基于以下原因解散：

1. 非法人组织章程约定了存续期间，存续期间届满，非法人组织可以解散。非法人组织依法设立时，如果相关章程或者协议约定了存续期间，登记机关会要求登记非法人组织的存续期间。当非法人组织存续期间届满，其就可以解散。

2. 如果非法人组织章程中没有规定存续期间，出资人可以就合伙协议的期限问题进行协商。协商不能达成一致意见的，出资人或设立人主张不再继续经营的，非法人组织也可以解散。

3. 非法人组织章程或者协议可以约定解散事由，如果约定的解散事由出现，非法人组织可以解散。例如，合伙人在《合伙协议》中约定："下列情形发生时，合伙企业应被解散并清算：合伙企业的投资全部变现、执行事务合伙人决定合伙企业解散；普通合伙人根据本协议约定退伙或被除名且合伙企业没有接纳新的普通合伙人；有限合伙人一方或数方严重违约的，致使执行事务合伙人判断合伙企业无法继续经营。"那么出现以上情况时，该合伙企业即可解散。

4. 出资人或者设立人决定解散。合伙企业可以由全体合伙人决定解散；个人独资企业投资人决定解散的，应当解散。

5. 法律规定的其他情形出现，非法人组织也可以解散。例如，合伙人已不具备法定人数满 30 天；合伙协议约定的合伙目的已经实现或者无法实现（一般合伙人之间丧失信任，包括发生纠纷、合伙企业严重亏损等，就有可能被认定为合伙协议约定的目的无法实现）；有限合伙企业仅剩有限合伙人；合伙企业依法被吊销营业执照、责令关闭或者被撤销。以上法律规定的情形出现，非法人组织也可以解散。

所以，非法人组织符合法定的解散条件才能依法解散，否则不能随意解散。

律师提示

非法人组织依法成立，也应该依法解散，民事主体设立了非法人组织，虽然与法人不同，尤其是出资人或者设立人在非法人组织的财产不足以清偿债务时承担无限责任，但因为非法人组织也属于组织，法律已经赋予其独立的民事主体地位，故其也不能因非法律规定原因终止。

非法人组织出资人或者设立人可以决定解散非法人组织，但当非法人组织出资人或者设立人就非法人组织解散无法形成统一意见时，出资人或者设立人可以依照法律规定的情形依法提出解散，例如，可以依据合伙协议约定的合伙目的已经实现或无法实现，或者合伙企业依法被吊销营业执照、责令关闭或者被撤销等要求合伙企业解散。

《民法典》关于非法人组织的规定条款较少，但依照《民法典》的规定，非法人组织除适用第一编“总则”第四章“非法人组织”的规定外，还参照适用该编第三章“法人”第一节“一般规定”的有关规定。同时，非法人组织如个人独资企业、合伙企业、不具有法人资格的专业服务机构等，都有专门的法律和行政法规对其进行规范。因此，非法人组织除了适用《民法典》第四章关于非法人组织的规定外，也适用不同非法人组织类型的专门法律、行政法规的规定。

18.人民法院能否受理合伙企业强制清算案件？

答案　人民法院可以受理张总请求合伙企业、李总强制清算案件。如果符合强制清算条件，人民法院可以指定清算人并进行清算。

相关法条

《民法典》第107条 非法人组织解散的，应当依法进行清算。

《民法典》第108条 非法人组织除适用本章规定外，参照适用本编第三章第一节的有关规定。

律师评析

根据我国《公司法》的规定，公司解散的，应当在解散事由出现之日起15日内成立清算组，开始清算。逾期不成立清算组进行清算的，股东、债权人可以申请人民法院指定有关人员组成清算组进行清算。人民法院应当受理该申请，并及时组织清算组进行清算。因此，公司股东、债权人在公司不能组成清算组进行清算时，可以依据《公司法》等法律规定请求人民法院进行强制清算。

而《合伙企业法》仅规定合伙企业解散，应当由清算人进行清算。清算人由全体合伙人担任；经全体合伙人过半数同意，可以自合伙企业解散事由出现后15日内指定一个或者数个合伙人，或者委托第三人担任清算人。合伙企业解散事由出现之日起15日内未确定清算人的，合伙人或者其他利害关系人可以申请人民法院指定清算人。

所以，如果合伙企业解散事由出现，合伙人无法确定清算人，人民法院可以指定清算人，但对于人民法院是否能够组织清算人进行司法强制清算，《合伙企业法》等法律并没有规定。

此前的司法实践中，大部分法院认为对于并非按照《公司法》而是按照《中华人民共和国企业法人登记管理条例》（已失效）及其实施细则设立的企业，在企业解散后不能参照《公司法》及其司法解释的规定要求对企业强制清算。但我们认为，《民法典》实施后，根据第108条的规定，人民法院应该受理合伙企业利害关系人请求强制清算的案件，如果符合强制清算条件，人民法院应当指定清算人并进行清算。

《民法典》赋予了非法人组织民事主体资格，并规定非法人组织依法设立。当非法人组织终止时，当然也应依法终止，故非法人组织无论其解散方式有何不同，均应当依法进行清算。

因此，参照法人一般规定章节中“法人解散的，除合并或者分立的情形外，清算义务人应当及时组成清算组进行清算”的规定，如果合伙企业解散事由出现之日起15日内未确定清算人的，合伙人或者其他利害关系人可以申请人民法院指定清算人。同时，参照“主管机关或者利害关系人可以申请人民法院指定有关人员组成清算组进行清算”的规定，非法人组织不能及时组织清算的，人民法院可以指定有关人员组成清算组并进行清算。

非法人组织清算的一般程序如下：(1)依法确定清算人。(2)清算人执行事务：清理非法人组织财产，分别编制资产负债表和财产清单；处理与清算有关的非法人组织未了结事务；清缴所欠税款；清理债权、债务；处理非法人组织清偿债务后的剩余财产；代表非法人组织参加诉讼或者仲裁活动。(3)编制清算报告。(4)办理工商注销登记。

律师提示

在合伙企业等非法人组织清算期间，非法人组织仍然存续，仍具有民事主体地位，但不得开展与清算无关的经营活动。

非法人组织清算后有剩余财产的，根据非法人组织的章程规定处理，或者由出资人、设立人协商处理，法律另有规定的除外。非法人组织清算后，非法人组织的财产不足以清偿债务的，除非法律另有规定，非法人组织的出资人或设立人仍应承担无限责任。

19.网络游戏消费者的虚拟财产能受到保护吗？

答案

甲、乙两公司应向游戏消费者赔偿因两公司停止网络游戏服务所造成的消费者充值损失。因为消费者参与涉案游戏并支付了相应费用，金钱支付和劳动付出使其在游戏中享有的虚拟财产具有财产性。

相关法条

《民法典》第126条　民事主体享有法律规定的其他民事权利和利益。

《民法典》第127条　法律对数据、网络虚拟财产的保护有规定的，依照其规定。

律师评析

网络游戏中的虚拟财产属于民事法律保护范围，这是《民法典》对信息时代社会问题的一个回应。随着网络游戏的蓬勃发展和逐步普及，对网络游戏中游戏消费者虚拟财产的保护成为信息时代财产权保护领域的新挑战。网络游戏中的虚拟财产通常可以分为三类：第一类是连接虚拟空间和现实空间的媒介，即网络游戏消费者的游戏账号；第二类是能够在网络游戏中进行交易支付的一般等价物，即游戏中的虚拟货币，如"星钻""点券"等；第三类是满足网络游戏消费者游戏需求的游戏道具，如游戏中的角色、武器、装备、皮肤等。对这种网络游戏等虚拟财产的保护需要法律作出积极的回应与调整。

律师提示

随着信息社会发展，数字时代来临，游戏虚拟货币、QQ号码等网络虚拟财产逐步能够作为一种私人财产而被拥有，也成为法律保护的对象。

《民法典》已明确将数据及网络虚拟财产纳入法律保护范畴，当网络虚拟财产权利受到侵害时，应及时维权。

20.丈夫未尽扶养义务，妻子离婚时如何维权？

答案

在婚姻存续期间，夫妻之间有相互扶助、互相供养的权利和义务，双方离婚的时候一方生活困难，有负担能力的另一方应当给予适当帮助。因此，刘某要求丈夫支付扶养费的诉求应当得到支持。

相关法条

《民法典》第 128 条　法律对未成年人、老年人、残疾人、妇女、消费者等的民事权利保护有特别规定的，依照其规定。

《民法典》第 1059 条　夫妻有相互扶养的义务。

需要扶养的一方，在另一方不履行扶养义务时，有要求其给付扶养费的权利。

《民法典》第 1090 条　离婚时，如果一方生活困难，有负担能力的另一方应当给予适当帮助。具体办法由双方协议；协议不成的，由人民法院判决。

律师评析

《民法典》第 128 条对弱势群体民事权利的特别保护作出了衔接性规定，这一条文基本沿袭了《民法总则》(已失效)的内容。为保护整体上处于弱势地位的民事主体，如未成年人、老年人、残疾人、妇女、消费者等的合法权益，法律对这些人的民事权利有特别保护规定。例如，对于未成年人有《未成年人保护法》、对于老年人有《老年人权益保障法》等。本案涉及的妇女权益方面则有《妇女权益保障法》等规范来加以保障。

本案中，孩子夭折后刘某身心都承受着巨大的痛苦且重病缠身，离婚后没有住处，需要在外租房居住。根据《民法典》规定的夫妻扶养义务，离婚后女方在外租房的一定时间内的租金男方应当承担。

律师提示

扶养，指的是在夫妻关系存续期间，生活上和物质上要相互扶助和供养。如丈夫有住房的，应当向妻子提供该住房供其居住。夫妻共同负担日常生活费用，也是扶养义务的体现。

根据《民法典》第1059条的规定，有扶养能力的一方，对于有残疾、患有重病、经济困难的配偶，必须主动承担扶助供养责任。在司法实践中，夫妻离婚时，如果一方配偶经济困难，另外一方也应当给予适当帮助。

应当给付扶养费的一方拒绝给付的，需要扶养的另一方可以通过诉讼获得扶养费。如果夫或妻一方患病或者没有独立生活能力，有扶养义务的配偶拒绝扶养，情节恶劣，构成遗弃罪的，应当承担刑事责任。

21.沉默在什么情况下可以被视为作出意思表示？

答案 如果资产管理公司与其他合伙人在签订的《合伙协议》中约定了“收件方应于一定时间内回复合伙企业通知，若收件方未回复的，视为同意合伙企业的通知”，则资产管理公司可以以合伙人未在规定期限内回复该函件，推定该合伙人同意该函件内容。

相关法条

《民法典》第140条　行为人可以明示或者默示作出意思表示。

沉默只有在有法律规定、当事人约定或者符合当事人之间的交易习惯时，才可以视为意思表示。

律师评析

《民法典》明确规定，民事主体进行意思表示的表示行为有三种：明示的表示行为、默示的表示行为和沉默的表示行为。

明示的表示行为，是以语言、文字或者其他方式将民事主体的意思表示表达出来；默示的表示行为，是以积极行为或举动进行意思表示；沉默的表示行为，系不作为的默示，是民事主体不以语言、文字等形式而是通过实施某种消极行为进行意思表示。

以沉默方式作出意思表示的，必须有法律规定、当事人约定或者符合当事人之间的交易习惯。

1. 沉默方式作出意思表示有法律规定。《民法典》中就有很多可以以沉默方式作出意思表示的规定。例如，第1124条规定，继承开始后，继承人放弃继承的，应当在遗产处理前，以书面形式作出放弃继承的表示；没有表示的，视为接受继承。受遗赠人应当在知道受遗赠后60日内，作出接受或者放弃受遗赠的表示；到期没有表示的，视为放弃受遗赠。

2. 当事人之间约定沉默作出意思表示。例如在建设工程合同中，当事人约定了“发包人收到竣工结算文件之日起30日之内不予答复，则视为认可竣工结算文件”。

3. 沉默意思表示符合当事人之间的交易习惯。如果既没有法律规定，当事人也没有约定，但符合当事人之间的交易习惯，也可以认定当事人以沉默方式作出了意思表示。“交易习惯”是指当事人双方经常使用的习惯做法，即在交易行为的当地或者某一领域、某一行业通常采用并为交易对方订立合同时所知道或者应当知道的做法。

本案中，资产管理公司与其他合伙人签订的《合伙协议》没有约定，法律也没有规定合伙人可以以沉默方式作出意思表示，也不存在合伙人可以以沉默方式作出意思表示的交易习惯。因此，资产管理公司不能以合伙人未在函件规定期限内回复该函件，推定该合伙人同意该函件内容。

律师提示

日常生活和商务活动中，为了防止合伙人或者合作方对合伙事务、合作事项推诿，造成合伙事务或合作事务久拖不决，民事主体应该了解相关法律规定是否明确规定可以以沉默方式进行意思表示。如果没有明确的法律规定，而在合伙或合作过程中需要增加以沉默方式进行意思表示，则应该在相关协议中予以明确。

如果相对方只是因民事主体保持沉默而推定民事主体对相关事项表示同意、认可的，除非有法律规定、当事人约定或者符合当事人之间的交易习惯，否则该推定不符合法律规定。如果因此侵犯了相关民事主体权益，该民事主体可以依法提起诉讼，维护自己的合法权益。

22.拍卖所得房产未及时变更登记，拍卖购房行为是否有效？

答案 谭某通过法院合法的拍卖程序购得房屋，其行为有效。

相关法条

《民法典》第143条　具备下列条件的民事法律行为有效：

（一）行为人具有相应的民事行为能力；

（二）意思表示真实；

（三）不违反法律、行政法规的强制性规定，不违背公序良俗。

最高人民法院《关于适用〈中华人民共和国民事诉讼法〉的解释》第491条　拍卖成交或者依法定程序裁定以物抵债的，标的物所有权自拍卖成交裁定或者抵债裁定送达买受人或者接受抵债物的债权人时转移。

律师评析

本案中，谭某是一个完全民事行为能力人，其拍卖行为也不存在错误、欺诈、威胁等意思表示不真实的内容，且不违反法律、行政法规的强制性规定，不违背公序良俗。就谭某是否取得该房产存在争议的地方只在于她通过拍卖购房后没有及时办理过户登记，且有证据证明这个过错不是由谭某个人原因导致，而是甲公司的客观原因所致。根据最高人民法院《关于适用〈中华人民共和国民事诉讼法〉的解释》第491条的规定，经过法院强制执行拍卖的不动产，以裁定文书的送达作为生效要件，而不以登记作为生效要件。因此，本案谭某通过法拍购得房屋，自其取得裁定文书时房产的所有权就已经发生变动，属于谭某。

律师提示

《民法典》第144条、第146条、第153条、第154条规定了民事法律行为无效的情形，包括无民事行为能力人实施的民事法律行为、行为人与相对人以虚假意思表示实施的民事法律行为、违反法律法规等强制性规定的民事法律行为和行为人与相对人恶意串通损害他人合法权益的民事法律行为。实务中，在判断民事法律行为是否无效时，应当先从是否属于上述情况入手。

《民法典》第143条虽然列举了有效的民事法律行为的三个要素，但是并不能涵盖《民法典》规定的所有有效法律行为的要素。例如，《民法典》第400条规定了设立抵押权，当事人应当采用书面形式订立抵押合同，也就意味着如果要行使有效的抵押权，必须采取书面合同的形式。因此，当事人在实施具体的民事法律行为时，有必要了解法律对其所作的具体的、特殊的规定。

23.缺乏判断能力导致签订了不公平的合同，合同可以撤销吗？

答案

王某利用李某订立合同时心态急迫且缺乏判断能力，订立了显失公平的合同。李某可以依法行使撤销权撤销合同。合同自撤销之日起自始无效。

相关法条

《民法典》第151条　一方利用对方处于危困状态、缺乏判断能力等情形，致使民事法律行为成立时显失公平的，受损害方有权请求人民法院或者仲裁机构予以撤销。

律师评析

显失公平，是指双方当事人在民事法律行为中的权利义务明显失衡、显著不相称，其所导致的法律后果是当事人被赋予撤销权，可以选择撤销合同。

《民法典》第151条延续了《民法总则》(已失效)中对显失公平的规定。其中所谓的危困状态，一般指因陷入暂时性的急迫困境而对于金钱、物的需求极为迫切等。而所谓缺少判断能力，是指缺少基于理性考虑而实施民事法律行为，或缺少对民事法律行为的后果予以评估的能力。

本案中，李某急于租房，存在一定的危困状态。同时，房子的电线情况不是一般人可以判断的，尤其本案中的问题是电线的直径不符合国标，更非一般人可以凭看房时的肉眼判断检测出来的情况。因此，可以认为李某在这个问题上并没有足够的判断能力。王某利用李某在订立合同过程中的天然劣势，将存在隐患的房屋以高价租给李某，构成了显失公平，李某可以主张撤销其与王某签订的合同。

律师提示

撤销权受除斥期间的限制，是指如果在一定的时间内没有行使，该权利就消失。显失公平的情形下，当事人自知道或应当知道撤销事由之日起1年内没有行使撤销权的，撤销权消灭；自民事法律行为发生之日起5年内没有行使撤销权的，撤销权消灭。

可撤销的法律行为与无效法律行为不同。可撤销的法律行为起初是有效的，如果它没有被撤销，就会保持有效的状态；在当事人行使撤销权后，该法律行为就被视为自始无效。

我国法律要求当事人行使撤销权时必须请求法院或仲裁机构予以撤销，这也意味着行使撤销权时，不能简单地经过双方私下协商就达成一致。

24.投资约定了"固定回报"就一定有效吗?

答案　合伙企业对小白的承诺因违背公序良俗而无效，所以如果一年后B公司仍未上市，小白不能要求合伙企业按照每年15%的利率返还其投资本金及利息。

相关法条

《民法典》第153条 违反法律、行政法规的强制性规定的民事法律行为无效。但是，该强制性规定不导致该民事法律行为无效的除外。

违背公序良俗的民事法律行为无效。

律师评析

民事法律行为不能违反法律、行政法规强制性法律规定，否则将导致民事法律行为无效。有的行为，虽然现行法律、行政法规并没有明确规定其无效，但如果认为其有效，又会对社会秩序或社会道德产生重大的冲击。这种情形下，就要适用“公序良俗”原则来判断民事法律行为的效力。

《民法典》明确规定，违背公序良俗的民事法律行为无效。所谓公序良俗，由“公序”和“良俗”两部分组成。“公序”即公共秩序，是指国家管理、规制社会生活秩序的基本政策，一般包括国家政治、经济、财政、金融、税收、治安等秩序，其中经济公序是“公序”的核心。“良俗”则是“善良风俗”，是指社会生活秩序得以存在和维持的一般道德准则和伦理标准，包括两性关系、家庭关系等。

《民法典》中的“公序良俗”原则，源于我国《民法通则》《合同法》(均已失效)“违背社会公共利益行为无效”的法律规定。之前的法律仅规定了违背“社会公共利益”，即扰乱了社会公共秩序中的“经济秩序”的民事法律行为无效，没有将违背善良风俗的行为效力规定明确涵盖进去。此次《民法典》将“公序良俗”原则明确提出，将不违背公序良俗作为民事法律行为的生效要件，弥补了法律规定的不足。法律、行政法规不可能涵盖现实生活中全部的民事法律行为，那些表面上没有违反现行法律、行政法规禁止性规定，但实质上损害了全体人民的共同利益，破坏了社会经济秩序和生活秩序，违背善良习俗的行为，都应该被认定为无效。因此，在法律和行政法规强制性规定之外，通过公序良俗对法律行为的效力进行必要的控制，有利于维护社会公共秩序和公共道德。

商业活动中，银行、信托、证券、基金、期货、保险资产管理机构等金融机构接受投资者委托，对受托的投资者财产进行投资，金融机构为委托人利益履行诚实信用、勤勉尽责义务并收取相应的管理费用，委托人自担投资风险并获得收益，这是一种正常的投资活动。金融机构开展资产管理业务时不得承诺保本、保收益。出现兑付困难时，金融机构不得以任何形式垫资兑付。私募基金管理人、私募基金销售机构也不得向投资者承诺投资本金不受损失或者承诺最低收益。

本案中，合伙企业对小白的承诺并没有明确违背现行法律和行政法规强制性法律规定，但却违反了国家相关部门行业监管的要求，合伙企业对小白的承诺因违背公序良俗而无效。

律师提示

民事主体在进行商业活动时，应该充分了解商事活动的风险，如不要以为所有的基金产品都是“稳赚不赔”。

民事主体在进行商业活动时，不要轻信有关商家的“保本付息”承诺，因为该承诺即便没有违背现行法律、行政法规强制性法律规定，也有可能因为违反公序良俗而被认定无效。

25.民事法律行为被确认无效后当事人该怎么办？

答案　陈某通过与张某签订《房屋买卖合同》取得的财产20万元及利息应当予以返还；对张某造成的其他损失，陈某应当承担赔偿责任。

相关法条

《民法典》第157条 民事法律行为无效、被撤销或者确定不发生效力后，行为人因该行为取得的财产，应当予以返还；不能返还或者没有必要返还的，应当折价补偿。有过错的一方应当赔偿对方由此所受到的损失；各方都有过错的，应当各自承担相应的责任。法律另有规定的，依照其规定。

律师评析

法律行为的效力，指的是法律行为或合同依意思表示所追求发生的法律上的效果。我国法律对法律行为效力的评价具体分为法律行为有效、无效、可撤销以及效力未定等情形。本案中，法院判决确认了《房屋买卖合同》无效，而无效的法律后果是，行为人因该行为取得的财产应当予以返还，不能返还或者没有必要返还的，应当折价补偿。其中，“不能返还”包括事实上不能返还和法律上不能返还两种情况。

本案中，张某给付陈某的财产20万元属于应当予以返还的范畴，因此，原则上，在判定合同无效后，陈某应当将该20万元返还张某，此外张某还可以要求陈某返还20万元产生的利息(按照银行同期存款利率计算)。因为合同无效造成张某的其他损失，如相同地址、同类房屋价格的上涨等，在提出相应证据后，张某有权要求陈某承担相应的民事赔偿责任。

律师提示

实践中，如果合同无效、被撤销或者被终止，不影响合同中独立存在的有关解决争议方法的条款的效力。相关规定在《民法典》第507条也有所体现。所谓“解决争议方法的条款”，包括仲裁条款、选择受诉法院的条款、选择鉴定机构的条款、法律适用条款等。

根据《民法典》的相关规定，无效或者被撤销的民事法律行为自始没有法律约束力。民事法律行为部分无效，不影响其他部分效力的，其他部分仍然有效。

26."有钱时再还"的还款约定是否有效?

答案 该约定属于附条件的合同，在条件成就时发生效力。至于还款条件何时成就，需要主张还款方提供相应的证据。

相关法条

《民法典》第158条　民事法律行为可以附条件，但是根据其性质不得附条件的除外。附生效条件的民事法律行为，自条件成就时生效。附解除条件的民事法律行为，自条件成就时失效。

《民法典》第159条　附条件的民事法律行为，当事人为自己的利益不正当地阻止条件成就的，视为条件已经成就；不正当地促成条件成就的，视为条件不成就。

律师评析

该约定系附生效条件的合同，自条件成就时生效。根据《民法典》对民事法律行为可以附条件的规定，当事人对合同的效力可以约定附条件。也就是说，“有钱时再还款”的约定内容是符合法律规定、受法律保护的。至于条件是否已成就，通常就要求权利人在主张民事法律行为生效时提供相应的证据加以证明。在该案例中，柯先生在主张朱先生还款时，有义务证明朱先生“已经有钱了”。这与直接规定还款期限的借款合同相比，明显加重了柯先生的举证责任。因此，作为想提前或按时回收借款的一方，在缔约时约定更具体而明确的还款日期为佳。

律师提示

附条件的合同在所附条件出现时生效或者失效，对当事人具有法律约束力，双方当事人不能随意变更或者解除。

任何一方均不得以违反诚实信用原则的方法恶意地促成或阻止附条件合同条件的成就。

作为普通群众，在订立借款合同时，要提高法律风险意识。必要时，可以先咨询律师等法律专业人士。

27.附期限的民事法律行为何时生效?

答案

陈某与赵某签订的协议属于附生效期限的民事法律行为，按照约定，于陈某回国工作2年后生效。由于陈某尚未回国，因此，该份协议尚未生效。

相关法条

《民法典》第160条 民事法律行为可以附期限，但是根据其性质不得附期限的除外。附生效期限的民事法律行为，自期限届至时生效。附终止期限的民事法律行为，自期限届满时失效。

律师评析

法律上为民事法律行为创设了附条件与附期限两项制度，是考虑当事人可以依照实际情况规划将来事务。附条件、附期限中条件与期限的达成即为民事法律行为生效的前提。附期限的民事法律行为中的期限必须属于将来的事实，已经发生的事实不能被设定为期限。此外，期限必须为确定会发生的事实，如“一千年以后的赠与”这种不可能发生的事实不能被设定为期限。

实践中，期限又可以分为确定期限与不确定期限。本案协议约定的生效条件为“男方回国工作2年”，涉及的是不确定期限。因为陈某旅居海外，何时回国并不是一个确定的日期。当陈某回国工作且历时2年，该份协议约定的房产价值归属变动才可生效，在此之前，赵某都不享有协议约定的房产份额。

律师提示

《民法典》规定，民事法律行为可以附期限，但是根据其性质不得附期限的除外。不允许附期限的法律行为包括两类：第一类是基于公益不许附期限，如婚姻、收养、离婚、认领等身份行为，出于维护公序良俗的考虑，不许附期限。第二类是基于私益不许附期限，如《民法典》第568条第2款中的禁止性规范，“抵销不得附条件或者附期限”。

28.银行工作人员的行为对银行有效吗？

答案　银行营业部经理张某代表银行签署的《协议书》有效，乙公司可以依据该《协议书》拒绝承担担保责任。

相关法条

《民法典》第170条　执行法人或者非法人组织工作任务的人员，就其职权范围内的事项，以法人或者非法人组织的名义实施的民事法律行为，对法人或者非法人组织发生效力。

法人或者非法人组织对执行其工作任务的人员职权范围的限制，不得对抗善意相对人。

律师评析

实践中，法人或者非法人组织的工作人员可分为两类：法定代表人和其他工作人员。对于法定代表人职务行为的行为后果一般由法人或者非法人组织承担，实践中并无太多争议，但对其他工作人员的行为后果，因为存在授权不明，其行为后果是否由法人或者非法人组织承担，即其他工作人员的行为究竟是不是职务行为，法律规定较为模糊，操作中存在一定的争议。

一般来讲，法定代表人的职务行为称为职务代表行为，其他工作人员的职务行为称为职务代理行为。

认定其他工作人员的行为是否是职务代理行为，按照《民法典》第170条的规定，可以从其是否是法人或者非法人组织工作人员，是否在其职权范围内从事某行为，是否是以法人或者非法人组织名义进行等方面进行判断。

本案中，银行营业部经理张某的签字行为，符合法律规定的职务代理行为的特征：(1)银行营业部经理系银行工作人员。(2)银行营业部经理职权范围就是从事贷款业务。(3)银行营业部经理签字行为以银行名义作出，与其个人没有任何关系。(4)银行营业部经理签字行为的利益归属于银行。

因银行营业部经理的签字属于职务行为，其法律后果应该由银行承担。

律师提示

法人或者非法人组织在其工作人员对外代表单位进行民事活动时，应该向其工作人员明确其授权范围，避免出现因授权不明导致该工作人员行为后果由法人或者非法人组织承担，从而造成法人或非法人组织利益受损的情况。

与法人或者非法人组织工作人员进行民事活动时，应该审核该工作人员的授权委托书，或者在最终签订协议时要求法人或者非法人组织在相关协议上加盖印鉴。

29.没有代理权实施的代理行为有效吗？

答案　S 公司拒绝追认张某的无权代理行为，因此该《货物买卖合同》无效。

相关法条

《民法典》第 171 条　行为人没有代理权、超越代理权或者代理权终止后，仍然实施代理行为，未经被代理人追认的，对被代理人不发生效力。

相对人可以催告被代理人自收到通知之日起三十日内予以追认。被代理人未作表示的，视为拒绝追认。行为人实施的行为被追认前，善意相对人有撤销的权利。撤销应当以通知的方式作出。

行为人实施的行为未被追认的，善意相对人有权请求行为人履行债务或者就其受到的损害请求行为人赔偿。但是，赔偿的范围不得超过被代理人追认时相对人所能获得的利益。

相对人知道或者应当知道行为人无权代理的，相对人和行为人按照各自的过错承担责任。

律师评析

代理，指代理人在代理权限范围内，以被代理人(本人)名义向第三人作出意思表示或受领第三人意思表示，而对本人直接发生效力的行为。无权代理是代理中的一种特殊情况，是指未经他人委托授权，没有法律上的根据，也没有经人民法院或指定单位的指定，而冒用他人的名义实施民事行为。

《民法典》第 171 条对无权代理的情形作出了规定，包括了没有代理权、超越代理权和代理权终止三种情形。归纳而言，无权代理的要件包括三点：第一，须为法律行为；第二，须以本人名义；第三，须欠缺代理权。

无权代理人以代理人名义实施的代理行为，其效力待定。所谓效力待定，指代理人实施的法律行为暂时无效，但是是否最终无效尚不确定。如本人追认，则溯及地确定有效；如本人拒绝追认，则确定无效。追认，是本人事后表示同意的单方法律行为，自意思表示到达时生效。法律之所以会允许本人追认，是考虑到实践中无权代理的法律行为可能对本人和相对人都有利。因此，为了节约成本，避免已经订立的合同造成资源浪费，法律设计了本人事后追认制度，最大化地保护本人的利益。

本案中，与李某签订合同的人为S公司已离职的司机，其并没有S公司的代理权，其代理行为也不符合表见代理，因此该代理行为为无权代理，在未经S公司追认或拒绝追认前，其效力待定。由于S公司拒绝追认，该合同无效。对李某而言，她可以选择向和她签订合同的人要求履行债务或赔偿损失。

律师提示

无权代理行为经被代理人追认后有效。根据法律相关规定，追认既可以向代理人作出，也可以向相对人作出。在无权代理的情况下，如果被代理人已经开始履行合同义务或者接受相对人履行的，则视为被代理人对合同的追认。相对人可以催告被代理人自收到通知之日起30日内予以追认，被代理人未作表示的，视为拒绝追认。

表见代理与无权代理不同，表见代理的情形下，代理人有足够的理由使他人相信其有代理权。因此，实践中要注意无权代理和表见代理的区别。

30.借款人不还款，保证人要承担什么责任？

答案　甲、乙、丙应当对 A 公司所借的本金、利息以及合同违约金承担连带清偿责任。

相关法条

《民法典》第 176 条 民事主体依照法律规定或者按照当事人约定，履行民事义务，承担民事责任。

《民法典》第 178 条 二人以上依法承担连带责任的，权利人有权请求部分或者全部连带责任人承担责任。

连带责任人的责任份额根据各自责任大小确定；难以确定责任大小的，平均承担责任。实际承担责任超过自己责任份额的连带责任人，有权向其他连带责任人追偿。

连带责任，由法律规定或者当事人约定。

《民法典》第 686 条 保证的方式包括一般保证和连带责任保证。

当事人在保证合同中对保证方式没有约定或者约定不明确的，按照一般保证承担保证责任。

《民法典》第 688 条 当事人在保证合同中约定保证人和债务人对债务承担连带责任的，为连带责任保证。

连带责任保证的债务人不履行到期债务或者发生当事人约定的情形时，债权人可以请求债务人履行债务，也可以请求保证人在其保证范围内承担保证责任。

律师评析

连带责任，指数个债务人就同一债务各负全部给付责任的一种责任形式。我国一般的借贷活动中，都要求有比较完善的担保形式，如财产抵押、个人信用担保等。这对债权人的合法利益有很好的保障作用。

《民法典》第 178 条对连带责任作出了规定，其中第 3 款规定了连带责任的来源为法定或约定。本案涉及的连带责任形式即为法定的连带责任。因为根据《民法典》第 688 条的规定，当事人在保证合同中约定保证人和债务人对债务承担连带责任的，为连带责任保证。债务人不履行到期债务时，债权人可以请求债务人履行债务，也可以请求保证人在其保证范围内承担保证责任。因此，本案三名自然人甲、乙、丙应当对其承诺的本金、利息和借款合同的违约金承担连带清偿的责任。

律师提示

在承担连带责任以后，如果其中一个债务人承担了全部责任，该债务人可以向主债务人追偿。

在签订合同时，若自己作为债务人一方不想承担连带责任，可以在签订时与其他债务人约定好各自的债务份额，明确划分各自的责任，即所谓的“按份责任”。如此可避免产生纠纷时自己要承担清偿所有债务的责任。

31.侵害他人的著作权，应当承担什么样的民事责任？

答案 Q公司可以要求Z公司承担停止侵害、赔偿损失的民事责任。

相关法条

《民法典》第123条 民事主体依法享有知识产权。

知识产权是权利人依法就下列客体享有的专有的权利：

（一）作品；

……

《民法典》第179条 承担民事责任的方式主要有：

（一）停止侵害；

（二）排除妨碍；

（三）消除危险；

（四）返还财产；

（五）恢复原状；

（六）修理、重作、更换；

（七）继续履行；

（八）赔偿损失；

……

法律规定惩罚性赔偿的，依照其规定。

本条规定的承担民事责任的方式，可以单独适用，也可以合并适用。

《民法典》第1195条 网络用户利用网络服务实施侵权行为的，权利人有权通知网络服务提供者采取删除、屏蔽、断开链接等必要措施。通知应当包括构成侵权的初步证据及权利人的真实身份信息。

网络服务提供者接到通知后，应当及时将该通知转送相关网络用户，并根据构成侵权的初步证据和服务类型采取必要措施；未及时采取必要措施的，对损害的扩大部分与该网络用户承担连带责任。

权利人因错误通知造成网络用户或者网络服务提供者损害的，应当承担侵权责任。法律另有规定的，依照其规定。

律师评析

民事主体对于自己因违反合同，不履行其他民事义务，或侵害国家、集体的财产，侵害他人的财产权利、人身权利所造成的法律后果，依法应当承担民事法律责任。

著作权作为一种财产权利，应当受到法律保护。本案中，虽然Z公司只是网络服务提供者，并非直接盗取摄影作品侵犯Q公司著作权的行为人，但根据《民法典》第1195条的规定，用户利用网络服务实施侵权行为的，权利人有权通知网络服务提供者采取删除等必要措施，若网络服务提供者接到通知后未及时采取必要措施，则其对损害的扩大部分与该网络用户承担连带责任。因此，本案例中Z公司作为网络服务提供者也应承担相应的责任。对于如何承担责任，《民法典》第179条明确列举出了承担民事责任的主要方式，如停止侵害、排除妨碍、返还财产等。在本案中，Z公司承担责任的方式主要是停止侵害、赔偿损失。

律师提示

《民法典》第179条规定的民事责任需要视具体情况适用。例如，“消除影响、恢复名誉”是仅针对名誉权侵害的救济方式；“赔礼道歉”属于精神损害的救济方式之一，仅适用于侵害人身权的案例。

32.违约行为造成对方财产损失应承担何种责任？

答案

李某违约，陈某可以要求其承担违约责任，也可以要求其对自己的财产损失承担侵权责任。陈某选择请求其承担违约责任，可以得到法院的支持。

相关法条

《民法典》第186条　因当事人一方的违约行为，损害对方人身权益、财产权益的，受损害方有权选择请求其承担违约责任或者侵权责任。

律师评析

在民事法律关系中，有时违约行为也可能造成侵权的后果。例如，供电部门没有按照安全标准供电，或违约中止供电，造成用户人身、财产损害。对此，合同的相对方可以选择让对方承担违约责任，或因为对方侵犯了自身的人身、财产权益选择让对方承担侵权责任。因此，在提起诉讼前，当事人应当先评估选择何种责任更加有利。

本案中，李某迟迟不履行《股权转让协议》中约定的义务，属于违约行为，同时，陈某也因李某的行为造成了一定的财产损失。陈某要求李某履行未完成的股权变更的义务，同时要求其承担违约责任的主张应当得到法院支持。当然，陈某也可主张李某承担侵权责任，但侵权责任需要对相关损失作出证明，相对来说举证难度较大，因此，陈某主张违约责任更容易得到法院的支持。

律师提示

违约责任可以在合同里约定，只要这个约定没有超过一般的合理范围，法院都会支持。如果违约造成的损失超过了约定的违约责任额度，当事人可以主张赔偿损失，但需要对这部分损失的金额进行举证。

如果当事人的违约行为造成对方人身伤亡和精神损害，只能通过侵权损害赔偿对受害人进行补救，因为违约责任的承担范围不包括对精神损害的赔偿。

33. 当事人涉嫌犯罪，还需要承担民事责任吗？

答案　虽然李某涉嫌犯罪，但本案应该继续审理，李某应该承担还款责任，A 公司也应该承担连带保证责任。

相关法条

《民法典》第187条 民事主体因同一行为应当承担民事责任、行政责任和刑事责任的，承担行政责任或者刑事责任不影响承担民事责任；民事主体的财产不足以支付的，优先用于承担民事责任。

律师评析

如果行为人的同一行为触犯了不同性质的法律，应该按照其相对应的诉讼法规定的有关程序承担不同性质的法律责任，叫作法律责任聚合。

法律责任聚合，指同一法律事实基于法律的规定以及损害后果的多重性，行为人应该承担两种以上不同性质的法律责任的形态，权利人可以请求行为人承担两种以上法律责任。例如，醉酒驾驶机动车犯罪造成他人损害的，在司法机关追究其刑事责任的同时，权利人还可以要求行为人赔偿损失。

在法律责任聚合情形下，行为人承担了刑事责任、行政责任，是否还要承担民事责任？

《民法典》第187条明确规定，在法律责任聚合情形下，行为人承担刑事责任、行政责任，并不影响行为人承担民事责任，从而明确了民事责任独立于刑事责任、行政责任这一重要理念。

民商事案件多属于私法领域，尊重当事人意思自治，民事责任的功能在于对民事主体的损害进行补偿；刑事案件则是公权力对私法的干预，是对社会关系最底线的认可。司法实践中“刑民并用”“民刑分开”的处理方式已逐步得到肯定。

《全国法院民商事审判工作会议纪要》等最新的司法文件对民刑交叉案件的程序处理意见也体现了民事责任独立于刑事责任、行政责任的理念。人民法院审理民商事案件，当民商事案件必须以相关刑事案件的审理结果为依据时，应当裁定中止诉讼。

因此，本案当事人虽然涉嫌非法吸收公众存款罪，合同一方当事人可能被追究刑事责任，但并不影响借贷合同及相对应的担保合同的效力。本案不应该中止审理，对借款人刑事责任的追究不应该影响其民事责任的承担，更不应该影响对担保人担保责任的追究。

律师提示

民事主体因同一行为应当承担民事责任、行政责任和刑事责任的情况下，民事主体可用于承担责任的财产不足以承担全部法律责任的，其财产优先用于承担民事责任。

上述民事责任优先规则的适用，仅以民事主体的同一行为引起法律责任聚合的情形为限。非因民事主体的同一行为引起民事责任、行政责任、刑事责任共存的，不适用民事责任优先规则。

34.诉讼时效抗辩权应当如何适用？

答案

张某关于诉讼时效的抗辩可以得到法院支持。

相关法条

《民法典》第188条　向人民法院请求保护民事权利的诉讼时效期间为三年。法律另有规定的，依照其规定。

诉讼时效期间自权利人知道或者应当知道权利受到损害以及义务人之日起计算。法律另有规定的，依照其规定。但是，自权利受到损害之日起超过二十年的，人民法院不予保护，有特殊情况的，人民法院可以根据权利人的申请决定延长。

《民法典》第195条　有下列情形之一的，诉讼时效中断，从中断、有关程序终结时起，诉讼时效期间重新计算：

（一）权利人向义务人提出履行请求；

（二）义务人同意履行义务；

（三）权利人提起诉讼或者申请仲裁；

（四）与提起诉讼或者申请仲裁具有同等效力的其他情形。

律师评析

诉讼时效是指民事权利受到侵害的权利人需要在法定的时效内行使自己的权利。债务人也可以在诉讼中因为对方的诉讼请求超过了法律规定的期限，要求法院予以驳回，即行使诉讼时效抗辩权。

《民法典》对诉讼时效的规定沿袭了《民法总则》（已失效）的规定，一般的诉讼时效为3年，起算日期为自知道或应当知道权利受侵害且知道义务人之日。《民法典》中列举了诉讼时效中断的事由，如果另一方当事人主张诉讼时效抗辩，且经法院查明无中断事由的，则判决驳回超时效当事人的诉讼请求。如果另一方当事人未提出诉讼时效抗辩，则视为其自动放弃该权利。

本案中，在合同签订的第二日，张某就发函告知李某因其违约解除双方合同，故次日即为李某知道自己财产权利受侵害之日。诉讼时效从这一日开始算起，至李某起诉之日已经超过3年。李某主张曾经于2018年向张某提出重新合作，但由于证据不足，且未提及退还50万元定金事宜，根据《民法典》的规定，这种行为并不属于中断事由，因此诉讼时效依然延续。故张某的诉讼时效抗辩可以得到法院的支持。

律师提示

民事案件的诉讼时效大多为3年，但存在一些特殊情形。例如，国际货物买卖合同和技术进出口合同争议提起诉讼或者申请仲裁的期限为4年；船舶发生油污损害的请求权，时效期间为3年，自损害发生之日起计算，但是，时效期间不得超过自造成损害的事故发生起6年。还有一些特殊情形不适用诉讼时效，例如，不动产物权和登记的动产物权的权利人请求返还财产，请求支付抚养费、赡养费或扶养费等。

若权利人一直不知道自己的权利受侵害，那么诉讼时效自权利受侵害之日起20年后失效。

第二编 物 权

35.借用别人的名义出资买房，房屋能按约定归出资人所有吗？

答案

小孙夫妇借用小王的名义买房，虽与小王签订了协议，但因他们不是该套房产的所有权人，其对房屋的所有权是无法从法律上得到保障的。

相关法条

《民法典》第209条　不动产物权的设立、变更、转让和消灭，经依法登记，发生效力；未经登记，不发生效力，但是法律另有规定的除外。

依法属于国家所有的自然资源，所有权可以不登记。

《民法典》第210条　不动产登记，由不动产所在地的登记机构办理。

国家对不动产实行统一登记制度。统一登记的范围、登记机构和登记办法，由法律、行政法规规定。

律师评析

小孙借名买房后采取亲自保管房产证，并与小王签署书面协议，约定房产归属的办法来规避风险。这种办法可以起到证明小孙是房款实际出资人的作用，但并不能达到取得产权、规避风险的目的。原因在于：

首先，房屋作为不动产，其产权以登记为准，小孙虽然保管了房产证，但其并不是房屋登记的所有人。小王作为登记的产权人，完全可以通过挂失的手段重新取得房产证。届时，小孙会发现，自己手中的房产证不过成了一张废纸。

其次，由于小孙并不具有购房资格，其与小王签署的协议因违反了法律、法规的强制性规定，属于无效协议，起不到房产权属约定的效果。

再次，法律保护在交易中无过错的善意第三人的利益。因此，今后如果小王对外卖房，在第三人不知情的情况下，房屋买卖一般会被认定为有效。小孙可能面临被房屋买受人起诉腾退房屋的风险。

最后，以他人名义购买的房产还存在被名义购房人亲属继承的潜在风险。

律师提示

尽量不要使用他人的名义购房。为了眼前利益使用他人的名义购房，不仅会使自己在买房后面临诸多烦恼，更可能出现“房财两空”的严重后果。

能够共同购买优惠房的，不要使用一方的名义购房。有些优惠房，如公房，政策规定职工的子女是可以和父母共同购买的。如果职工子女众多，参与购房的子女就没有必要完全使用父母的名义购房，而应当采取和父母联名的方式购房，并按份享有房屋的共同产权，从而避免纷争。

已经以他人名义购买的房产，应及时过户到自己名下。如果购买的是商品房，在缴纳转让相关税费后，即可办理过户手续。如果购买的是经济适用房，则需要经过当地规定的禁售期(从缴纳契税或领取房产证之日起算，如北京规定该期限为5年)之后，方能办理过户手续。

在向名义产权人追讨产权失败的情况下，应及时起诉对方要求返还购房款。在司法实践中，经常出现实际出资人以房屋权属纠纷为由起诉名义购房人，要求确认自己是房屋产权人而败诉的情形。在这种情况下，实际出资人应该从名义产权人获得购房款没有合法依据入手，及时以不当得利为由起诉对方，请求法院判令名义出资人返还购房款和利息损失。一般而言，法院至少会判令对方返还已交纳的购房款，从而减轻实际出资人的经济损失。

36.不动产权证书与不动产登记簿不一致时以哪个为准?

答案 房屋权属证书与不动产登记簿记载不一致时,应当以不动产登记簿为准。面对这种情况,小赵应当要求老王通知老刘到场,由老王、老刘一起作为房屋出卖人重新签署房屋买卖合同,并配合其办理房屋过户登记手续。

相关法条

《民法典》第 214 条　不动产物权的设立、变更、转让和消灭，依照法律规定应当登记的，自记载于不动产登记簿时发生效力。

《民法典》第 216 条　不动产登记簿是物权归属和内容的根据。

不动产登记簿由登记机构管理。

《民法典》第 217 条　不动产权属证书是权利人享有该不动产物权的证明。不动产权属证书记载的事项，应当与不动产登记簿一致；记载不一致的，除有证据证明不动产登记簿确有错误外，以不动产登记簿为准。

律师评析

法律规定房屋、土地等不动产实行登记制度。经依法登记后，权利人持有不动产权证书，即俗称的产权证，同时，相关登记信息也记载于不动产登记中心保管的不动产登记簿。绝大多数情况下，产权证与登记簿的内容是一致的，可以简单地把两者理解为副本与正本的关系。但实践中，因操作失误等各种原因，可能发生产权证与登记簿不一致的情况。这种情况下，按照《民法典》第 217 条的规定，应以不动产登记簿为准，除非有证据证明不动产登记簿的确存在错误。

本案中老王持有的是《房屋所有权证》，其与目前颁发的《不动产权证书》都是有效的不动产权利凭证。按照我国《不动产登记暂行条例》的规定，我国自 2015 年 3 月 1 日起开始颁发《不动产权证书》，取代之前颁发的《房屋所有权证》《建设用地使用权证》等不动产证书。相关权利人可以主动申请换发新证书，也可以继续持有旧证书。无论是否换证，均不影响权利人的权利行使。

现阶段，与不动产登记相关的证书主要有几类，其内容与特征如下：

《不动产登记簿》是不动产统一登记的核心依据，由登记机构持有。按照法律规定，《不动产登记簿》记载不动产的坐落、界址、空间界限、面积、用途等自然状况，不动产权利的主体、类型、内容、来源、期限、权利变化等权属状况，以及涉及不动产权利限制、提示的事项等。

《不动产权证书》是权利人不动产权的权证，由权利人持有。有单一版和集成版两个版本，证书中记载不动产的主要信息。单一版证书记载一个不动产单元上的不动产权利。集成版证书记载同一权利人在同一登记辖区内享有的多个不动产单元上的不动产权利。目前主要采用单一版证书。

《不动产登记证明》是他项权证，用于证明不动产抵押权、地役权、居住权以及预告登记、异议登记等事项，由登记机构持有。例如，权利人在申请银行贷款时，可以申请登记机构向银行出具该证明文件，方便权利人贷款。若权利人产权有查封登记，则不颁发证书或证明。

律师提示

鉴于不动产登记簿是物权归属和内容的根据，实践中，买受人在购买房屋等不动产时，应在买卖合同签署前主动到不动产登记中心进行登记簿记载事项查询，尤其要重点关注不动产是否存在共有情形，是否存在抵押权登记、预告登记或者异议登记情形，是否存在查封登记或者其他限制处分的情形等。

如果不动产登记簿查询结果与出卖人提供的不动产权证书不一致，应根据查询结果针对性地设计合同条款，保证实现自身合同目的，维护合法权益。

37.承租人可以查询、复制出租人的房屋登记资料吗？

答案　刘亮作为承租人，是房东出租房屋的利害关系人，依法有权查询出租房屋的不动产登记资料。

相关法条

《民法典》第218条　权利人、利害关系人可以申请查询、复制不动产登记资料，登记机构应当提供。

《民法典》第219条　利害关系人不得公开、非法使用权利人的不动产登记资料。

律师评析

按照我国《民法典》第218条的规定，房屋的权利人和利害关系人都可以申请查询、复制房屋登记资料。本案中，刘亮作为房屋承租人是不是利害关系人？他有没有权利查询出租房屋的登记资料呢？对此，2019年7月24日自然资源部修正后施行的《不动产登记资料查询暂行办法》第20条明确了申请查询不动产登记的利害关系人范围，包括：(1)因买卖、互换、赠与、租赁、抵押不动产构成利害关系的；(2)因不动产存在相关民事纠纷且已经提起诉讼或者仲裁而构成利害关系的。因此，刘亮虽然不是购房人，作为承租人也同样属于利害关系人。

但是，以承租人的身份查询房屋的不动产登记需要提供租赁合同，而本案中刘亮还没有与房东签订租赁合同，应如何查询呢？对此，实践中有两个解决办法：办法一，与房东一起到不动产登记中心，由房东以权利人的身份进行查询；办法二，若房东不配合，刘亮可以按照《不动产登记资料查询暂行办法》第21条的规定，以房屋意向承租人的身份查询房屋部分登记信息。

律师提示

1. 查询房屋等不动产登记信息，应当提交查询申请书及不动产权利人、利害关系人的身份证明材料。查询申请书应当包括下列内容：(1)查询主体；(2)查询目的；(3)查询内容；(4)查询结果要求；(5)提交的申请材料清单。其中，利害关系人的身份证明材料包括买卖合同、互换合同、赠与合同、租赁合同、抵押合同或者受理案件通知书、仲裁受理通知书等。

2. 仅有买卖、租赁、抵押不动产意向，或者拟就不动产提起诉讼或者仲裁等，不能提供利害关系证明材料的，可以先提交查询申请书和本人身份证明查询相关不动产登记簿记载的下列信息：(1)不动产的自然状况；(2)不动产是否存在共有情形；(3)不动产是否存在抵押权登记、预告登记或者异议登记情形；(4)不动产是否存在查封登记或者其他限制处分的情形。

3. 如果需要进一步查询不动产登记的详细资料，可以委托律师依法进行查询。当事人委托的律师可以进一步申请查询相关不动产登记簿记载的下列信息：(1)申请验证所提供的被查询不动产权利主体名称与登记簿的记载是否一致；(2)不动产的共有形式；(3)要求办理查封登记或者限制处分机关的名称。

4. 利害关系人对查询到的不动产登记资料负有合理使用、不得滥用和保密义务。根据我国《民法典》第219条的规定，利害关系人不得公开、非法使用权利人的不动产登记资料。否则，构成违反治安管理行为的，将由公安机关依法给予治安管理处罚；涉嫌构成犯罪的，移送有关机关依法追究刑事责任。

38.购房后的网签可以替代预告登记吗？

答案 网签不等同于预告登记，也不能替代预告登记。网签是一种行政管理措施，不具有物权效力，不能对抗第三人，而预告登记具有物权效力。

相关法条

《民法典》第 221 条　当事人签订买卖房屋的协议或者签订其他不动产物权的协议，为保障将来实现物权，按照约定可以向登记机构申请预告登记。预告登记后，未经预告登记的权利人同意，处分该不动产的，不发生物权效力。

预告登记后，债权消灭或者自能够进行不动产登记之日起九十日内未申请登记的，预告登记失效。

律师评析

商品房买卖中的“网签”，是指买卖双方将自愿达成的房屋交易结果，通过房屋行政管理部门网上签约系统录入备案。网签系统是行政监管部门为民事行为达成合意提供的一个交易平台，可以规范开发商销售行为，防止开发商捂盘、“一房多卖”等，其本质是签约平台，是行政部门的网络化管理系统，不具有创设物权的功能。按照我国《民法典》第 221 条的规定，预告登记是指当事人约定买卖期房或者转让其他不动产物权时，为了限制债务人处分该不动产，保障债权人将来取得物权，而通过权属登记系统所作的登记，具有物权效力。

实践中，有的地方房屋行政管理部门实现了网上备案系统与权属登记系统的整合，做到了信息共享。这种情况下，网签可以起到防范开发商对预售房屋进行抵押或再次出售的作用。但一些地区尚未整合系统，出现了买受人所购房屋完成网签后又被设定抵押的情况，给买受人造成了巨大损失。因此，为了有效防范购房风险，买受人有权要求依法办理预告登记。

律师提示

预告登记可以充分保障买受人的权利和交易安全。预告登记是在网签之后、不动产权证书办理完结之前进行的，此时房屋的产权仍登记在开发商名下，为了防止开发商擅自处分，买房人可要求进行预告登记。

建议买受人在合同中与开发商约定房屋预告登记内容。按照《民法典》的规定，买卖双方进行合同约定是预告登记的前提。买受人可以与开发商在《商品房预售合同》中约定预告登记，也可以在预售合同外另行书面约定房屋预告登记。

双方书面约定后，买受人可以单方申请预告登记。只要双方在合同中明确约定了预告登记内容，在办理完预售合同登记备案手续后，双方即可向当地县级以上房屋管理行政部门申请房屋预告登记。如开发商未按约定与买受人共同申请预告登记，买受人可以单方申请预告登记。

建议在具备房屋登记条件后及时申请房屋不动产权证。按照《民法典》的规定，预告登记后，自能够进行不动产登记之日起90日内未申请登记的，预告登记失效。因此，买受人应注意在商品房竣工验收完成、开发商取得大产权证后，及时申请办理所购房屋的不动产权证。

39.能否基于以物抵债取得车辆的所有权？

答案　小丁已于2020年6月20日双方协议签署之日取得了车辆的所有权，其作为所有权人有权请求法院解除对车辆的查封登记。

相关法条

《民法典》第224条　动产物权的设立和转让，自交付时发生效力，但是法律另有规定的除外。

《民法典》第225条　船舶、航空器和机动车等的物权的设立、变更、转让和消灭，未经登记，不得对抗善意第三人。

《民法典》第226条　动产物权设立和转让前，权利人已经占有该动产的，物权自民事法律行为生效时发生效力。

律师评析

按照《民法典》的规定，动产物权的转移以交付为生效原则，这不同于不动产物权的登记生效原则。因此，在实践中，如果双方已经签订了买卖合同并将动产实际交付，就应当视为所有权已经发生转移。当然，对于机动车、船舶等特殊动产的受让人而言，要想取得物权，除了实际占有动产外，还需要支付合理的对价。对此，最高人民法院《关于适用〈中华人民共和国民法典〉物权编的解释（一）》第6条规定："转让人转让船舶、航空器和机动车等所有权，受让人已经支付合理价款并取得占有，虽未经登记，但转让人的债权人主张其为民法典第二百二十五条所称的'善意第三人'的，不予支持，法律另有规定的除外。"

本案中，双方签署《机动车买卖协议》之前，小胡已将车辆实际交付给小丁，且双方约定以小胡的欠款本息抵扣小丁应当支付的车价款，应视为小丁已支付了全部对价。故自2020年6月20日双方签署协议起，车辆的所有权已转移给小丁。虽然该所有权没有登记，但本着物权优先于债权的基本原理，其权利仍优先于其他债权。依据最高人民法院《关于人民法院民事执行中查封、扣押、冻结财产的规定》，小丁可以请求人民法院解除因一般债权起诉所引起的查封措施，并在解封后继续办理车辆登记过户手续。

律师提示

动产物权的转让以交付为生效要件。日常生活中进行货物等动产买卖时需注意，一般情况下，只有交付了货物，才发生所有权的转移。

机动车、船舶等特殊动产，仍采取以交付作为物权变动的生效要件，而登记仅为对抗要件，即未经登记，不得对抗善意第三人。因此，为了防范善意第三人主张权利的风险，机动车买受人需及时进行过户登记，并向转让方支付合理对价。

40.继承的房屋未经登记就直接转卖能过户吗？

答案

阿强虽然是其母亲遗产的唯一合法继承人，但其继承的房屋作为不动产，需要依法办理登记手续后，才发生物权效力，他才能将该房屋通过买卖过户给老张。

相关法条

《民法典》第208条 不动产物权的设立、变更、转让和消灭，应当依照法律规定登记。动产物权的设立和转让，应当依照法律规定交付。

《民法典》第230条 因继承取得物权的，自继承开始时发生效力。

《民法典》第232条 处分依照本节规定享有的不动产物权，依照法律规定需要办理登记的，未经登记，不发生物权效力。

律师评析

阿强作为其母亲的唯一合法继承人，其母亲去世之时，即是继承开始之时，其依法即可取得其母亲的遗产。但阿强继承取得的遗产是否发生物权效力，要按照《民法典》的规定区别对待。对于家具、电器等动产，阿强母亲去世之时，阿强即取得所有权。阿强可以通过买卖合同将家具、电器交付给老张占有，即可完成所有权转移。但房屋作为不动产，依法应当完成房屋继承的过户登记手续，即将房屋从阿强母亲名下转移到阿强名下后，阿强才取得该房屋的所有权，才能继续将房屋通过买卖过户登记到老张名下。所以，阿强想省略继承过户登记步骤，直接以法定继承人的身份将房屋从其母亲名下过户登记到老张名下，不符合不动产登记规定，是无法完成的。

律师提示

继承人继承的动产在被继承人死亡时即可取得物权。而房屋等不动产必须经登记后，继承人才能取得其物权。

继承人进行房屋继承的不动产登记，可以先行到公证处办理继承权公证手续，然后凭公证书等材料到不动产登记中心办理继承房屋过户手续，这样可以提高房屋继承登记的效率。

继承人也可以不经继承权公证，直接申请继承房屋的不动产登记。申请时，继承人需要提交：所有继承人的身份证、户口簿或其他身份证明；被继承人的死亡证明；所有继承人与被继承人之间的亲属关系证明；被继承人享有不动产权利的材料。全部法定继承人应共同到不动产所在地的不动产登记机构接受查验和询问。登记机构审核无误后，就登记事项进行不少于15个工作日的公示，公示期满无异议的，继承人取得不动产权证书，即可依法对房屋进行出售、赠与等处分。

41.村委会是否有权强拆农民宅基地上的房屋?

答案　村委会通知刘老汉一周后强拆其房屋，不符合法定条件和程序，村委会也不是适格的拆迁主体，其无权拆除刘老汉的房屋。

相关法条

《民法典》第243条　为了公共利益的需要，依照法律规定的权限和程序可以征收集体所有的土地和组织、个人的房屋以及其他不动产。

征收集体所有的土地，应当依法及时足额支付土地补偿费、安置补助费以及农村村民住宅、其他地上附着物和青苗等的补偿费用，并安排被征地农民的社会保障费用，保障被征地农民的生活，维护被征地农民的合法权益。

征收组织、个人的房屋以及其他不动产，应当依法给予征收补偿，维护被征收人的合法权益；征收个人住宅的，还应当保障被征收人的居住条件。

任何组织或者个人不得贪污、挪用、私分、截留、拖欠征收补偿费等费用。

律师评析

刘老汉的住房是集体建设用地上的个人房屋。根据《民法典》第243条的规定，征收集体土地上的个人房屋，必须依照法律规定的条件和程序。2020年1月1日起施行的修正后的《土地管理法》改革了征地程序，要求县级以上地方人民政府在征地之前开展土地状况调查、信息公示，与被征地农民协商，必要时组织召开听证会，与农民签订协议后才能提出申请，办理征地的审批手续，且未经补偿不得拆迁，极大地保护了农民利益。按照该法第47条的规定，拟申请征收土地的，应当开展拟征收土地现状调查和社会稳定风险评估，并将征收范围、土地现状、征收目的、补偿标准、安置方式和社会保障等在拟征收土地所在的乡（镇）和村、村民小组范围内公告至少30日，听取被征地的农村集体经济组织及其成员、村民委员会和其他利害关系人的意见。征收方案依法通过后，政府授权机关才能与被征收土地的所有权人、使用权人就补偿、安置等签订协议，支付补偿款后进行拆迁。

本案中，上述程序显然没有被履行到位。且无论是征收集体土地还是国有土地上的房屋，均应在完成补偿安置工作的前提下由行政机关申请人民法院强制执行。在获得法院的准许强制执行裁定前，行政机关没有直接强制拆除被征收房屋的权力。村委会是群众自治性组织，本身并无行政执法权，即使村委会接受了行政机关的委托，也无权对刘老汉的房屋进行强制性拆除。

律师提示

按照法律规定，征收农民土地应当给予公平、合理的补偿，确保被征地农民原有生活水平不降低、长远生计有保障。

农村集体土地被征收有权依法及时足额获得土地补偿费、安置补助费以及村民住宅、其他地上附着物和青苗等的补偿费用。同时，被征地农民的社会保障费用应依法得到安排。

征收农用地的土地补偿费、安置补助费标准由省、自治区、直辖市通过制定公布区片综合地价确定。制定区片综合地价应当综合考虑土地原用途、土地资源条件、土地产值、土地区位、土地供求关系、人口以及经济社会发展水平等因素，并至少每三年调整或者重新公布一次。

在未获得安置补偿款之前，被征地农民有权拒绝搬迁，征收机关也不得强制执行。如果征收主体、征收程序存在违法情形，被征地农民有权提起行政诉讼维护自身合法权益。

42.土地补偿费归土地承包人所有吗?

答案 农村土地所有权属于集体经济组织，故征收土地的补偿费依法归本集体成员集体所有，其使用、分配方案应经村民会议表决通过后执行。所以村委会主任的说法是正确的。

相关法条

《民法典》第 260 条 集体所有的不动产和动产包括：

（一）法律规定属于集体所有的土地和森林、山岭、草原、荒地、滩涂；

（二）集体所有的建筑物、生产设施、农田水利设施；

（三）集体所有的教育、科学、文化、卫生、体育等设施；

（四）集体所有的其他不动产和动产。

《民法典》第 261 条 农民集体所有的不动产和动产，属于本集体成员集体所有。

下列事项应当依照法定程序经本集体成员决定：

（一）土地承包方案以及将土地发包给本集体以外的组织或者个人承包；

（二）个别土地承包经营权人之间承包地的调整；

（三）土地补偿费等费用的使用、分配办法；

（四）集体出资的企业的所有权变动等事项；

（五）法律规定的其他事项。

律师评析

我国依法实行社会主义公有制。农村的土地和森林、山岭、草原、荒地、滩涂等依法属于集体所有。农民以户为承包人与村集体签署《土地承包经营协议》，享有土地承包权和经营权。国家因为建设公共设施等公共利益的需要可以对集体所有的土地进行征收。征收土地时，应依法及时足额支付土地补偿费、安置补助费以及农村村民住宅、其他地上附着物和青苗等的补偿费用，并安排被征地农民的社会保障费用。上述补偿中，土地补偿费归土地所有权人即集体经济组织所有，并依照法定程序由本集体组织的成员决定使用、分配办法。安置补助费、青苗补偿费、蔬菜大棚等地上附着物的补偿费则归承包土地的村民所有。所以，上述案例中，王老汉可以先要求兑现属于村民个人所有的补偿款项，并督促村委会尽快召集村民会议就土地补偿费的使用、分配方案作出决议。

律师提示

土地补偿费归村集体所有，不代表该款项就放在村委会的账户上不动，甚至可以被挪作他用。村民作为集体成员，有权要求村委会召集村民会议对土地补偿费的使用、分配作出决议。

土地补偿费分配时，有的是所有村民平均分，然后由村里给被征地人另行调配土地；有的是多分配给被征地人一些款项作为补偿，而没有被征地的村民少分或是不分。具体如何分配，应通过村民会议或村民会议授权的村民代表会议表决通过。

召开村民会议，依法应当有本村18周岁以上村民的过半数，或者本村2/3以上的户的代表参加，村民会议所作决定应当经到会人员的过半数通过。

43.一楼业主有权不交电梯费吗?

答案　在小区管理规约未作特殊约定的情况下，一楼业主应当交纳电梯费。

相关法条

《民法典》第 271 条　业主对建筑物内的住宅、经营性用房等专有部分享有所有权，对专有部分以外的共有部分享有共有和共同管理的权利。

《民法典》第 272 条　业主对其建筑物专有部分享有占有、使用、收益和处分的权利。业主行使权利不得危及建筑物的安全，不得损害其他业主的合法权益。

《民法典》第 273 条　业主对建筑物专有部分以外的共有部分，享有权利，承担义务；不得以放弃权利为由不履行义务。

业主转让建筑物内的住宅、经营性用房，其对共有部分享有的共有和共同管理的权利一并转让。

律师评析

《民法典》物权编中规定了业主的建筑物区分所有权。每名业主基于房屋所有权关系，都同时享有专有权、共有权和管理权三项权利。一般而言，业主取得的不动产权证书上记载的面积，即属于该业主的专有部分面积。专有部分包括了规划上专属于特定房屋，且开发商销售时已经根据规划列入该特定房屋买卖合同中的露台等。业主的专有部分面积同时还作为业主行使投票等管理权的计算基础。

除了专有部分，业主还对共有部分享有按份共有权，包括建筑物的基础、承重结构、外墙、屋顶等基本结构部分，通道、楼梯、大堂等公共通行部分，消防、公共照明等附属设施、设备，避难层、设备层或者设备间等结构部分等。为了维护小区业主的整体利益,《民法典》规定了业主对建筑物专有部分以外的共有部分,享有权利,承担义务,不得以放弃权利为由不履行相应义务。

电梯与小区内的花草树木、路灯、喷泉等一样,都属于全体业主共有的公共设施。电梯运行维护成本不会因为一楼的住户不乘电梯而有明显降低,而且,有电梯的小区居住舒适性比无电梯小区高,该优势在二手房价格上也有所体现。维护电梯的正常运行有利于维护全体业主的共同利益,一楼住户应该与其他楼层住户一样承担电梯费。

律师提示

在物业公司已经按照物业服务合同、管理规约提供服务的情况下,业主不能以未享受或者无需接受相关物业服务为由拒交包括电梯费在内的物业费,否则将承担违约责任。

一楼业主认为自己在不使用电梯的情况下,要交纳与其他高层业主同样的电梯费不尽公平,要求适当少交电梯费,可以向业主大会或业主委员会申请依法修改管理规约。该项修改应当由专有部分面积占比 2/3 以上且人数占比 2/3 以上的业主参与表决通过,方为有效。

44.物业公司有权在小区绿地上划出停车位出租吗?

答案　小区内的绿地依法属于全体业主共有，物业公司无权改变绿地用途，不得擅自在小区绿地上划出停车位，更无权收取租金。

相关法条

《民法典》第 274 条　建筑区划内的道路，属于业主共有，但是属于城镇公共道路的除外。建筑区划内的绿地，属于业主共有，但是属于城镇公共绿地或者明示属于个人的除外。建筑区划内的其他公共场所、公用设施和物业服务用房，属于业主共有。

《民法典》第 275 条　建筑区划内，规划用于停放汽车的车位、车库的归属，由当事人通过出售、附赠或者出租等方式约定。

占用业主共有的道路或者其他场地用于停放汽车的车位，属于业主共有。

律师评析

开发商在建设小区时支付了建筑区划内的土地使用权出让金，成为建设用地使用权人，但是小区建设完成后，随着小区内房屋的出售，小区建筑区划内的土地使用权也随之转移。对此，《民法典》规定，建筑区划内的绿地及其他公共场所、公用设施、物业服务用房均属于业主共有。物业公司接受全体业主的委托，提供物业管理和服务，在未经业主共同决议的情况下，无权擅自将全体业主共有的绿地改为临时停车位。物业公司的此种做法将造成小区内公共活动区域和景观带的减少，势必降低小区居住的舒适性，本质上是对全体业主物权的侵犯。此外，即便经过业主共同决议将小区内的部分绿地改为停车位，在未经全体业主授权的情况下，物业公司也无权收取地面停车位的租金。

律师提示

将小区内的公共区域改变用途，属于业主共同决定事项，依法应当由专有部分面积占比 2/3 以上且人数占比 2/3 以上的业主参与表决，且应当经参与表决专有部分面积 3/4 以上且参与表决人数 3/4 以上的业主同意。

占用业主共有的道路或者其他场地用于停放汽车的车位，属于业主共有。在业主共同决定就该车位向承租业主收取租金的情况下，租金也属于全体业主所有。物业公司收取租金后，应移交给全体业主或代表全体业主的业主委员会，而不应作为物业公司的业务收入。当然，物业公司在提供停车管理和服务的情况下，经业主共同决定和行政审核备案，可以收取停车管理费。

45.购买的车位占用了小区道路，可以要求开发商退款吗？

答案 小明和小花可以要求开发商返还购买车位的款项并赔偿其损失。

相关法条

《民法典》第275条　建筑区划内，规划用于停放汽车的车位、车库的归属，由当事人通过出售、附赠或者出租等方式约定。

占用业主共有的道路或者其他场地用于停放汽车的车位，属于业主共有。

《民法典》第276条　建筑区划内，规划用于停放汽车的车位、车库应当首先满足业主的需要。

律师评析

根据《民法典》第275条的规定，占用业主共有的道路或者其他场地用于停放汽车的车位，属于业主共有。因此，本案例中，因车位占用了共有道路，属于业主共有，开发商对该车位无处分权。无处分权的人处分他人财产，经权利人追认或者无处分权的人订立合同后取得处分权的，该合同有效。而开发商与小明、小花夫妻二人签订的合同，没有经过权利人即全部业主的追认，应当认定为无效合同。合同无效或者被撤销后，因该合同取得的财产，应当予以返还；不能返还或者没有必要返还的，应当折价补偿。有过错的一方应当赔偿对方因此所受到的损失，双方都有过错的，应当各自承担相应的责任。因小明、小花夫妻二人不能实际占有、使用所购买的车位，开发商存在过错，所以小明、小花夫妻二人不仅可以要求开发商返还购买车位款项，还可以要求开发商赔偿其损失。

律师提示

购买车位要注意以下几点：

1. 确认是否是公共车位。现在许多物业或开发商存在乱收费的问题，因此在购买车位时，首先要确认车位的位置，判断其是否为公共车位。

2. 确认是否已被出租。为了避免不必要的麻烦，购买前务必确认欲购买的车位是否已被出租；如已被出租，需考虑租期、承租人是否放弃优先购买权等问题。

3. 进行实地勘察。签订合同之前，要了解车位的结构图、位置，并实地勘察车位的格局、高深、面积等。

4. 签订书面合同。购买车位一定要签订书面合同，核实合同相对方是否为该车位的权利人，并在合同中注明车位位置、面积、交接日期、权属证书变更等重要内容。

46.住宅小区的业主有权将自己的房屋出租给健身公司吗?

答案 住宅小区的业主将住宅改为经营性用房，应当经有利害关系的业主同意，故本案中的5层业主无权直接将其房屋出租给健身公司用于开办健身房。

相关法条

《民法典》第279条　业主不得违反法律、法规以及管理规约，将住宅改变为经营性用房。业主将住宅改变为经营性用房的，除遵守法律、法规以及管理规约外，应当经有利害关系的业主一致同意。

律师评析

住宅改为商业用途长期以来因其利弊并存而备受争议。“住改商”对于房东而言，提高了住宅房屋的利用率，增加了租金收益。对于小区业主而言，在一定程度上可以弥补社区配套商业不足，比如不用走出小区就能理发、喝下午茶等，便利了生活。对于商家而言，“住改商”房屋房租、水电费更便宜，降低了其经营成本。但是，“住改商”的缺点也显而易见，例如健身房、理发店等经营活动带来的噪音，商家客流量带来的电梯拥堵、超负荷用电、治安与卫生管理难度增加等，降低了小区的生活品质。因此，《民法典》在权衡利弊的基础上，没有“一刀切”地禁止“住改商”，而是规定其必须符合法定条件和程序。一是要遵守法律、法规以及管理规约的规定，如果法律、法规或者本小区管理规约明确不得将住宅改成经营性用房，则不得“住改商”。二是应当经有利害关系的业主一致同意。这意味着即便符合了第一项条件，只要有一户有利害关系的业主不同意，也不得进行“住改商”，否则即是对其他业主合法权益的侵犯。

律师提示

业主将住宅改变为经营性用房，必须经有利害关系的业主一致同意。这里所谓"有利害关系的业主"，指本栋建筑物内的其他业主。在上述案例中即指书香苑小区2号楼全体业主。

如果将住宅改变为经营性用房，未依法经有利害关系的业主同意，有利害关系的业主有权向人民法院起诉请求排除妨害、消除危险、恢复原状或者赔偿损失，并能依法获得人民法院的支持。

将住宅改变为经营性用房的业主以多数有利害关系的业主已经同意为由进行抗辩的，人民法院不予支持。

建筑区划内、本栋建筑物之外的业主主张"住改商"与自己有利害关系的，应证明其房屋价值、生活质量受到或者可能受到不利影响。上述案例中，如果书香苑小区1号楼的某位业主也对住宅改为健身房不满，则可以从健身房开办后导致小区停车位长期被健身房雇员、客人占据，业主无法进入小区停车，只能停在小区周边的收费停车区，而且由于客流量大，小区的居住环境受损，安宁的生活受到干扰，甚至影响了小区二手房房价等方面进行举证。

47.按份共有人擅自处理共有财产怎么办？

答案

小明可以向法院提起诉讼，请求认定转让合同无效。因为小刚擅自处分了其与小明共有的财产，属于无权处分，且对于自己享有的共有部分也没有保障小明的优先购买权。而且，小苏知道船舶的权属情况仍购买，也不能构成善意取得。

相关法条

《民法典》第301条　处分共有的不动产或者动产以及对共有的不动产或者动产作重大修缮、变更性质或者用途的，应当经占份额三分之二以上的按份共有人或者全体共同共有人同意，但是共有人之间另有约定的除外。

《民法典》第305条　按份共有人可以转让其享有的共有的不动产或者动产份额。其他共有人在同等条件下享有优先购买的权利。

《民法典》第306条　按份共有人转让其享有的共有的不动产或者动产份额的，应当将转让条件及时通知其他共有人。其他共有人应当在合理期限内行使优先购买权。

两个以上其他共有人主张行使优先购买权的，协商确定各自的购买比例；协商不成的，按照转让时各自的共有份额比例行使优先购买权。

《民法典》第308条　共有人对共有的不动产或者动产没有约定为按份共有或者共同共有，或者约定不明确的，除共有人具有家庭关系等外，视为按份共有。

《民法典》第309条　按份共有人对共有的不动产或者动产享有的份额，没有约定或者约定不明确的，按照出资额确定；不能确定出资额的，视为等额享有。

律师评析

实践中，船舶这类价值较高的动产或者不动产，很多时候由多名投资人共同出资所有，共有人之间可以协议约定经营收入的分配方式和比例。这种投资方式可以有效地降低投资人的资金风险，但是同时也削减了共有人对于共有物的管理掌控力。共有人对于共有物约定不明确或者某一共有人擅自处理共有财产，就会造成其他共有人的损失。

《民法典》对于“共有”作出了规定。共有的方式分为按份共有和共同共有，在共有人未约定对共有财产属按份共有还是共同共有，或约定不明的情况下，除共有人具有家庭关系等关系外，均应认定为按份共有。《民法典》还详细规定了共有权人的优先购买权，按份共有人转让其享有的共有份额的，其他共有人在同等条件下享有优先购买的权利。转让份额的共有人应当将转让条件及时通知其他共有人，其他共有人应当在合理期限内行使优先购买权。

《民法典》强调，按份共有人可以转让自己享有的共有财产的份额，其他共有人享有优先购买权的前提是必须“在同等条件下”。在实践中，“同等条件”应当综合共有份额的转让价格、价款履行方式及期限等因素确定。

在上述案例中，小刚与小明共同出资购买“东方红”号轮船时，并未对属于按份共有还是共同共有进行约定，双方不具有家庭关系，因此应认定双方对船舶构成按份共有，且二人各出资一半，可认定份额相等。对于按份共有的“东方红”号轮船，小刚作为按份共有人有权转让其本人所有的共有财产份额，但其未通知小明便擅自将“东方红”号轮船出售的行为，属于侵犯小明的共有份额和优先购买权的无权处分行为。小刚将“东方红”号轮船转让给明知该船权属状况的小苏，小苏不构成善意取得。因此，应认定小刚向小苏转让船舶的行为无效，船舶仍由小明与小刚共有。

律师提示

共有权人有权处分自己的共有份额，但是应当及时通知其他共有人以及其转让条件，防止出现侵害其他共有人优先购买权的行为。

共有人出资购买共有物时，各共有人应当首先约定好共有的方式、各自享有的权利份额、行使权利的方式程序和利益分配原则，防止后续出现处分共有物时的争议。

按份共有人仅有权将其享有的共有物的份额进行转让，且其他共有人对该份额享有优先购买权。转让人在未告知其他共有权人的情况下，将共有物整体份额转让与受让人，其行为不仅侵害了其他按份共有人享有的优先购买权，还转让了其他共有权人享有的共有物份额，该行为构成无权处分。除受让人善意取得外，在其他共有权人不进行追认的情况下，该转让行为无效。

按份共有权人向法院主张转让人侵害其对于共有物的共有份额及优先购买权的，如果共有物的受让人对该共有物的产权状态是不知情的，且已经支付了合理的对价并完成交付，那么该受让人就可以根据善意取得制度获得共有物，按份共有人则只能向转让人进行追偿。

48.合法取得的他人遗失物是否需要返还？

答案

小青有权要求小红返还手表，但由于小红是善意的受让人，且在正当的、具有经营资格的经营者处购得该手表，所以小青在请求小红返还手表时，需要向小红支付其购买该手表的费用。而对于该笔费用，小青可以向出租车司机或者二手店商家追偿。

相关法条

《民法典》第312条　所有权人或者其他权利人有权追回遗失物。该遗失物通过转让被他人占有的，权利人有权向无处分权人请求损害赔偿，或者自知道或者应当知道受让人之日起二年内向受让人请求返还原物；但是，受让人通过拍卖或者向具有经营资格的经营者购得该遗失物的，权利人请求返还原物时应当支付受让人所付的费用。权利人向受让人支付所付费用后，有权向无处分权人追偿。

《民法典》第314条　拾得遗失物，应当返还权利人。拾得人应当及时通知权利人领取，或者送交公安等有关部门。

律师评析

在日常生活中，人们不可避免会发生丢失东西的情况。既然有人丢，就可能会有人捡到。大多数人拾得他人遗失物，尤其是贵重物品时，都会积极找寻失主，但也存在一些在捡到东西后拒不返还失主的人。对于这种情况，《民法典》也作出了相关规定。《民法典》第312条规定了所有权人对于第三人拾得遗失物的返还原物请求权，第314条规定了拾得人须将遗失物返还权利人的义务。

本案中，小红通过正规的二手店购买了手表，且对于手表之前的权利关系丝毫不知情并支付了合理的价款，因此小红属于善意的受让人，她的权利应当受到法律的保护。小青在请求小红返还原物的时候需要向小红支付其购买该块手表的所付款项。

当然，法律对于所有权人的保护也是有时间限制的，法律不保护怠于行使维护自身权利的所有权人。根据《民法典》第312条的规定，如果小青虽然知道是小红获得了手表，但是一直没有向小红要求返还手表，而是在2年之后才请求小红返还，法律对小青的权利是不予保护的。此时，小红已经通过善意取得了该手表，小红获得了手表的所有权。

本案中，小青在手表丢失一个月后要求小红返还原物，小红应当返还。而对于小青支付给小红的相关费用，小青可以向无权处分人，即出租车司机或者二手店家追偿，要求他们赔偿自己的损失。

律师提示

如果物品不小心遗失了，需要尽快向有关部门报告，一旦查清遗失物的下落，要积极地行使自己的返还原物请求权，以防权利保护时效届满。

拾得人在拾得他人遗失物后，能查明权利人的要及时返还权利人，不知道权利人的应当将遗失物移送有关部门保管。如果私自处理他人遗失物，将构成无权处分，需要承担民事责任。而如果拒不返还的他人遗失物数额较大，拾得人还很有可能触犯刑事法律。

受让人要注意二手商品需要在正规的、具有销售资格的商家购买或者拍卖取得。对于以明显不合理低价贩卖的商品，消费者不要贪图便宜，很有可能该商品的权属状态是存在问题的。而该物品的权利人找上门来要求受让人返还时，以不合理低价购入遗失物的受让人并不能认定为善意，权利人不需要向受让人支付其先前已付款项。

49.发布了悬赏广告可以不兑现吗？

答案 小明必须按照悬赏广告的承诺支付3000元酬劳给小花。

相关法条

《民法典》第 317 条　权利人领取遗失物时，应当向拾得人或者有关部门支付保管遗失物等支出的必要费用。

权利人悬赏寻找遗失物的，领取遗失物时应当按照承诺履行义务。

拾得人侵占遗失物的，无权请求保管遗失物等支出的费用，也无权请求权利人按照承诺履行义务。

律师评析

悬赏广告，是一种特殊的广告形式。它是权利人以广告的形式声明对完成悬赏广告中规定的行为的任何人，给予广告中约定的报酬的意思表示行为。对于悬赏广告的性质，我国理论和司法实践中的多数意见都将其作为要约看待。因此，只要有人完成了约定的行为，合同即告成立，权利人应依广告支付报酬，否则应承担违约责任。《民法典》第 317 条也对权利人领取遗失物作出了明确规定，如果权利人悬赏寻找遗失物，其领取遗失物时应当履行其在悬赏时作出的承诺。

根据《民法典》第 317 条的规定，小明应该支付已承诺的 3000 元。此外，从合同成立的角度讲，本案中，小明的悬赏广告可以被看作要约，小花找到了小明丢失的戒指即完成了约定的行为，合同即成立，小明有义务支付 3000 元的酬劳。

律师提示

翻开报纸、打开电视或者上网浏览信息，几乎都会看到许诺报酬的寻人启事、寻物启事之类的悬赏广告，可以说，悬赏广告已经广泛存在于我们的生活。需要注意的是，悬赏广告中的广告与《广告法》中界定的广告不同，除一般意义上的广告媒体外，街头张贴、宣传单等都属于悬赏广告中“广告”的范畴。另外，如有多人完成悬赏广告的任务，一般由最先完成悬赏广告要求之人获得相应的报酬；如果多人同时完成，则应由完成任务者平分报酬。

50.不动产被征收、征用后用益物权人能否获得补偿?

答案

因不动产或者动产被征收征用导致用益物权消灭或影响用益物权行使的，用益物权人能够获得补偿。因此，王某作为土地承包经营权人，李某作为土地经营权人，他们都能够按照法律规定得到相应补偿。

相关法条

《民法典》第323条　用益物权人对他人所有的不动产或者动产，依法享有占有、使用和收益的权利。

《民法典》第327条　因不动产或者动产被征收、征用致使用益物权消灭或者影响用益物权行使的，用益物权人有权依据本法第二百四十三条、第二百四十五条的规定获得相应补偿。

律师评析

用益物权是从所有权中派生出来的独立物权，包括土地承包经营权、建设用地使用权、宅基地使用权等。公民能够依据法律规定，对他人的不动产或者动产享有占有、使用、收益的权利，在一定程度上独立支配他人的不动产或者动产。这是一种排他性权利，对所有权的行使有所限制，其立法目的旨在支配不动产或者动产的利用。用益物权人虽然不是动产或不动产的所有权人，但是其依法享有独立的物权地位。

上述案例中，李某通过与王某签署合法的土地经营权合同，取得了土地经营权，依法享有对土地的占有、使用和收益的权利。当王某承包的土地因公共利益需要被征收时，依据《民法典》第327条对用益物权的保护，李某作为用益物权人能够按照法律规定获得一定的补偿。

律师提示

需要注意的是，用益物权人获得补偿的前提条件是不动产或者动产被征收或者被征用。《宪法》第10条第3款规定："国家为了公共利益的需要，可以依照法律规定对土地实行征收或者征用并给予补偿。"因此，土地被征收或被征用应满足三个条件：一是为了公共利益的需要，该公共利益通常指全体公民的共同需要或者社会的整体利益；二是必须严格按照法律规定征收或征用，这是为了更好地平衡公民的个人财产和社会的公众利益之间的关系，保护公民的个人财产，不仅实体上需要满足征收、征用的条件，程序上亦应严格遵守法律规定；三是必须给予一定补偿，个人财产不能因公共利益作出无偿牺牲，个人权利被无偿剥夺时应当给予其补偿。

用益物权因不动产或者动产被征收、征用而消灭或受到影响的，用益物权人能够获得一定补偿。但用益物权人的用益物权遭受他人侵害或与所有权人之间产生冲突的，用益物权人应当另行主张权利或者按照签署的合同约定主张违约责任，从而维护自己的用益物权。

51.转让或互换土地承包经营权，未经登记有效吗？

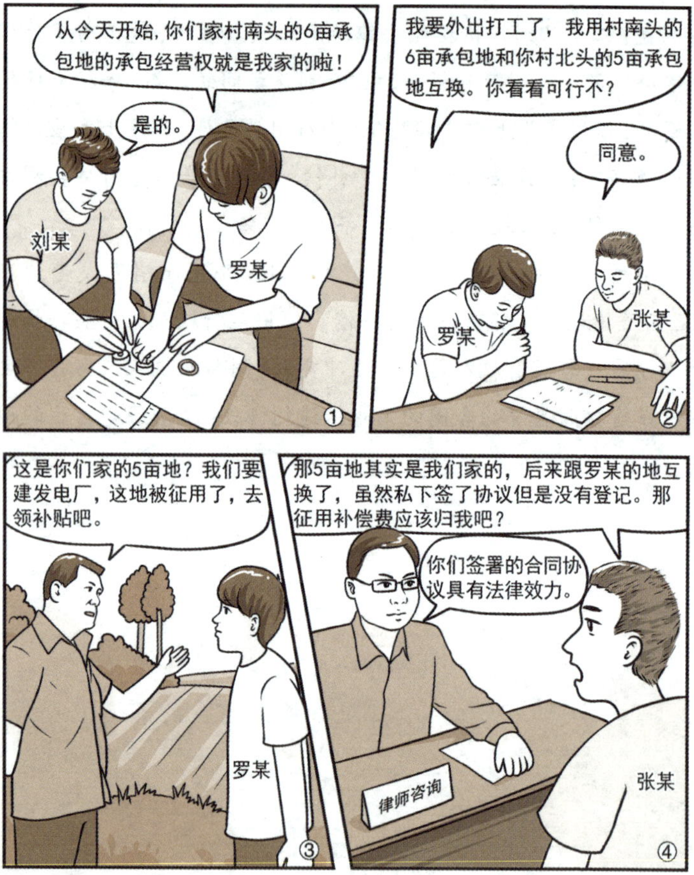

答案

土地承包经营权人有权进行转让、互换，未经登记，只是不能对抗善意第三人。因此，张某以土地承包经营权转让及互换协议没有登记为由，主张互换协议无效的诉讼请求，不能成立。

相关法条

《民法典》第 333 条　土地承包经营权自土地承包经营权合同生效时设立。

登记机构应当向土地承包经营权人发放土地承包经营权证、林权证等证书，并登记造册，确认土地承包经营权。

《民法典》第 334 条　土地承包经营权人依照法律规定，有权将土地承包经营权互换、转让。未经依法批准，不得将承包地用于非农建设。

《民法典》第 335 条　土地承包经营权互换、转让的，当事人可以向登记机构申请登记；未经登记，不得对抗善意第三人。

律师评析

本案是涉及土地承包经营权转让和互换的案件。土地承包经营权的转让和互换是土地承包经营权流转的主要方式。土地承包经营权流转，主要指在土地承包经营权有效存在的前提下，在不改变所有权、主体种类、土地农业用途的基础上，土地承包经营权人依法将土地承包经营权转让给受让人的行为。《民法典》第 334 条明确规定，土地承包经营权人依照法律规定，有权将土地承包经营权互换、转让。罗某与刘某之间关于农村土地承包经营权的转让行为是自愿的，是双方真实的意思表示，同样，罗某与张某之间关于农村土地承包地的互换行为也是自愿流转，是双方真实意思表示，均是合法有效的。《民法典》第 333 条第 1 款明确规定，土地承包经营权自土地承包经营权合同生效时设立。可见，土地承包经营权作为一项用益物权，遵循的并非登记生效主义，而是登记对抗主义，故即使土地承包经营权未经登记亦有效，没有登记只是不能对抗善意第三人。所以本案中，张某主张土地承包经营权转让合同和互换协议未经登记而无效，是不能成立的。罗某与张某的土地经营权互换协议合法有效，即罗某享有该5亩承包地的承包经营权，也有权在该承包地被征用时获得相应土地补偿款。

律师提示

土地承包经营权以家庭承包方式为主，其他承包方式为辅。以家庭承包方式获得土地承包经营权的，承包人必须是本集体组织的内部成员，该土地承包经营权的转让及互换也仅限于集体组织内部成员之间。以其他承包方式承包的，本集体组织内部成员也享有优先承包权。

采取家庭承包的方式取得土地承包经营权一般是无偿的。对于不适宜家庭承包方式承包的，如荒山、荒丘、荒滩，一般采取公开招标、拍卖、公开协商等方式，原则上都是有偿的。

土地承包经营权自土地承包经营权合同生效时设立，无论是否登记均能产生对抗第三人的效力。登记发证是登记机构的义务，而不是承包经营权人的义务。但土地承包经营权转让、互换的，当事人可以向登记机构登记，未经登记，不得对抗善意第三人。

52.村委会能以家庭人口减少为由收回土地承包经营权吗?

答案 村委会无权以家庭人口减少为由，收回或扣减承包人所承包的耕地。

相关法条

《民法典》第336条 承包期内发包人不得调整承包地。

因自然灾害严重毁损承包地等特殊情形，需要适当调整承包的耕地和草地的，应当依照农村土地承包的法律规定办理。

《民法典》第337条 承包期内发包人不得收回承包地。法律另有规定的，依照其规定。

律师评析

党的十九大报告中提出："保持土地承包关系稳定并长久不变，第二轮土地承包到期后再延长三十年。"为充分保障农民土地承包权益，进一步完善农村土地承包经营制度，推进实施乡村振兴战略，中共中央和国务院出台了保持农村土地（指承包耕地）承包关系稳定并长久不变的意见。《民法典》第336条和第337条也对此作出了明确规定，承包期内，发包方不得收回承包地，不得调整承包地。家庭承包经营权的主体以农户这个整体而不是家庭成员个体为单位。当农户中出现家庭成员死亡时，作为承包方的"户"还存在，死者的土地份额由其他家庭成员继续经营。作为发包方的村委会无权单方变更土地承包合同，也无权在承包期内对农户所承包的土地进行调整或者扣减。

本案中，张小飞考入大学后仅其一人转为非农业户口，其在校读书期间的学费、生活费等主要靠其家庭承包地收入予以保障，且在法律上张小飞作为张某的家庭成员并未丧失土地承包经营权，自然也就有资格享受本集体经济组织的待遇。因此，村委会要求收回张某承包地份额的行为违反法律规定，应属于无效行为。

律师提示

根据《民法典》第336条第2款的规定，只有在因自然灾害严重毁损等特殊情形下，发包人才可适当调整承包的耕地和草地，一般情况下不应采取调整承包地的方法，而应主要通过设置“机动地”、推动土地流转及发展其他产业等途径解决“人地矛盾”。

土地承包经营权即使需要调整，也应当依照农村土地承包的法律规定办理。根据《农村土地承包法》第28条第2款的规定，必须经本集体经济组织成员的村民会议2/3以上成员或者2/3以上村民代表的同意，并报乡（镇）人民政府和县级人民政府农业农村、林业和草原等主管部门批准。但若承包合同中约定不得调整的，按照其约定。不符合上述法律规定的条件和程序的，不得调整。

允许调整的土地仅限于耕地和草地，对于林地，即使在因自然灾害严重毁损等特殊情况下，也不允许调整。因为林地承包经营有其特殊性，林业承包经营的收益慢、周期长且风险高，法律规定的承包期最长可达70年。因此，稳定林地承包经营权，有利于调动承包人植树造林的主动性和积极性，让承包人放心地对林地进行长期投入，也可避免经常调整导致林木被乱砍滥伐，影响生态环境。而且经营林地一般是农民承包荒山、荒地用于增收的方式，并不像耕地那样是农民基本的生活保障因而有调整的必要。

53.土地承包经营权人向本集体组织之外的人出租土地经营权，需要经过村委会同意吗？

答案　土地承包经营权人向本集体组织之外的人出租土地经营权，不需要经过村委会同意。

相关法条

《民法典》第 339 条　土地承包经营权人可以自主决定依法采取出租、入股或者其他方式向他人流转土地经营权。

《民法典》第 340 条　土地经营权人有权在合同约定的期限内占有农村土地，自主开展农业生产经营并取得收益。

律师评析

增设土地经营权是《民法典》一个重要的创新点，是对《物权法》的重大修改，引入了农村集体土地所有权、土地承包经营权、土地经营权“三权”分置的理论，是一项重要的制度创新。这是中国近十年来农村土地改革的重大理论突破，其目的是使土地经营权进入市场，既实现其市场化的自由流转，又保障土地承包经营权人（农民）不丧失土地。土地承包经营权人能够将自己承包的土地在市场上进行流转，从而实现土地使用权的交换价值。土地经营权是在集体土地使用权、土地承包经营权的基础上，根据我国土地制度的实际情况创设的一种新的权利。

土地经营权的取得方式有两种，一是与承包土地的土地承包经营权人签署合同，二是通过其他承包方式直接取得。

上述案例中，主人公以家庭承包方式从村集体承包了 5 亩耕地，属于该块耕地的土地承包经营权人，按照《民法典》第 339 条的规定，其作为该耕地的土地承包经营权人，可以自主决定依法采取出租、入股或者其他方式向他人流转土地经营权。“自主决定”这四个字清楚地表明了该行为无需征得集体组织或发包人的同意。故本案中的土地承包经营权人有权自主决定将该耕地的土地经营权出租给本集体组织之外的人，无须征得村委会的同意。

律师提示

以家庭承包方式承包土地的，属于土地承包经营权人；以其他方式承包土地的，承包人获得的是土地经营权而不是土地承包经营权。

土地承包经营权只能由本集体组织内部成员获得，本集体组织以外的人不能获得土地承包经营权，而土地经营权人不要求必须是本集体组织成员。

土地承包经营权人可以自主决定依法采取出租、入股或者其他方式向他人流转土地经营权，但需要向发包方备案。

以家庭承包方式取得土地承包经营权的土地承包经营权人流转土地经营权的，土地经营权人再次流转时应当经过土地承包经营权人同意并报发包人备案。以其他方式取得土地经营权的，需要依法先登记取得权利证书，才可以再次流转。

54.土地经营权人未经登记能否对抗其他善意土地经营权人?

答案

老王设立土地经营权时为善意第三人，因此，老张的土地经营权虽然成立在先，但因其未登记，不得对抗善意的老王。

相关法条

《民法典》第339条　土地承包经营权人可以自主决定依法采取出租、入股或者其他方式向他人流转土地经营权。

《民法典》第341条　流转期限为五年以上的土地经营权，自流转合同生效时设立。当事人可以向登记机构申请土地经营权登记；未经登记，不得对抗善意第三人。

律师评析

《民法典》通过吸收《农村土地承包法》的相关规定，确定了农村集体土地的“三权”分置结构，一块集体土地上可能存在三个不同的权利主体，即集体土地所有权人、土地承包经营权人、土地经营权人。这样做的好处是进一步增强了农村土地经营权的流动性，打破集体土地仅在集体组织成员内部流转的局限，既保证了集体土地的所有权人不变，又能够提高集体土地利用率，有利于进一步盘活资产。

《民法典》第339条、第341条对土地经营权的流转方式、设立期限及生效要件等作了详细规定。土地经营权的设立方式灵活多样：土地承包经营权人能够自主决定以出租、入股、互换等其他方式转让土地经营权，此外，通过招标、拍卖等方式进行承包也能依法取得土地经营权。那么土地经营权何时生效呢？《民法典》第341条明确规定，约定的流转期限为5年以上的，流转合同生效时土地经营权设立。由此可知，土地经营权并不采取登记生效主义，转让合同生效时即设立，申请登记仅具有对抗效力。

本案中，老张与土地承包经营权人赵小明签署了合法有效的流转合同，老张的土地经营权自流转合同生效时依法设立。老王并不知道该土地上已经设立了土地经营权，其与赵小明签署的流转合同亦是有效的，并且老王向登记机构申请了土地经营权登记，因此，老王的土地经营权也已设立，其为善意土地经营权人。《民法典》第341条规定土地经营权的设立不以登记为生效要件，但登记具有对抗效力，未经登记不得对抗善意第三人。老张的土地经营权虽在老王之前合法成立并已生效，但因老张未向登记机构申请登记，老张的土地经营权不得对抗善意且已经登记的老王的土地经营权。

律师提示

《民法典》第341条仅规定“流转期限为五年以上的”土地经营权，自流转合同生效时设立，但并未规定“流转期限为五年以下”土地经营权设立的生效要件。因此，实践中双方签署流转合同的，建议约定流转期限至少为5年，并且申请登记土地经营权，从而寻求相对稳定的法律保护，避免土地经营权人合法权利受到影响。

土地经营权属于用益物权，未经登记不得对抗善意第三人，此处的“善意第三人”应当符合《民法典》规定的善意取得制度。《民法典》第311条第3款规定，“当事人善意取得其他物权的，参照适用前两款规定”，即土地经营权设立中的“善意第三人”需满足以下三个条件：一是受让时主观上是善意的；二是以合理价格转让；三是土地经营权已合法设立且登记。

土地承包经营权人流转土地经营权时，需注意流转的期限不得超过土地承包经营权的剩余期限。

55.住宅建设用地使用权届满了，怎么办？

答案 张戈家的这套房屋住宅建设用地使用权届满了，自动续期。续期费用的缴纳或减免，依照法律、行政法规的规定办理。

相关法条

《民法典》第359条 住宅建设用地使用权期限届满的，自动续期。续期费用的缴纳或者减免，依照法律、行政法规的规定办理。

非住宅建设用地使用权期限届满后的续期，依照法律规定办理。该土地上的房屋以及其他不动产的归属，有约定的，按照约定；没有约定或者约定不明确的，依照法律、行政法规的规定办理。

律师评析

我们现在购买的住宅（包括已购公房、商品房等）的土地使用权一般都是70年。住宅的土地使用权届满了怎么办？这一直是老百姓最关注的问题之一。

《民法典》给大家吃了一颗“定心丸”——住宅建设用地使用权期限届满的，自动续期。在明确“自动续期”的基础上，《民法典》进一步规定，“续期费用的缴纳或者减免，依照法律、行政法规的规定办理”。意思是，我们购买的住宅的土地使用权是70年，住宅建设用地使用权到期以后，将会自动续期，房屋所有权人不必惊慌，但是续期的时候可能是要缴费的。至于这个费用需按照什么标准缴纳，能不能有所减免，《民法典》没有详细规定，将依照续期时的法律、行政法规的规定进行办理。目前暂无明确的缴费标准，未来有较大可能性需要缴纳续期费用，但也很可能根据家庭人均住房面积等情况做相应的费用减免。

律师提示

住宅建设用地使用权期限一般为70年，我国是从20世纪80年代住房制度改革后才陆续出让土地的，因而还未大面积出现住宅土地使用权到期的情形，但各地已陆续出现一些使用权到期的案例。因此《民法典》中规定了住宅建设用地使用权期限届满续期的相关条款对现实问题予以回应。

大家买房时一定要关注房屋土地使用权的剩余年限，以便根据情况决定是否购买或要求降低价格。购房时不仅要关注二手房的土地使用权剩余年限，还要关注“一手房”的土地使用权剩余年限。因为很多开发商手里的土地是多年前储备的，虽然国家对储备土地的开发年限有严格规定（2年），但开发商一般会通过各种手段办理延期开发的许可，所以一些新房上市时，土地使用权的可使用年限已经远远少于70年了。

《民法典》第359条第1款规定的自动续期仅针对“住宅”的建设用地使用权，并不包括“非住宅”。非住宅建设用地使用权期限届满后的续期，依照相关法律规定办理。

56.因泥石流等导致宅基地灭失的，村民能否重新分配获得宅基地？

答案

村里突发泥石流属于自然灾害等不可抗力因素，根据《民法典》相关规定，因自然灾害等原因导致的宅基地灭失，应当依法给失去宅基地的村民重新分配宅基地。因此村委会的说法不正确，其应当重新给老王分配宅基地。

相关法条

《民法典》第362条　宅基地使用权人依法对集体所有的土地享有占有和使用的权利，有权依法利用该土地建造住宅及其附属设施。

《民法典》第364条　宅基地因自然灾害等原因灭失的，宅基地使用权消灭。对失去宅基地的村民，应当依法重新分配宅基地。

《民法典》第365条　已经登记的宅基地使用权转让或者消灭的，应当及时办理变更登记或者注销登记。

律师评析

宅基地是集体经济组织的村民为了居住，占有、使用的本集体经济组织的土地，其所有权属于农村集体经济组织，村民对宅基地享有使用权。宅基地使用权的主体仅限于本村村民，客体是集体所有的土地，具有很强的特定性。

《民法典》第364条对“宅基地的灭失和重新分配”作出规定，明确因自然灾害等原因失去宅基地的村民，应当获得依法重新分配的宅基地。从规定中不难看出，可以享受重新分配宅基地的权利人应当是因自然灾害等丧失宅基地的村民。且一旦宅基地灭失，宅基地使用权也随之消灭，应当根据《民法典》第365条关于宅基地使用权变更和注销登记的相关规定，及时办理注销或变更登记手续。

本案中，老王为集体经济组织的成员，对集体所有的土地享有占有、使用的权利，即宅基地使用权，其有权在土地上合法建造住宅，供一家人日常生活居住。老王建造的二层楼房因泥石流而损毁,且宅基地塌陷无法再建房屋。因宅基地灭失,老王的宅基地使用权自然就消灭了。不止老王,凡是因此次泥石流而丧失宅基地的村民,村委会均应依照法律规定,为他们重新分配宅基地,且对已经消灭的宅基地使用权及时去登记机构办理注销登记。

律师提示

需要注意的是,《民法典》中规定宅基地灭失的原因为"自然灾害等",对其他原因并没有作出明确规定。此处我们应当作限缩解释,不可随意进行扩大化理解,宅基地灭失的其他原因应与"自然灾害"相近或者相类似,属于人为不可控的不可抗力因素,若因他人人为等原因导致宅基地灭失,则不能够重新分配。

根据宅基地流转的特定性,在重新分配住宅时,失去宅基地的村民应当满足以下条件:一是其仍系本集体经济组织的成员;二是因为自然灾害而丧失了居住的条件。

《土地管理法》规定宅基地只能在本村集体内流转,因此,宅基地使用权不应被无限扩展,任何人不得变相侵占集体土地,特别是耕地,这样规定是为了更好地保护本村集体经济组织成员的合法权益。

宅基地转让或者消灭的,应当及时去登记机构变更或注销,以免影响自己合法权益的行使。

57.所有权人可以通过设立居住权保护再婚配偶的权益吗？

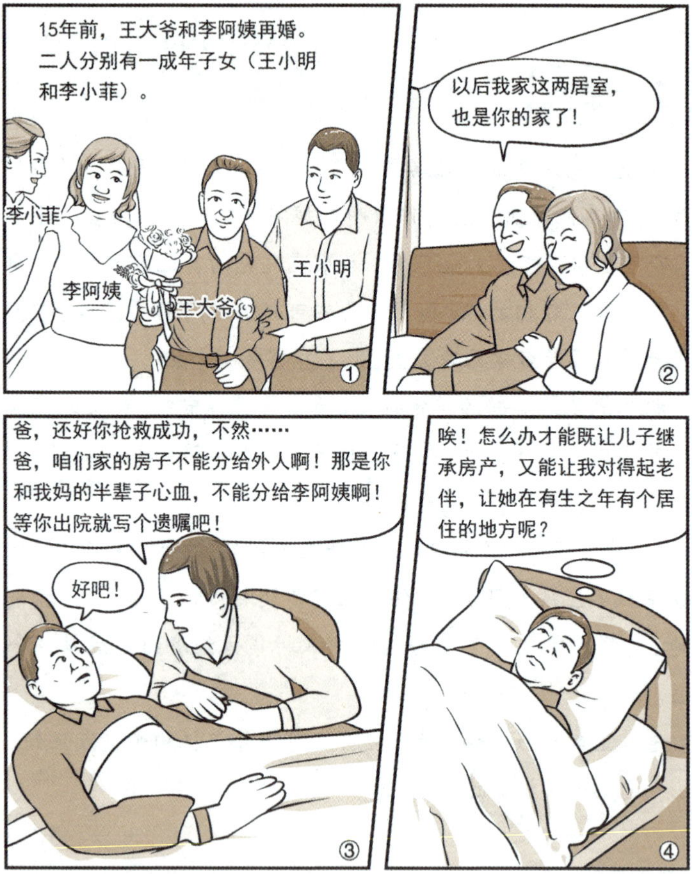

答案

老王可以通过合同或遗嘱的方式就该房屋为李阿姨设立居住权，以保证其去世后该房屋虽然由王小明继承，但李阿姨有权根据居住权占有、使用该房屋，以满足生活居住的需要。

相关法条

《民法典》第366条　居住权人有权按照合同约定，对他人的住宅享有占有、使用的用益物权，以满足生活居住的需要。

《民法典》第367条　设立居住权，当事人应当采用书面形式订立居住权合同。

居住权合同一般包括下列条款：

（一）当事人的姓名或者名称和住所；

（二）住宅的位置；

（三）居住的条件和要求；

（四）居住权期限；

（五）解决争议的方法。

《民法典》第368条　居住权无偿设立，但是当事人另有约定的除外。设立居住权的应当向登记机构申请居住权登记。居住权自登记时设立。

《民法典》第371条　以遗嘱方式设立居住权的，参照适用本章的有关规定。

律师评析

居住权制度是《民法典》新设立的制度，是《民法典》的一个亮点。居住权是一种用益物权，它的对象只能是住宅，而不能是写字楼、商铺等非住宅用房，权利内容是占有、使用以满足自己生活居住，原则上不能用于出租收益，除非居住权合同另有约定。

设立居住权可以采取合同的方式，也可以采取遗嘱的方式。若采取合同设立的方式，应当订立书面的居住权合同。

居住权制度是为了解决居住权人的基本生存、生活需要，原则上是无偿的，除非当事人在合同中另有约定。而且，设立居住权仅签署合同还不够，需要向登记机构申请登记，居住权自登记时设立。

本案中，老王年龄较大且身患重大疾病，作为已经从“鬼门关”走过一遭的人，其尽早考虑去世后房产处置问题是正确的。一边是亲生骨肉、唯一的儿子，一边是没有住房、感情很好的再婚老伴，如何平衡双方之间的关系，既保证房子的产权留给儿子，又保证老伴可以居住，一直是现实中像老王这样的老人面临的难题。《民法典》新设立的居住权制度，恰恰能解决这种难题。老王可以和李阿姨签署居住权合同并申请登记，保证李阿姨有生之年能够在该房屋居住，并通过订立遗嘱让儿子王小明继承该房屋。当然，王大爷也可以在一份遗嘱中写明由王小明继承该房屋，同时李阿姨对该房屋享有居住权，但该遗嘱必须公开并通过居住权登记。

律师提示

居住权原则是无偿的，其设立目的是解决居住权人基本的居住和生存问题，居住权人不得将享有居住权的房屋出租获益，除非居住权合同另有约定。

居住期限可以由居住权合同双方自由约定，约定的居住权期限届满，居住权人则不再享有居住权；若合同约定的居住权期限未届满，但居住权人去世，居住权也自然终止。

58.“以房养老”如何能更有保障？

答案

张奶奶可以将该房屋以优惠的价格卖给他人，同时在房屋买卖合同中约定居住权条款（或另行签订居住权合同），并在房屋过户后及时办理居住权登记。经登记的居住权为用益物权，既能保证张奶奶获得购房款用于养老，又能保证其在该房屋一直居住。

相关法条

《民法典》第 366 条　居住权人有权按照合同约定，对他人的住宅享有占有、使用的用益物权，以满足生活居住的需要。

《民法典》第 368 条　居住权无偿设立，但是当事人另有约定的除外。设立居住权的，应当向登记机构申请居住权登记。居住权自登记时设立。

律师评析

《民法典》施行之前，中国老年人想要“以房养老”，大多采用遗赠的方式进行，但是老年人可以随时变更遗嘱，存在很大的不确定性，并且受遗赠人在照顾老人期间无法获得持续的现实回报，适用范围有限。近几年出现的“以房养老”骗局，则是不法企业及人员利用老年人不识字、不了解民间借贷与“以房养老”项目的区别等不利因素，诱骗老年人到公证处签署借款合同、出具授权书并办理公证，之后将房屋间接出售，使老年人既要偿还借款又不得不腾房，导致无家可归。

我国正加速步入老龄化社会，老年人口的绝对数雄居世界第一，且房屋自有率较高，“以房养老”具有深厚的社会基础。《民法典》设立居住权制度，为老年人“以房养老”提供了法律支撑。设立了居住权的房屋，在合同约定的居住权期限内不能收回，避免了租赁合同可能被解除的不稳定情况。在居住权受到侵害时，居住权人可以直接行使物权请求权，并且不受诉讼时效的限制。因为物权优先于债权，所以居住权比租赁权更加稳定，受到的保护更全面，且不能轻易变更。但居住权仅有合同约定还不够，根据《民法典》第368条的规定，签订居住权合同后，当事人还必须根据合同向登记机构申请居住权登记，居住权自登记时设立。

本案中，张奶奶可以将市场价600万元的房产卖400万元或500万元的价格，同时在买卖合同中约定房屋过户后，双方要为张奶奶居住该房屋另设立居住权。有些仅是为了孩子落户上学的买家或者中意房价便宜的养老机构，都会有意愿购买该房屋。但张奶奶必须记得过完户后，与买方持居住权条款或居住权合同到不动产登记机构申请居住权登记。不动产登记机构将设立居住权的情况登记在不动产登记簿上，居住权自登记时设立。经过登记的居住权能够为像张奶奶这样的老人“保驾护航”，既解决了养老资金问题，又保障老年人有稳定的住所，老有所依。

律师提示

《民法典》第368条虽然规定了居住权登记制度，但向哪个机构登记、如何登记等细则还未出台。配套的实施细则出台后，居住权制度才具有实际操作性。

在此后的二手房买卖交易过程中，购房者应该将房屋是否设有居住权同房屋是否被抵押、是否存在权利负担等一同作为购房考量因素。房屋交易双方可以在交易前一同到不动产登记机构进行查询，从而保障购买人的合法权益。

登记有居住权的房屋，价值可能因此而受到影响，在房屋买卖及法院执行处置房产时，房屋价值可能会因为居住权的存在而大打折扣，房屋的计价方式也会因此产生差异。

59.新房屋所有权人能要求居住权人搬出房屋吗？居住权人死亡后居住权能被继承吗？

答案

根据《民法典》规定的居住权制度，苏大爷因病去世时，蔡阿姨对三居室合法享有居住权且期限未到，因此，苏大爷的子女不能要求蔡阿姨搬出该房屋。

《民法典》明确规定居住权不得转让和继承，蔡阿姨去世后，居住权随之消灭，女儿小蔡不能继续居住该房屋。

相关法条

《民法典》第368条　居住权无偿设立，但是当事人另有约定的除外。设立居住权的，应当向登记机构申请居住权登记。居住权自登记时设立。

《民法典》第369条　居住权不得转让、继承。设立居住权的住宅不得出租，但是当事人另有约定的除外。

《民法典》第370条　居住权期限届满或者居住权人死亡的，居住权消灭。居住权消灭的，应当及时办理注销登记。

律师评析

居住权制度是《民法典》中的一大亮点。《民法典》明确规定居住权通过登记设立，而居住权登记设立后，如何面对日常生活中千变万化的各种情形，切实保障居住权是人们应当重视的问题。

一般情况下，公民享有的权利可以通过转让、赠与或继承给予第三人，公民享有自由处分权，如房屋所有权、动产物权、债权等权利都可以通过合同约定或者遗嘱继承等方式处分。

但《民法典》第369条明确了居住权不得转让和继承。因为设立居住权的立法目的是保障居住权人的日常居住和生活，该权利具有人身特定性。若居住权期限届满或者居住权人死亡，则居住权随之消灭，应当按照《民法典》第370条的规定及时去登记机构办理注销登记。

本案中，苏大爷因患癌症不幸去世，其子女通过继承合法取得了该三居室的所有权。因为苏大爷和蔡阿姨签署了居住权合同并且办理了登记，该房屋已被设立了居住权，即使苏大爷的子女取得了房屋的所有权，也不能因此要求蔡阿姨搬出房屋。蔡阿姨对房屋无偿享有50年的居住权。之后蔡阿姨不幸去世，居住期限还有40多年，但房屋的居住权仅登记了蔡阿姨一人，她的女儿小蔡不能通过继承获得居住权，此时房屋所有权人有权要求小蔡搬出房屋。若《民法典》规定居住权可以继承，新房屋所有权人的权利会因居住权的持续存在而不能够得到有效保障。

律师提示

居住权在登记机关登记后即成立并且生效，居住权人对房屋合法享有居住权。即使房屋所有权人更换，新的房屋所有权人若想居住该房屋，需发生居住权法定消灭的两种情形之一：一是居住期限届满，二是居住权人死亡。

居住权一旦消灭，应该及时去登记机构办理注销登记，以避免影响房屋的其他权利人正常权益的行使。

居住权仅保护居住权人的居住，居住权人通过与所有权人签署合同或者以遗嘱的方式获得居住权的，不得再次与他人签署居住权合同或通过遗嘱方式转让居住权。

居住权具有人身专属性，不得继承和转让。即使房屋所有权人和居住权人订立合同约定了居住权的转让和继承事宜，因其违背法律的强制性规定，是无效的。但双方当事人可以通过合同约定，居住权人有权出租居住权，获得收益。

60.为了维护自己土地的利益，可以设定地役权吗？

答案 甲可以与乙约定在乙的土地上设定地役权，这符合我国《民法典》中关于地役权设定的规定。

相关法条

《民法典》第372条　地役权人有权按照合同约定，利用他人的不动产，以提高自己的不动产的效益。

前款所称他人的不动产为供役地，自己的不动产为需役地。

《民法典》第374条　地役权自地役权合同生效时设立。当事人要求登记的，可以向登记机构申请地役权登记；未经登记，不得对抗善意第三人。

律师评析

地役权，是指按照合同约定，利用他人的不动产，以提高自己的不动产效益的权利。他人的不动产为供役地，自己的不动产为需役地。

地役权的特点是：设立地役权必须为了需役地自身提高效力的需要，而不是为特定人的需要。地役权的设立均紧紧围绕这一特点，尤其体现在对具有承包经营权的土地进行利用方面。例如，我国的“南水北调”“西气东输”等项目，需要沿途修建输气分管道和输水管，不免占用他人土地，其权利依据就是取得对他人土地的地役权。从某种程度上来说，设立地役权大大提高了土地的效力，在供役地上设立地役权，是为了更好地为需役地服务。

地役权因其附属于需役地的特点，期限往往是长期甚至不确定的，因而地役权不能因为特定人的需要而设立，以防止限制供役地人的行为和处分自由。简言之，地役权的设立应当与需役地的利用紧密相关，并且旨在提高需役地的价值。地役权人可以在供役地内采取必要的附属行为来行使自己的地役权，如为方便通行，在供役地上建造道路等。需注意的是，地役权人的附属行为应当是行使权力所必需的，否则不能实施。

本案中，甲、乙可以通过签订合同，约定甲给予乙相应补偿，在一定期限内，乙不得在自己的土地上种植与甲土地上相同的农作物，合同生效后地役权即设立。甲利用乙的土地避免自己的经济作物低产并减少同类竞争，从而提高了自己土地的效力，这是符合《民法典》第 372 条规定的。但是，甲不得与乙约定“乙收获农作物后，不得将其出卖给丙”之类的条款。这样的约定不符合《民法典》中地役权的立法精神，因为农作物的出售与土地利用无关，这种约定是对人的行为的限制。

律师提示

“提高自己不动产的效益”是地役权设定的目的，与这一目的不相一致的用益物权不能设立为地役权。

现实中，开发商为满足住宅小区观景的需要，可能会与第三人约定一定期限内不得在其建设用地范围内建造高于某高度的楼房。购房者在购买房屋时应详细了解房屋概况。购买房屋后，新的所有权人即购房者取得地役权，有权向供役地人提出请求。若供役地人违反合同约定，则购房者可以主张自己作为地役权人的权利。

地役权不需要登记即可设立，但不登记的地役权不得对抗善意的第三人。因此，若设立地役权，建议地役权人及时向登记机构申请地役权登记，以保护自己的合法权利。

61.成立在先的用益物权能否对抗地役权的设立?

答案

《民法典》明确规定了未取得用益物权人同意,所有权人不得设立地役权。因此,村民委员会不能与甲企业签署地役权合同,在老王承包的土地上设立地役权,除非事先经过老王同意。

相关法条

《民法典》第 377 条　地役权期限由当事人约定；但是，不得超过土地承包经营权、建设用地使用权等用益物权的剩余期限。

《民法典》第 379 条　土地上已经设立土地承包经营权、建设用地使用权、宅基地使用权等用益物权的，未经用益物权人同意，土地所有权人不得设立地役权。

律师评析

《民法典》第 379 条规定了在先用益物权对地役权的限制，明确须经用益物权人同意方可设立地役权。用益物权与地役权同时存在且产生冲突时，该条能够很好地解决纠纷。如果用益物权人先于地役权人在土地上设立了土地承包经营权、建设用地使用权、宅基地使用权等，则他人不得在该土地上设立地役权，除非用益物权人同意设立。但如果用益物权人承包土地时，该土地上已经设立了地役权，用益物权人则须“忍受”已设立的地役权。

《民法典》将“经过用益物权人同意”作为土地所有权人设立地役权的前提条件，故已存在用益物权的土地上设立地役权有两个必要条件：一是用益物权人对土地合法享有用益物权；二是用益物权人同意土地所有权人设立地役权。

本案中，村民委员会主任的看法是错误的。村民委员会已经将土地发包给老王承包经营，老王对土地即享有占有、使用、收益的权利。地役权是种负担性权利，较用益物权增添了某种负担，因而村民委员会设立地役权时，应当征得用益物权人老王的同意。

律师提示

公民在不动产上设立地役权时，需要先向所有权人了解清楚该不动产上是否设立了其他权利，如是否设立了土地承包经营权、建设用地使用权等用益物权，是否存在抵押权等。即使地役权人已经了解清楚土地情况，也可在合同中约定相关违约责任条款，以进一步保障自己的地役权。

签署地役权合同时，双方需要注意地役权的期限。虽然《民法典》规定地役权期限由当事人自主约定，但第 377 条亦规定了该地役权期限不能够超过土地承包经营权、建设用地使用权等用益物权的剩余期限。这是由地役权从属性的特点决定的。地役权是依附于土地使用权或承包经营权等用益物权设立的，当土地承包经营期限届满，用益物权人的权益消灭，其设立的地役权也应当消灭。

62.以房屋买卖为名为借款提供担保的合同性质如何确定?

答案　该合同本质上仍属于其他具有担保功能的合同。余小淼不能以此为由，要求取得该房产的所有权，仅有权依照双方借款协议的约定，变卖争议房产并优先偿还其债权。

相关法条

《民法典》第 387 条　债权人在借贷、买卖等民事活动中，为保障实现其债权，需要担保的，可以依照本法和其他法律的规定设立担保物权。

第三人为债务人向债权人提供担保的，可以要求债务人提供反担保。反担保适用本法和其他法律的规定。

《民法典》第 388 条　设立担保物权，应当依照本法和其他法律的规定订立担保合同。担保合同包括抵押合同、质押合同和其他具有担保功能的合同。担保合同是主债权债务合同的从合同。主债权债务合同无效的，担保合同无效，但是法律另有规定的除外。

担保合同被确认无效后，债务人、担保人、债权人有过错的，应当根据其过错各自承担相应的民事责任。

律师评析

担保合同包括抵押合同、质押合同和其他具有担保功能的合同。本案中虽然余小森与杨小焱签有《房屋买卖合同》，并办理了过户登记，但双方的约定本质上仍属于其他具有担保功能的合同。

依照最高人民法院《关于适用〈中华人民共和国民法典〉有关担保制度的解释》第 68 条第 1 款、第 2 款的规定，债务人或者第三人与债权人约定将财产形式上转移至债权人名下，债务人不履行到期债务，债权人有权对财产折价或者以拍卖、变卖该财产所得价款偿还债务的，法院应当认定该约定有效。当事人已经完成财产权利变动的公示，债务人不履行到期债务，债权人请求参照《民法典》关于担保物权的有关规定就该财产优先受偿的，法院应予支持。

债务人或者第三人与债权人约定将财产形式上转移至债权人名下，债务人不履行到期债务，财产归债权人所有的，法院应当认定该约定无效，但是不影响当事人有关提供担保的意思表示的效力。当事人已经完成财产权利变动的公示，债务人不履行到期债务，债权人请求对该财产享有所有权的，法院不予支持；债权人请求参照《民法典》关于担保物权的规定对财产折价或者以拍卖、变卖该财产所得的价款优先受偿的，法院应予支持；债务人履行债务后请求返还财产，或者请求对财产折价或者以拍卖、变卖所得的价款清偿债务的，法院应予支持。

所以本案中，余小森和杨小焱均有权请求对该财产拍卖、变卖等，优先偿还杨小焱对余小森的债务。

律师提示

《民法典》对其他具有担保功能的合同予以肯定，但具体规则尚有进一步明确的空间。因此，为便于权利人积极行使权利，保障债权得到有效清偿，建议当事人采用书面形式订立有效的抵押合同，并按照《民法典》的规定办理抵押登记手续。

63.尚未分割的遗产可以用来设立抵押权吗?

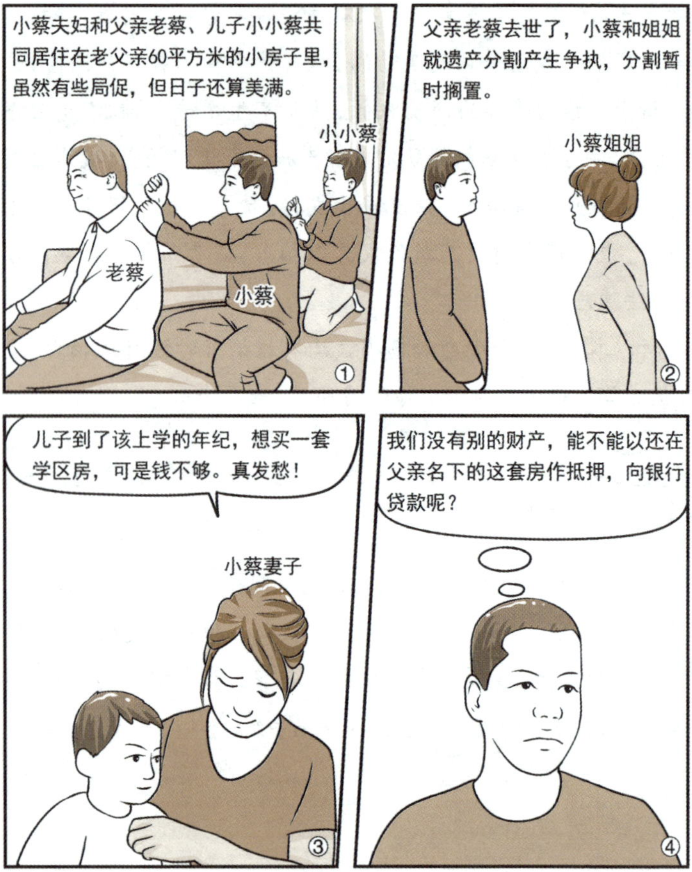

答案 根据《民法典》的规定，所有权、使用权不明或者有争议的财产，不得进行抵押。小蔡所住的房产是还未进行分割的遗产，小蔡与姐姐同为法定继承人，均有继承的权利，小蔡无权擅自将该房产进行抵押。

相关法条

《民法典》第394条　为担保债务的履行，债务人或者第三人不转移财产的占有，将该财产抵押给债权人的，债务人不履行到期债务或者发生当事人约定的实现抵押权的情形，债权人有权就该财产优先受偿。

前款规定的债务人或者第三人为抵押人，债权人为抵押权人，提供担保的财产为抵押财产。

《民法典》第395条　债务人或者第三人有权处分的下列财产可以抵押：

（一）建筑物和其他土地附着物；

（二）建设用地使用权；

（三）海域使用权；

（四）生产设备、原材料、半成品、产品；

（五）正在建造的建筑物、船舶、航空器；

（六）交通运输工具；

（七）法律、行政法规未禁止抵押的其他财产。

抵押人可以将前款所列财产一并抵押。

《民法典》第399条　下列财产不得抵押：

（一）土地所有权；

（二）宅基地、自留地、自留山等集体所有土地的使用权，但是法律规定可以抵押的除外；

（三）学校、幼儿园、医疗机构等为公益目的成立的非营利法人的教育设施、医疗卫生设施和其他公益设施；

（四）所有权、使用权不明或者有争议的财产；

（五）依法被查封、扣押、监管的财产；

（六）法律、行政法规规定不得抵押的其他财产。

律师评析

抵押权作为担保物权的一种，是对标的物的价值支配权而非实体支配权。抵押权是债务人或第三人提供的在财产上设定的担保物权。在抵押关系中，提供抵押财产的抵押人，既可以是债务人，也可以是债务人之外的第三人。

抵押权属于他物权，是不转移标的物占有的物权，抵押权的成立与存续，不以标的物的占有为必要，这是抵押权与其他担保物权的重要不同。

担保物权的从属性、不可分性等在抵押权中均有典型和明确的体现。抵押权设立后因其抵押物不转移占有，可以由所有权人继续使用并发挥它的使用价值，取得的收益亦可以清偿债务，能充分发挥担保财产的作用，因此它既可以发挥其使用价值，也可以使债权人的权益得到最充分的保障。

关于抵押物，《民法典》第 395 条和第 399 条以列举的方式明确了哪些财产可以设立抵押及哪些财产不得抵押。本案中，小蔡所居住的房产是父亲的遗产，但遗产尚未分割，小蔡与姐姐均作为法定继承人有继承遗产的权利，所以该房产应当认为是《民法典》第 399 条所规定的“所有权、使用权不明或者有争议的财产”。故小蔡不得以该房产设立抵押向银行申请贷款。

律师提示

《民法典》第 399 条以列举的方式明确了不得作为抵押财产的范围，因此在签订抵押合同时首先应当避免将该条款中所述的财产用作抵押。

对于尚未分割且存有争议的遗产，应当先行解决争议，明确财产权属后，再进行抵押。

设定抵押权除了要订立抵押合同之外，对某些财产设置抵押权还需要进行抵押权登记。以建筑物和其他土地附着物、建设用地使用权、海域使用权、正在建造的建筑物等设立抵押，只有经过登记抵押权才设立。

64.企业能不能以现有的以及未来可能买进的全部生产设备设立抵押？

答案

静净电器公司可以将现有的以及将有的生产设备、原材料、半成品、产品进行抵押，并向银行申请贷款。

相关法条

《民法典》第396条　企业、个体工商户、农业生产经营者可以将现有的以及将有的生产设备、原材料、半成品、产品抵押，债务人不履行到期债务或者发生当事人约定的实现抵押权的情形，债权人有权就抵押财产确定时的动产优先受偿。

律师评析

《民法典》第396条规定了浮动抵押。浮动抵押权，是指企业、个体工商户、农业生产经营者作为抵押人，以其所有的全部财产，包括现有的以及将有的生产设备、原材料、半成品、产品为抵押物而设立的动产抵押权。债务人不履行到期债务或者发生当事人约定的实现抵押权的情形时，债权人有权就抵押财产确定时的动产价值优先受偿。

本案中，静净电器公司可以用现有的以及未来可能买进的机器设备、库存产品、生产原材料、半成品等动产设立抵押权，担保债务的履行。浮动抵押权设定后，静净电器公司仍可以将抵押的原材料继续投入成品生产，也可以在正常经营的范畴内卖出抵押的财产。当发生债务履行期届满未清偿债务或者约定的实现抵押权的情形成就时，抵押财产才确定，也就是说，此时静净公司现存的财产就是抵押财产。

相较固定抵押，浮动抵押的不同在于抵押的财产的价值不断发生变化，直到约定或者法定的事由发生，抵押财产才确定，抵押人在正常经营的范畴内卖出抵押的财产不再追回。

律师提示

依据《民法典》的规定，设定浮动抵押需注意：

1. 设定浮动抵押的主体限于企业、个体工商户、农业生产经营者。

2. 设立浮动抵押的抵押财产范围限于现有的以及将有的生产设备、原材料、半成品、产品抵押。除此之外的动产、不动产、知识产权以及债权等，不得设立浮动抵押。

3. 设立浮动抵押要有书面协议，协议一般包括担保债权的种类和数额、债务履行期间、抵押财产的范围、实现抵押权的条件等。

65.抵押人能把抵押物卖掉吗？

答案

在大地公司与小贷公司没有关于禁止转让抵押财产的有关约定的情况下，大地公司有权出售作为抵押财产的商务车。虽然抵押财产已被转让，但是小贷公司所享有的抵押权不受影响。

相关法条

《民法典》第406条　抵押期间，抵押人可以转让抵押财产。当事人另有约定的，按照其约定。抵押财产转让的，抵押权不受影响。

抵押人转让抵押财产的，应当及时通知抵押权人。抵押权人能够证明抵押财产转让可能损害抵押权的，可以请求抵押人将转让所得的价款向抵押权人提前清偿债务或者提存。转让的价款超过债权数额的部分归抵押人所有，不足部分由债务人清偿。

律师评析

《民法典》实施前，《物权法》（已失效）第191条规定："抵押期间，抵押人经抵押权人同意转让抵押财产的，应当将转让所得的价款向抵押权人提前清偿债务或者提存。转让的价款超过债权数额的部分归抵押人所有，不足部分由债务人清偿。抵押期间，抵押人未经抵押权人同意，不得转让抵押财产，但受让人代为清偿债务消灭抵押权的除外。"《担保法》（已失效）第49条规定："抵押期间，抵押人转让已办理登记的抵押物的，应当通知抵押权人并告知受让人转让物已经抵押的情况；抵押人未通知抵押权人或者未告知受让人的，转让行为无效。转让抵押物的价款明显低于其价值的，抵押权人可以要求抵押人提供相应的担保；抵押人不提供的，不得转让抵押物。抵押人转让抵押物所得的价款，应当向抵押权人提前清偿所担保的债权或者向与抵押权人约定的第三人提存。超过债权数额的部分，归抵押人所有，不足部分由债务人清偿。"

《民法典》更改了抵押期间转让抵押财产的规则，由"经抵押权人同意”变为“通知抵押权人”。也就是说,《民法典》实施后,如无特殊约定,抵押人转让抵押财产无须征得抵押权人同意。此项修改使抵押财产的流通更为便捷,但对于抵押权人而言,其权益保护可能并不如原规定周全。在本案中,大地公司将出售抵押物商务车的情况告知了小贷公司,虽小贷公司不同意,但大地公司仍有权出售商务车。如果小贷公司能够证明出售商务车可能损害自己的抵押权,其可以请求大地公司将转让所得的价款向自己提前清偿。

律师提示

抵押权人可以与抵押人作出关于限制抵押财产转让的有关约定。在未经约定的情况下,抵押人转让抵押财产无须经过抵押权人同意。在此情况下,抵押权人应当密切关注抵押财产现状,当出现转让过程中可能损害抵押权的,可以请求抵押人将转让所得的价款向抵押权人提前清偿债务或者提存。

66."A 货"能不能用作质物呢?

答案

"A 货"不能作为质物为戴某的借款提供质押担保。

相关法条

《民法典》第 425 条　为担保债务的履行，债务人或者第三人将其动产出质给债权人占有的，债务人不履行到期债务或者发生当事人约定的实现质权的情形，债权人有权就该动产优先受偿。

前款规定的债务人或者第三人为出质人，债权人为质权人，交付的动产为质押财产。

《民法典》第 426 条　法律、行政法规禁止转让的动产不得出质。

律师评析

所谓的“A 货”，其实就是根据正品的原有外观仿制出来的假冒商品。因为“A 货”往往不仅复制了正品的外观，还会保留正品的注册商标，所以“A 货”实际上是高度仿真的假冒商品。根据我国《刑法》第 214 条的规定，“销售明知是假冒注册商标的商品，违法所得数额较大或者有其他严重情节的，处三年以下有期徒刑，并处或者单处罚金；违法所得数额巨大或者有其他特别严重情节的，处三年以上十年以下有期徒刑，并处罚金”。据此可知，假冒商品是我国法律所明确禁止的。根据《民法典》第 426 条的规定，法律、行政法规禁止转让的动产不得出质，因此，本案中的“A 货”不能作为质物为戴某的借款提供质押担保。

律师提示

根据《民法典》的规定，合法拥有且依法可以转让的动产可以设定质权。可以出质的动产是十分宽泛的，如车辆、古董字画、珠宝首饰等。但是，法律、行政法规规定禁止流通的动产不得出质，如管制枪支、毒品、麻醉类药品等。

67.借款时可以约定若不还钱质物直接归质权人所有吗?

答案

金某与崔某如达成直接以物抵债的约定，属于流质条款，该条款无效。如崔某不履行还款义务，金某只能依法就处置质押财产的价款优先受偿。

相关法条

《民法典》第428条 质权人在债务履行期限届满前，与出质人约定债务人不履行到期债务时质押财产归债权人所有的，只能依法就质押财产优先受偿。

《民法典》第436条 债务人履行债务或者出质人提前清偿所担保的债权的，质权人应当返还质押财产。

债务人不履行到期债务或者发生当事人约定的实现质权的情形，质权人可以与出质人协议以质押财产折价，也可以就拍卖、变卖质押财产所得的价款优先受偿。

质押财产折价或者变卖的，应当参照市场价格。

《民法典》第437条 出质人可以请求质权人在债务履行期限届满后及时行使质权；质权人不行使的，出质人可以请求人民法院拍卖、变卖质押财产。

出质人请求质权人及时行使质权，因质权人怠于行使权利造成出质人损害的，由质权人承担赔偿责任。

《民法典》第438条 质押财产折价或者拍卖、变卖后，其价款超过债权数额的部分归出质人所有，不足部分由债务人清偿。

律师评析

在质押合同中，出质人崔某（债务人）、质权人金某（债权人）不得约定在债务人崔某履行期限届满而债权人金某未受清偿时，将质物所有权转移给金某所有。依照《民法典》第428条的规定，此种约定属于流质条款，当事人在质押合同中约定流质条款的，该流质条款无效，但是质押合同不因流质条款的无效而无效，质权人只能依法就质押财产折价、拍卖、变卖的价款优先受偿。故本案中，金某试图在订立合同时就与崔某约定“以物抵债”，是不能发生其所期待的效力的。

律师提示

在一般借贷关系中，债务人举债时往往处境窘迫，可能会以价值稍高的财产为借款作担保。因此，从出质人的角度出发，如果期限届满但质权人怠于行使权利，出质人可以请求质权人在债务履行期限届满后及时行使质权；如果经过出质人请求质权人仍不行使的，出质人可以请求人民法院拍卖、变卖质押财产，用以清偿到期债务。

同时，如果因质权人怠于行使权利，给出质人造成损害的，还须承担赔偿责任。例如，在怠于行使质权期间，质物因意外毁损灭失，或者随着市场的变化质物价格下跌。因此，质权人须及时行使质权，以免因怠于行使权利致使质物受损，或者价格变化无法实现原有价值，造成向出质人承担相应赔偿责任的风险。

68.质押的牛死了，责任该由谁承担？

答案 小牛的所有权应属东生家所有。对于母牛以及小牛的死，德才应当承担赔偿责任。

相关法条

《民法典》第430条　质权人有权收取质押财产的孳息，但是合同另有约定的除外。

前款规定的孳息应当先充抵收取孳息的费用。

《民法典》第431条　质权人在质权存续期间，未经出质人同意，擅自使用、处分质押财产，造成出质人损害的，应当承担赔偿责任。

《民法典》第432条　质权人负有妥善保管质押财产的义务；因保管不善致使质押财产毁损、灭失的，应当承担赔偿责任。

质权人的行为可能使质押财产毁损、灭失的，出质人可以请求质权人将质押财产提存，或者请求提前清偿债务并返还质押财产。

律师评析

本案中，小牛属于质押财产母牛产生的孳息。孳息分为天然孳息和法定孳息。天然孳息，指因物的自然属性而获得的收益，如树结出的果实、母畜生的幼畜等。法定孳息，指因法律关系所获得的收益，如出租人根据租赁合同关系收取的租金，贷款人根据贷款合同关系取得的利息等。东生家与德才家之间的质押合同中如果有对孳息收取的约定，应当按照约定处理。如果双方没有约定，质权人德才有权收取质押财产的孳息。

德才虽有权收取质物的孳息，但其取得的并不是小牛的所有权，而是对小牛的质权。即小牛可以成为质权的标的，但小牛的所有权仍应当归属于东生家。质权人所收取的孳息首先充抵质权人收取孳息的费用，其次可以充抵主债权利息，最后可以充抵主债权。也就是说，如果债期届满东生家无力还款，德才可以将小牛折价或者拍卖、变卖，所得价款先充抵小牛的接生费用，继而可以和母牛一并充抵主债权。

质权人德才负有妥善保管质押财产（母牛及小牛）的义务，但因其疏忽大意致使小牛死亡，造成质押财产毁损、灭失，德才家应当承担小牛死亡的损失赔偿责任。

同时，德才作为质权人，在质权存续期间，其使用、处分质物前应征得出质人的同意。而德才未经出质人东生家同意，擅自使用母牛耕地，并因农活繁重，将母牛累死了。因此，德才应当向东生家承担母牛死亡的损失赔偿责任。

律师提示

质权人可以与出质人约定使用、处分质押财产，并以其收益清偿被担保的债权。对于质物的保管问题，出质人仅需要承担证明质押财产灭失或者毁损的事实，质权人要证明自己对质押财产已经尽到妥善保管义务或者证明自己对质押财产的毁损灭失没有过错。如果质权人不能举证证明，则应推定其有过错，应当承担赔偿责任。

69.债权人何时可以行使留置权?

答案 小张无权对小董新购买的电脑行使留置权，但有权对之前修理的电脑行使留置权。

相关法条

《民法典》第 447 条　债务人不履行到期债务，债权人可以留置已经合法占有的债务人的动产，并有权就该动产优先受偿。

前款规定的债权人为留置权人，占有的动产为留置财产。

《民法典》第 448 条　债权人留置的动产，应当与债权属于同一法律关系，但是企业之间留置的除外。

《民法典》第 449 条　法律规定或者当事人约定不得留置的动产，不得留置。

律师评析

留置权，是对于法律规定可以留置的债权，债权人依债权占有属于债务人的动产，在债务人未按照约定的期限履行债务时，债权人有权依法留置该财产，以该财产折价或者拍卖、变卖的价款优先受偿的法定担保物权。留置权依主债权的存在而存在，依主债权的转移而转移，并因主债权的消灭而消灭。留置权只能直接依据法律的规定发生，不能由当事人进行约定。只要债务人不履行到期债务，债权人即可以依照法律规定留置已经合法占有的债务人的动产，并在满足法律规定条件的情况下，折价或者拍卖、变卖留置财产以受偿。留置权的效力及于债权人所留置的全部留置财产，留置权人可以对留置财产的全部行使留置权。只要债权未受全部清偿，留置权人就可以对全部留置财产行使权利，不受债权分割或者部分清偿以及留置财产分割的影响。

根据《民法典》第 448 条的规定，债权人留置的动产应当与债权属于同一法律关系，但企业之间留置的除外。本案中，小董欠付小张的 1000 元维修费用是首次委托修理电脑产生的债务，小张是基于这个委托合同取得了对于旧电脑的合法占有，因此，在小董未按约定付款的情况下，他可以对该电脑行使留置权。但小董第二次来找小张是委托其修理自己的新电脑，且修理新购置的这台电脑并未产生债务。小张为修理两台电脑与小董之间形成了两个不同的委托合同关系，所以小张无权留置小董新购置的笔记本电脑。

律师提示

留置权的行使，不需要以当事人之间的约定为前提。被留置的财产只能是动产，且留置的动产与债权属于同一法律关系，即必须是因产生债务的合同而合法占有动产。留置权人就留置物的财产价值享有优先受偿的权利。

70. 已经被设立抵押登记的财产又被留置了，是抵押权优先还是留置权优先？

答案 对于这三台挖掘机，三重公司所享有的留置权应当优先于某市商业银行享有的抵押权受偿。

相关法条

《民法典》第 415 条　同一财产既设立抵押权又设立质权的，拍卖、变卖该财产所得的价款按照登记、交付的时间先后确定清偿顺序。

《民法典》第 456 条　同一动产上已经设立抵押权或者质权，该动产又被留置的，留置权人优先受偿。

律师评析

本案涉及两个担保法律关系，即大松公司与三重公司之间形成的留置权利义务关系，以及大松公司与某市商业银行之间形成的抵押权利义务关系，而抵押权与留置权均属于担保物权。案例中的争议核心是解决同一担保物上既设定有抵押权，又存在留置权，两种担保物权同时存在时谁优先受偿的问题。

理论上，抵押权是基于抵押人与抵押权人的约定而产生的担保物权，而留置权只能直接依据法律的规定发生，不能由当事人进行约定。在法定优先于约定的原则基础上，留置权优先于抵押权。对此，《民法典》作出了明确的规定，即同一动产上已经设立抵押权或者质权，该动产又被留置的，留置权人优先受偿。

律师提示

关于同一担保物上同时存在抵押权、质权或留置权的情况下优先受偿顺序的问题，可以归纳总结为：同一担保物既有抵押权又有质权时，按照登记、交付的时间先后确定清偿顺序。换言之，登记、交付哪个发生在先，哪个权利便优先受偿。当有留置权与抵押权或者质权同时存在时，留置权均优先于抵押权或者质权。

71.基于合同关系产生的占有，占有人有权要求排除妨碍吗？

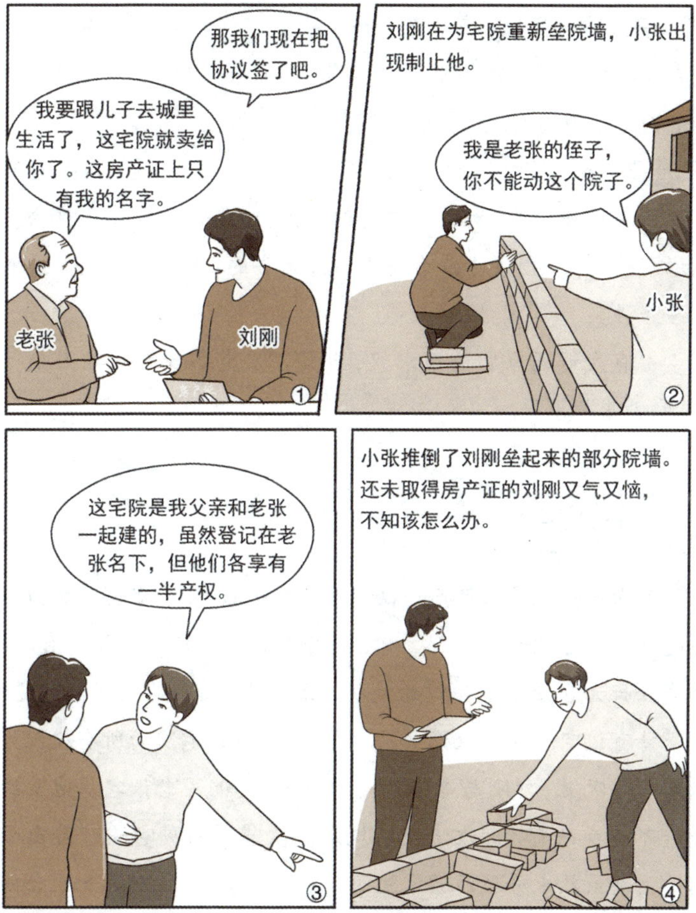

答案

刘刚基于买卖合同关系而占有该宅院，对小张妨碍其占有的行为，其作为善意占有人有权提起诉讼，要求小张排除妨碍，不得继续阻止其垒院墙。对已经产生的损失，刘刚有权向小张主张赔偿。

相关法条

《民法典》第458条　基于合同关系等产生的占有，有关不动产或者动产的使用、收益、违约责任等，按照合同约定；合同没有约定或者约定不明确的，依照有关法律规定。

《民法典》第462条　占有的不动产或者动产被侵占的，占有人有权请求返还原物；对妨害占有的行为，占有人有权请求排除妨害或者消除危险；因侵占或者妨害造成损害的，占有人有权依法请求损害赔偿。

占有人返还原物的请求权，自侵占发生之日起一年内未行使的，该请求权消灭。

律师评析

不动产登记是不动产物权的外部表现形式，具有公示效力。即便受让人基于错误的登记，相信处分人为不动产的实际所有权人，其受让行为也应受到法律的保护。本案中，刘刚购买涉案宅院时，老张持有该宅院的产权证书，刘刚足以相信该宅院的所有权人为老张本人。况且，刘刚与老张为同村村民，其购买老张宅基地上的房屋并不违反法律、行政法规的规定。故刘刚购买宅院时系出于善意。刘刚虽然未办理涉案宅院的过户登记手续，但对其基于合同关系的占有行为依法应当予以保护。小张的行为妨害了刘刚对该宅院的占有，已构成侵权，刘刚依法有权要求小张排除妨害，并针对被小张推倒的部分院墙的损失依法请求损害赔偿。

小张如果有证据证明其父亲与老张是涉案宅院的共同共有人，

老张的出售行为已侵犯了其父亲的合法权益，可以让其父亲向老张另行主张相关权利，包括分割售房款等。

律师提示

《民法典》设立占有制度的目的之一，是维护现有的物的占有状态，禁止他人以私力加以破坏，从而维护社会的安宁与和平。

当占有人的权利或利益受到侵害时，可以按照法定程序，根据占有受侵害的情形不同，分别行使占有物返还请求权、占有排除妨害请求权、占有消除危险请求权及损害赔偿请求权。

对于不动产买卖中的买受人而言，其在办理不动产过户登记前，可以依据对不动产的占有事实以善意占有人的身份主张侵权损害救济，但应及时办理产权过户登记，以便以所有权人的身份主张相应权利。

第三编　合　同

72.商业广告宣传能构成要约吗？

答案　电器城的广告宣传在性质上属于要约。佳佳在此基础上作出承诺购买的行为，应当产生买卖合同成立的效力。

相关法条

《民法典》第472条　要约是希望与他人订立合同的意思表示，该意思表示应当符合下列条件：

（一）内容具体确定；

（二）表明经受要约人承诺，要约人即受该意思表示约束。

《民法典》第473条　要约邀请是希望他人向自己发出要约的表示。拍卖公告、招标公告、招股说明书、债券募集办法、基金招募说明书、商业广告和宣传、寄送的价目表等为要约邀请。

商业广告和宣传的内容符合要约条件的，构成要约。

律师评析

作为一种快捷有效的宣传方式，大部分商家都会通过宣传单、广告牌等商业营销手段发布活动信息，以此吸引顾客进店选购。然而，关于此类商业广告的定性问题却时常存在争议。《民法典》在这一问题上作出了更为明确的回应。在一般情形下，商业广告和宣传均属于要约邀请，但这并不意味着这类行为没有转化为要约的可能。当商业广告和宣传的内容具备了要约所应符合的条件时，即可构成要约。因此，要对商业广告和宣传定性，首先就要了解要约和要约邀请之间的区别。

从内容来看，要约要求内容具体确定，且应当包含影响合同成立生效的主要条款，以保证最终能够因相对人的承诺而成立合同。而要约邀请的作用仅仅是“引诱”对方当事人提出要约，因此其内容中不必包含合同的主要条款。合同的主要条款，是指足以决定合同内容及成立与否的核心条款。以买卖合同为例，其主要条款应当包含合同的标的、数量、价格等。如果商家仅以“电子产品降价酬宾”“到货即售”等类似标语进行宣传，那么买家必将经历询价等进一步的协商过程，此时商家的广告宣传就只构成要约邀请。

从当事人的主观意愿上看，要约中应当表明当事人愿受该意思表示的约束，其目的是唤起相对人的承诺，以实现合同的订立。而要约邀请旨在唤起相对人的要约，至于后续是否会相应地作出承诺，并没有定数。但这种主观上的意愿往往不易被了解，实践中通常会结合广告和宣传中的客观表达进行推断。

本案中，电器城所做的广告已经明确指出了活动商品、价格及数量限制等核心有效信息，足以体现其想要吸引人们购买的意图，并使相对人能够基于这些信息作出承诺，应该被视为要约。因此在佳佳作出购买承诺时，合同应当成立。

律师提示

如果商家在广告和宣传的用语上存疑，可以在内容中明示该意思表示为要约邀请，尽量避免因表述不清而带来争议和麻烦。

如果商业广告和宣传构成要约，那么其生效后，商家作为要约人即受到法律的约束，不能随意撤回或撤销该要约。在此情形下，只要受要约人在合理期限内作出有效承诺，合同即告成立。

作为普通购买者，在作出购买承诺时应当注意，该承诺应与商业广告和宣传的内容相一致，即不能对要约作出实质性变更。对其内容作出实质性变更的，视为新要约。

73.预约合同如何受到法律保护?

答案 小张与C公司签订的住宅认购书属于预约合同，除退还“诚意金”外，小张有权请求C公司承担相应的违约责任。

相关法条

《民法典》第 495 条　当事人约定在将来一定期限内订立合同的认购书、订购书、预订书等，构成预约合同。

当事人一方不履行预约合同约定的订立合同义务的，对方可以请求其承担预约合同的违约责任。

律师评析

预约合同，是当事人双方约定在未来一定期限内订立本约合同的协议，如购房意向书、商品房预定协议书等，均构成预约合同。预约合同在交易实践中被广泛采用，但在此前的立法层面上却并未得到应有的重视，因而实践中常常存在纠纷和争议。《民法典》出台后，单独设置了预约合同条款，对预约合同的认定和责任分配问题作出了明确的规定。

从本质上讲，预约合同是服务于本约合同的，因此双方当事人的权利义务关系在订立预约合同时往往没有完全定型，部分问题仍存在可协商的余地。基于这一根本差异，法律在界定预约合同和本约合同时也作出了不同的要求，除了充分尊重当事人双方的意思表示外，最主要的区别即体现在对合同条款的要求上。以商品房买卖合同为例，此前的《商品房销售管理办法》中对商品房买卖合同所应具备的主要条款作出了明确的规定，包括当事人的姓名和住所、商品房基本状况、商品房价款、付款方式和时间、交付条件等诸多直接影响当事人双方权利义务的重要条款。对于已经满足上述条件的认购、订购、预订等协议，即可视为本约合同；反之，则应认定其为预约合同。

预约合同和本约合同的区分问题一旦得到解决，当事人双方的责任分配也就相对明朗了。《民法典》第495条第2款规定，当事人一方不履行预约合同约定的订立合同义务的，对方可以请求其承担预约合同的违约责任。

然而，这里所指的违约情形，不能一概以本约合同最终是否订立为准而论。虽然预约合同的目的是订立本约合同，但预约合同本身也体现了双方当事人真实的意思表示，其各项条款均具有法律上的约束力，非经当事人协商一致不得更改。如果当事人一方违背了预约合同中的已决条款，致使本约不能订立，那么其理应承担相应的违约责任。但是，如果当事人双方在公平、诚信的原则下对预约合同中的未决条款进行了磋商，但因最终未能达成一致，致使本约合同无法订立的，则应属于不可归责于双方当事人的情形，不构成对预约合同的违约。

由此可见，预约合同和本约合同相互独立，但又相辅相成。结合现有法律法规和当事人意思表示综合判断二者之间的关系，对于正确认识和处理预约合同相关的法律问题具有重要意义。

律师提示

预约合同订立后，当事人双方遵循合同约定，在公平、诚信的原则下对未决条款进行磋商，但因未能达成一致，或其他不可归责于双方当事人的原因，致使本约合同无法订立的，不构成违约。预约合同相应解除，附定金担保的，应当返还定金。

本约合同订立后，经当事人双方协商一致签订的各项条款，与预约合同约定相左的，应当以本约为准。

如果出现对方当事人违反预约合同，或违反诚信原则、恶意磋商的情形，应当注意及时保留相关证据，避免因举证不能而产生的不利法律后果。

确定当事人之间的合同是预约合同还是本约合同，最根本的标准是双方的意思表示。如果在合同中明确表示将在未来一定期限内另行订立本约合同，那么无论此时订立的合同中是否包含本约合同的核心条款，在司法实践中均会本着尊重意思自治、保护交易安全的原则，认定其为预约合同。

74.格式条款是否会成为“霸王条款”?

答案

该饭店“自带酒水入内需要缴纳开瓶费”的规定实质上属于格式条款。但佳佳与朋友自带酒水并不需要饭店提供开瓶服务，此时饭店依然要求佳佳支付开瓶费，否则不能携带酒水进店，已经不合理地排除了对方的主要权利，所以该规定在一定程度上属于“霸王条款”。

相关法条

《民法典》第496条　格式条款是当事人为了重复使用而预先拟定，并在订立合同时未与对方协商的条款。

采用格式条款订立合同的，提供格式条款的一方应当遵循公平原则确定当事人之间的权利和义务，并采取合理的方式提示对方注意免除或者减轻其责任等与对方有重大利害关系的条款，按照对方的要求，对该条款予以说明。提供格式条款的一方未履行提示或者说明义务，致使对方没有注意或者理解与其有重大利害关系的条款的，对方可以主张该条款不成为合同的内容。

《民法典》第497条　有下列情形之一的，该格式条款无效：

（一）具有本法第一编第六章第三节和本法第五百零六条规定的无效情形；

（二）提供格式条款一方不合理地免除或者减轻其责任、加重对方责任、限制对方主要权利；

（三）提供格式条款一方排除对方主要权利。

律师评析

当消费者来到饭店用餐时，消费者与饭店之间很明显形成了一种合同关系，双方权利义务明确，消费者有接受或拒绝饭店所提供的产品或服务的权利，饭店有义务在经营范围内为消费者提供其所需产品或服务，也有向消费者收取相关服务费用的权利。

《民法典》规定，格式条款是当事人为了重复使用而预先拟定，并在订立合同时未与对方协商的条款。由此展现了格式条款的三个特征:(1)由一方当事人预先拟定;(2)重复使用;(3)在拟定合同时未与对方协商。本案中,饭店预先制定了“自带酒水入内需要缴纳开瓶费”的规定,该规定适用于来到饭店的所有消费者且是长时间使用的,并且该规定也不需要征求消费者的意见,消费者只拥有接受或者不接受的权利。由此可见,该饭店的此项规定属于格式条款。

《民法典》第496条第2款明确规定了提供格式条款一方的“提请注意义务”及“说明义务”,该提醒应该达到合理的程度,而对其合理性可综合多角度、多因素予以考虑。本案中,饭店服务员尽到了合理的提醒义务。

此时,如果该格式条款并不违反法律的强制性规定,那么就应该承认其法律效力。但如果存在《民法典》第497条所规定的情形,则该格式条款应归于无效。本案中,该饭店的规定即属于在一定程度上排除了消费者的权利。饭店较消费者来说处于经济优势地位,法律应为鼓励和促进消费,更大程度地保护消费者的利益。饭店不应该对消费者自带的酒水增加开瓶费,尤其是在本案中消费者自行开瓶时,其并未得到饭店的服务,饭店更不应该加收开瓶费。

律师提示

格式条款应公平地确定当事人之间的权利义务。格式条款是由一方事先拟定的,未经对方当事人协商,且对方也不能与提供方协商,因此,提供格式条款的一方在拟定格式条款时就应遵行公平原则,公平合理地确定当事人之间的权利义务,而不能将义务和责任全推给对方,将权利全留给自己。

格式条款拟定方应提请对方注意格式条款的内容并予以说明。

由于采用格式条款订立合同时，相对方往往对格式条款的内容注意不够或者不理解条款的内容。因此，提供格式合同的一方应当采取合理的方式提请对方注意免除或者限制其责任的条款，对方要求就该条款内容作出说明的，提供格式条款的一方须予以说明，以便相对人决定是否同意接受该条款。

如果格式条款违反法律的强制性规定或者违反公序良俗，该条款应该被认定为无效。

75.完成悬赏广告的任务后可以要求“一手交钱一手交货”吗？

答案　根据佳佳发布的悬赏广告，天天可以取得300元报酬。但在协商不成，侵占手链后，天天无权再请求佳佳支付报酬，且因其侵占手链后不慎将之损坏，天天需要赔偿佳佳手链被损坏的损失。

相关法条

《民法典》第499条　悬赏人以公开方式声明对完成特定行为的人支付报酬的，完成该行为的人可以请求其支付。

律师评析

本案中，佳佳张贴的附有悬赏的寻物告示属于悬赏广告。悬赏广告具有以下特点：一是有偿性。所谓悬赏，顾名思义，就是指用奖金或奖赏的办法公开寻求别人的帮助以完成自己难以完成的事情，他人按悬赏的要求完成其指定行为，悬赏人就必须支付约定的报酬，这样才能保证悬赏人和行为人两者间的利益平衡。二是行为人的不特定性。悬赏广告是公开向不特定的人做出的，只要行为人完成了其所规定的行为，悬赏人的目的得以实现，行为人就应该享有获得报酬的请求权。三是结果性。悬赏人发出悬赏广告，是为了追求一定结果，即帮助自己完成难以完成的任务，至于行为人完成的过程是怎样的，悬赏人并不关心的；相反，行为人只要没有完成指定行为，不管其付出了多大的代价，都不具有报酬请求权，悬赏人也没有支付报酬的义务。

我国《民法典》第499条规定："悬赏人以公开方式声明对完成特定行为的人支付报酬的，完成该行为的人可以请求其支付。"其中的构成要件表述明确：第一，悬赏人需要以公开方式声明，对不特定人作出意思表示。如果只是向某一个或某几个特定人发出的，不应该算作悬赏广告，只能视为一般要约。第二，需要完成一定的行为，这是悬赏人负担给付报酬义务的前提。至此，佳佳发布的寻物告示属于悬赏广告，并应该给付找到遗失物的天天300元报酬。

然而，本案中，天天提出了高于悬赏广告报酬的要求，双方协商未果后，天天也并未将手链归还给佳佳，表示天天已经侵占了遗失物。根据《民法典》的规定，“拾得人侵占遗失物的，无权请求保管遗失物等支出的费用，也无权请求权利人按照承诺履行义务”。此时天天无权请求权利人按照承诺履行义务。另外，根据“因故意或者重大过失致使遗失物毁损、灭失的，应当承担民事责任”的规定，由于后续天天在家摆弄手链时不慎将手链损坏，他应该为此向佳佳进行赔偿。

律师提示

因悬赏广告需要以公开的方式进行声明，故行为人应及时保留相关证据，以便在完成指定行为后向悬赏人请求给付报酬。

悬赏广告需要对不特定的人做出。即相对于悬赏人而言，获得奖赏的人是不确定的。

悬赏人应当按照悬赏广告的承诺给付报酬。但如果行为人侵占遗失物，则行为人无权向悬赏人请求给付报酬。

76.法定代表人越权签订的合同有效吗？

答案

夏天公司对佳美公司的法定代表人佳美是否越权签订合同具有审查义务，而夏天公司怠于履行该义务，存在过错，夏天公司的诉讼请求不能成立。

相关法条

《民法典》第504条　法人的法定代表人或者非法人组织的负责人超越权限订立的合同，除相对人知道或者应当知道其超越权限外，该代表行为有效，订立的合同对法人或者非法人组织发生效力。

律师评析

本案的争议点在于佳美公司的法定代表人佳美未经过股东会决议与夏天公司就入股所签订合同的效力问题。

佳美公司作为企业法人，其吸收夏天公司入股的意思表示只能由法人机关作出。根据我国法律规定，我国有限责任公司的法人机关只有股东会。因此，佳美作为企业法人的法定代表人私自与夏天公司签订合同的行为属于越权行为。根据《民法典》第504条的规定："法人的法定代表人或者非法人组织的负责人超越权限订立的合同，除相对人知道或者应当知道其超越权限外，该代表行为有效，订立的合同对法人或者非法人组织发生效力。"此时，判断夏天公司签订合同时的主观状况对决定佳美的代表行为是否有效极为重要。

当夏天公司的主观状况为善意，即不知佳美越权时，佳美的代表行为有效，订立的入股合同产生法律约束力。因为法律需要保护善意第三人的利益，进而保护交易秩序和社会秩序的稳定，这是法律制定的基本理念。在此情况下，佳美公司及其股东遭受的损失应该由实施越权行为的佳美承担。

而当夏天公司明知该越权行为，或者应当知道却怠于审查时，该入股合同的效力则应该认定为效力待定而非无效。如果将法人的法定代表人或者非法人组织的负责人因越权行为签订的合同直接认定为无效，既不利于保护善意第三人的利益，又无法鼓励交易从而促进社会发展，因此，因越权行为签订的合同的效力认定为效力待定。如果佳美公司的股东会予以追认，那么合同生效；如果佳美公司的股东会不予追认，那么合同不发生效力，由法定代表人佳美承担相关法律责任。

那么如何确定夏天公司的主观状况呢？因为法律规定企业法人的意思表示只能由法人机关即本案中的股东会作出，而夏天公司在与佳美公司的法定代表人签订合同时，并未详细审查该签订合同的行为是否已经得到佳美公司股东会的授权。因此，可以推定夏天公司应当知道该越权行为，属于《民法典》第 504 条的除外情况。因此，该入股合同效力待定，在未得到佳美公司的追认前，合同对佳美公司不发生效力，夏天公司的请求应予驳回。

律师提示

判断相对人主观状况应从是否善意和有无过失两个角度出发。主观上为善意，是指相对人不知道或无法获知行为人实际不具有签订该类合同的代理权，或者相对人有理由相信行为人有代理权的情形。无过失则是指相对人不知情的状态并不是由自己的疏忽或者懈怠造成的。

合同未得到股东会的追认，继而认定无效后，相对方依然可以以不当得利为由另行主张返还出资，并要求对方的法定代表人分担相应损失。

订立合同前，应当对合同内容条款及各项授权进行全面的审查，确认无误后再签字立约，以免因前期准备工作中的疏忽大意而带来额外的法律风险，甚至产生不利的法律后果。

77.网购产品遗失，谁来负责？

答案 虽然商家已经发货，但是因为购买的护肤产品并未实际交付给小红，该标的物在交付之前损毁、灭失的风险和责任应该由卖家承担。

相关法条

《民法典》第512条　通过互联网等信息网络订立的电子合同的标的为交付商品并采用快递物流方式交付的，收货人的签收时间为交付时间。电子合同的标的为提供服务的，生成的电子凭证或者实物凭证中载明的时间为提供服务时间；前述凭证没有载明时间或者载明时间与实际提供服务时间不一致的，以实际提供服务的时间为准。

电子合同的标的物为采用在线传输方式交付的，合同标的物进入对方当事人指定的特定系统且能够检索识别的时间为交付时间。

电子合同当事人对交付商品或者提供服务的方式、时间另有约定的，按照其约定。

律师评析

本案的争议点在于，运输中的标的物的损毁或遗失风险应该由谁来承担。若想搞清楚这个问题，我们需要明白，标的物损毁灭失的风险承担是什么时候转移的。

针对一般买卖合同标的物损毁灭失的风险转移，我国一般采用交付主义，即在标的物交付前后，标的物的风险发生转移。采用交付主义有以下优势：(1)保持了风险承担和利益享有之间的平衡性；(2)有利于划清风险承担的界限进而形成控制风险发生的机制；(3)便于及时有效地解决纠纷。

随着社会的进步以及科技的发展，人们对网络的使用越来越熟练，网购也逐渐成为常用的购物模式。随之而来的有关电子买卖合同的法律问题也时常引发热议。电子合同订立中，要约与承诺的时间划分与传统合同相比有较大改变，电子合同中交付的时间也更难以确定。

对此，《民法典》第512条规定："通过互联网等信息网络订立的电子合同的标的为交付商品并采用快递物流方式交付的，收货人的签收时间为交付时间。"当电子合同的标的物为有形物的时候，卖家通常采用快递物流方式进行运输，此时以买家的签收时间为分界点，在买家确认签收前，商品的风险全部由卖家承担。而当买家确认签收时，标的物交付，此后由买受人承担标的物损毁灭失的风险。这一规定旨在通过明确电子合同标的物的交付时间，避免商家将发货时间作为商品的交付时间，并通过这种概念上的混淆来规避其所应承担的商品损毁灭失带来的风险，以此加强对消费者的保护。

本案中，卖家虽然已经履行了发货的义务，但并不代表其已经完成了合同约定的标的物交付的义务。只有当收货人签收商品时，整个交付过程才结束，此时风险转移至买受人。小红在购买该护肤品时已经留下了收货地址，并且本案中没有法律规定的其他情形，故该地址应该为合同履行地。商品在送达交付地点前，即小红确认签收前就已遗失，因此标的物尚未完成交付，此时商品灭失的风险仍应由卖家承担。

虽然小红没有及时申请售后服务，按照平台的格式条款默认收货并完成交易，但并不能以此改变实际的交付状况，依然应该按照签收规定来确定标的物是否交付。该标准下，标的物并未实际交付给小红，故应该由卖家承担责任。

律师提示

如果由于买受人自身的原因导致标的物不能在约定的地点或期限内交付，由买受人自违反约定之日起，自行承担标的物损毁、灭失的风险。

因为标的物的质量不符合要求，致使合同目的不能实现，买受人拒收的，标的物的损毁灭失风险应当由出卖人承担。

消费者在进行网购时应该留好服务或签收凭证，以便日后发生纠纷时确定风险转移的时间，减少不利的法律风险。

78.垫付连带债务是理所应当的吗？

答案 刘某和张某对李某负有连带债务，张某作为实际承担债务超过自己份额的连带债务人，有权就超出部分向刘某追偿。

相关法条

《民法典》第 518 条　债权人为二人以上，部分或者全部债权人均可以请求债务人履行债务的，为连带债权；债务人为二人以上，债权人可以请求部分或者全部债务人履行全部债务的，为连带债务。

连带债权或者连带债务，由法律规定或者当事人约定。

《民法典》第 519 条　连带债务人之间的份额难以确定的，视为份额相同。

实际承担债务超过自己份额的连带债务人，有权就超出部分在其他连带债务人未履行的份额范围内向其追偿，并相应地享有债权人的权利，但是不得损害债权人的利益。其他连带债务人对债权人的抗辩，可以向该债务人主张。

被追偿的连带债务人不能履行其应分担份额的，其他连带债务人应当在相应范围内按比例分担。

律师评析

刘某和张某作为连带债务人，对债权人李某应承担连带责任。因刘某和张某对李某伤害的各自原因力的大小难以鉴定，根据《民法典》第 519 条“连带债务人之间的份额难以确定的，视为份额相同”的规定，刘某和张某各自承担债务的 50%。

此时张某因为情谊，不忍家境贫寒的刘某雪上加霜，主动垫付刘某的份额，属于“实际承担债务超过自己份额的连带债务人”，其当然“有权就超出部分在其他连带债务人未履行的份额范围内向其追偿，并相应地享有债权人的权利”。

该条规定的法理依据主要在于，连带债务可以最大限度地保证债权人的债权得到充分且及时的实现。如果没有连带债务制度的规定，在多个债务人同时存在时，债权人可能面临债务人互相“踢皮球”的局面，导致其债权无法实现。而在连带债务的情形下，每一个独立的债务人均有向债权人履行全部债务的义务，且不得以存在其他债务人或超出其债务份额为由抗辩。因此，连带债务制度实质上是将债权人与债务人之间的矛盾巧妙地转化为各个债务人之间的责任分配问题，在充分保障债权人的债权得到实现的同时，给予超额履行的债务人以相应的求偿权，从而保护债务人的合法权益。

律师提示

连带债务存在时，因全体债务人之间存在连带关系，各债务人都负有全部偿付的义务。因此，债务人中的一人或数人的完全偿付，将对全体债务人生效，从而带来全部债的关系消灭的法律效果。

连带债务对外表现为“连带”，对内表现为“按份”。实际承担债务超过自己份额的连带债务人，有权就超出部分在其他连带债务人未履行的份额范围内向其追偿。

连带债务的标的须同一。例如，对同一债务人，甲负有金钱给付义务，而乙负有特定物给付义务，自不可成立连带债务。

连带债务的发生原因一般有两种：一是基于法律的直接规定；二是当事人的约定。因此，即便法律没有明确规定采用连带债务责任原则，双方也可依意思自治约定连带责任。

79.涉及第三人的合同，债务人对谁负责？

答案

亚纲建筑队与化工公司之间没有任何合同关系，并且在大卫建材公司与化工公司签订的合同中并未约定由亚纲建筑队作为第三人直接请求债务人向其履行债务，因此化工公司应对大卫建材公司负责，而大卫建材公司则应对亚纲建筑队的损失承担赔偿责任。

相关法条

《民法典》第522条　当事人约定由债务人向第三人履行债务，债务人未向第三人履行债务或者履行债务不符合约定的，应当向债权人承担违约责任。

法律规定或者当事人约定第三人可以直接请求债务人向其履行债务，第三人未在合理期限内明确拒绝，债务人未向第三人履行债务或者履行债务不符合约定的，第三人可以请求债务人承担违约责任；债务人对债权人的抗辩，可以向第三人主张。

律师评析

我国法律规定债权是对人权，即对特定人的权利，债权人只能向特定债务人主张权利。本案中存在大卫建材公司与亚纲建筑队签订的购销合同及大卫建材公司与化工公司签订的购销合同两个合同关系，形成了两对债权债务关系。

虽然在大卫建材公司与化工公司签订的合同中，当事人约定“化工公司向亚纲建筑队提供钢材，并于11月30日送至亚纲建筑队施工地”，意味着化工公司应该向第三人（亚纲建筑队）履行交货义务，但并不意味着第三人（亚纲建筑队）成为这份合同当事人，这三个主体之间依然是两对债权债务关系，依然应该由大卫建材公司向亚纲建筑队承担违约责任。

在我国《民法典》出台之前，我国关于“第三人履行请求权”有多种学说解释。而《民法典》规定：“法律规定或者当事人约定第三人可以直接请求债务人向其履行债务，第三人未在合理期限内明确拒绝，债务人未向第三人履行债务或者履行债务不符合约定的，第三人可以请求债务人承担违约责任。”也就是说，在第三人获利的合同中，如果没有直接明确规定或约定第三人可以直接向债务人请求履行债务，若债务人违反其义务，依然向债权人承担违约责任，不可打破合同的相对性。反之，如果当事人直接约定第三人可以向债务人请求履行义务，那么债务人违反义务后需要向第三人承担责任，便打破了合同相对性原理。

以本案为例，除非大卫建材公司在与化工公司的合同中明确约定“亚纲建筑队可以直接向化工公司请求履行债务”，否则，在出现案例中的违约情况时，亚纲建筑队不能直接要求化工公司承担违约责任，化工公司也只需要对其合同的相对方，也就是大卫建材公司负责。

律师提示

债权人与债务人订立向第三人履行的合同，债权人可以事先征得第三人的同意，也可以不告知第三人。

债务人按照合同向第三人履行时，应当通知第三人。第三人受领的，应当作出接受的意思表示。第三人拒绝受领的，债务人应当将不受领的情况通知债权人，并协商解决办法，由此造成的损失由债权人承担。第三人受领迟延的，应当承担迟延受领责任。

债权人与债务人订立向第三人履行的合同后，在第三人未表示受领前，利益乃尚未确定，故债权人与债务人可以变更或者解除合同。第三人表示受领后，利益业已确定，不容剥夺，债权人与债务人不得变更关于第三人的约款或者解除合同。

在向第三人履行中，第三人对债务人虽取得债权人的地位，可以行使一般债权，但由于其不是合同当事人，合同本身的权利，如解除权、撤销权等，第三人不得行使。

80.债务人有债不讨，债权人如何维权？

答案

由于枫蓝公司怠于行使其对朔贸公司的债权，从而影响到迈永公司到期债权的实现，故迈永公司可以以自己的名义代为行使枫蓝公司对朔贸公司的债权。

相关法条

《民法典》第 535 条　因债务人怠于行使其债权或者与该债权有关的从权利，影响债权人的到期债权实现的，债权人可以向人民法院请求以自己的名义代位行使债务人对相对人的权利，但是该权利专属于债务人自身的除外。

代位权的行使范围以债权人的到期债权为限。债权人行使代位权的必要费用，由债务人负担。

相对人对债务人的抗辩，可以向债权人主张。

律师评析

本案主要涉及债权人的代位权。债权人的代位权，是指当债务人怠于行使其对第三人享有的权利，以致影响债权人到期债权的实现时，债权人为了保全自己的债权，可以以自己的名义代位行使债务人对第三人的权利。债权人的代位权在很大程度上维护了债权人的利益，有助于维护交易的安全并建立良好的经济运行环境。

债权人的代位权需要满足如下要件：

第一，债权人和债务人之间的债权债务关系必须是合法的。债权的存在是代位权存在的基础和前提，如果债权都不合法、不成立，那么债权人自然不会享有代位权。

第二，债务人必须有其可以依法请求的权利存在。这种权利不局限于债权，还包括用益物权、担保物权等，但不能是专属于债务人本身的权利。

专属于债务人自身的债权，是指基于扶养关系、抚养关系、赡养关系、继承关系产生的给付请求权和劳动报酬、退休金、养老金、抚恤金、安置费、人寿保险、人身损害赔偿请求权等权利。

第三，只有在债务人怠于行使其权利时债权人才可以行使代位权。这里的怠于行使，是指若不及时行使权利，权利就有可能减少甚至消灭其财产价值；或者债务人不存在任何妨碍其行使权利的障碍却不行使其权利。

第四，债务人怠于行使权利的行为危害的是债权人的到期债权。也就是说，如果债权人的债权尚未到期，不得行使代位权。但是，债权人可以在履行期到来之前行使其撤销权，依法撤销债务人所实施的危害其债权的行为。代位权和撤销权的区别在于：代位权是在债务人做出危害债权人到期债权的行为后设立的补救措施；而撤销权是为了预防债务人做出可能危害债权人权利的行为。

本案中，迈永公司与枫蓝公司签订的借款合同合法有效，而枫蓝公司对朔贸公司有怠于行使的债权，进而危害到了迈永公司的到期债权。故迈永公司可以请求以自己的名义行使枫蓝公司对朔贸公司的债权。

律师提示

代位权行使对债务人的直接效果为：一旦法院允许债权人行使代位权，则债务人不能就其被债权人代位行使的权利作出处分，也不得妨碍债权人行使代位权。

债权人行使代位权不能超过债权的范围。

81.债权人如何避免债务人恶意逃债？

答案

因嘉禾公司与第三方以明显不合理的低价转让其办公楼，影响了彭永建筑队债权的实现，并且第三方了解该情形，故彭永建筑队可以请求法院根据嘉禾公司与第三方恶意串通行为撤销该买卖合同。

相关法条

《民法典》第 538 条　债务人以放弃其债权、放弃债权担保、无偿转让财产等方式无偿处分财产权益，或者恶意延长其到期债权的履行期限，影响债权人的债权实现的，债权人可以请求人民法院撤销债务人的行为。

《民法典》第 539 条　债务人以明显不合理的低价转让财产、以明显不合理的高价受让他人财产或者为他人的债务提供担保，影响债权人的债权实现，债务人的相对人知道或者应当知道该情形的，债权人可以请求人民法院撤销债务人的行为。

律师评析

本案中，嘉禾公司故意低价转让其财产，从而使其不能有足够的资金来偿还对彭永建筑队的债务，导致该建筑队的债权不能完全实现。对于这种情况，法律设立了相对应的制度，即债权人的撤销权来保护债权人的利益，进而保证全社会的经济秩序正常运行。

为债权人设立撤销权的目的在于防止因债务人的不当行为导致责任财产减少，进而给债权人带来损害的情形，保障其债权得到充分的实现。

从客观上来说，撤销权的行使首先要求债务人实施一定处分财产的行为，这种行为已经发生法律效力，并且已经或者将要严重损害债权人的债权。如果在实施该行为以后，债务人仍有足够的资产清偿债务，则不能认为债务人的行为严重有害于债权，债权人便无权干涉债务人的处分行为。本案中，嘉禾公司和第三方签订的买卖合同合法有效，并且这种低价转让责任财产的行为，将直接致使嘉禾公司不能筹集到1000万元，从而使其不能偿还对彭永建筑队的债务。

从主观上来说，债务人同第三人在做出有关民事行为时需具有恶意。此时，要先区分债务人实施的是无偿处分行为还是有偿处分行为。如果是无偿处分行为，债权人请求撤销债务人的行为时，并不会在实质上损害第三方的利益，故法律应当首先保护债权人的利益。如果是有偿行为，必然涉及第三方利益，那么法律就需要在二者的权益之间作出平衡，只有在第三人存在主观恶意时，才允许债权人行使其撤销权，避免其因债务人的不当行为而承担损害结果。本案中，第三方应当知道其与嘉禾公司低价买卖办公楼的行为可能会导致嘉禾公司用于清偿债务的资产减少，进而损失债权人的利益，因此可以推定其具有主观恶意。

综上所述，本案中彭永建筑队作为债权人可以行使撤销权，请求法院撤销嘉禾公司与第三方签订的买卖合同。

律师提示

债权人的撤销权请求一旦成立，法院确定撤销，则合同自始不发生效力。债务人和第三人之间应当各自返还财产，恢复财产关系的原状。债务人在接受第三人返还的财产后，应将其作为清偿债务的资产，用于清偿对债权人的债务。

对于不合理低价和不合理高价的理解应为：转让价格低于交易时交易地的指导价或者市场交易价的70%的，一般可以视为明显不合理的低价；转让价格高于当地指导价或者市场交易价的30%的，一般可以视为明显不合理的高价。

第三人的主观恶意，应当由债权人承担举证责任。而要证明第三人存在恶意，只需证明其知道债务人的有偿处分行为会危害到债权人的债权即可，无须达到证明其与债务人之间存在串通行为的程度。

82.债务人能否向债权的受让人主张抵销？

答案 因债务人甲公司接到债权转让通知时，其对让与人乙公司享有债权，并且其债权先于乙公司转让给丙公司的债权到期，故甲公司可以向丙公司主张抵销。

相关法条

《民法典》第 549 条　有下列情形之一的，债务人可以向受让人主张抵销：

（一）债务人接到债权转让通知时，债务人对让与人享有债权，且债务人的债权先于转让的债权到期或者同时到期；

（二）债务人的债权与转让的债权是基于同一合同产生。

律师评析

本案涉及的主要是债权转让时，债务人行使抵销权的问题。

债权人转让权利不需要经过债务人同意，债务人接到债权转让通知时，转让行为就生效了。如果债务人对债权人也同时享有债权，且该债权已届清偿期，债务人可依法向受让人行使抵销权。

根据我国《合同法》（已失效）的规定，债务人接到债权转让通知时，对让与人享有债权的，在以下两种情况下可以行使抵销权：一是债务人的债权先于转让的债权到期。在本案中，甲公司对乙公司的债权（175 万元）于 2011 年 12 月 31 日到期，而转让的债权，即乙公司对甲公司的债权（本金及利息 210 万元）于 2012 年 4 月 30 日到期。因此，甲公司的债权先于转让的债权到期，可以向受让人丙公司行使抵销权。二是债务人的债权和转让的债权同时到期。这种情形下，债务人也可以向受让人行使抵销权。值得注意的是，债务人行使抵销权时，应当以通知的方式告知受让人，通知自到达受让人时生效。

规定债权让与中债务人抵销权的立法宗旨在于，保护债务人的合法权益，避免其因债权人的债权处分行为而丧失原有的抵销权。

而立法者在赋予债务人合理的抵销权的同时，也作出到期时间上的限制，目的则在于保护受让人的到期利益，减少其因资产被动抵销而带来的损失。

《民法典》出台后，债务人可以向受让人主张抵销的法定情形中，增加了“债务人的债权与转让的债权是基于同一合同产生”这一新情形。这一规定在原有《合同法》规定的基础上扩大了抵销权的适用范围，在债务人的债权与转让的债权是基于同一合同关系产生的情况下，债权人的抵销权行使不再受到“到期时间”的限制。例如，甲乙二人签订买卖合同，甲交货后把自己对乙的债权转让给了丙，并通知了乙。丙向乙请求支付时，乙以甲交付的货物有质量瑕疵为由，主张以甲应承担的违约赔偿，即乙主张以其对甲享有的违约赔偿债权抵销丙的债权。此时这两个债权即为基于同一合同产生的债权。这一规定的增加对于保护债权转让中债务人的合法利益明显更为有利，可以更好地保障社会经济秩序的稳定。

另外，债务人行使抵销权的效力在于，使其与相对方之间互负的等额债务同时消灭。双方的债权额不等时，债务人债权多于转让债权的，则在转让债权范围内消灭，剩余部分，相对方仍有履行义务；债务人债权少于转让债权时，则在债务人的债权范围内消灭，剩余部分仍应由债务人按期履行。本案中，甲公司享有的债权175万元少于乙公司转让的债权210万元，因此甲公司向丙公司主张抵销生效后，剩余部分的35万元债务依然由甲公司继续向新的债权人丙公司履行。

律师提示

可以抵销的债权，均应当是基于合法有效的合同关系产生的，非法之债不能进行抵销。

债权转让抵销中的主动债权是指抵销权人享有的债权，即债务人主张抵销的债权。被动债权则是指被抵销的债权，即让与人转让给受让人的债权。这种相对关系唯一且不能替代。

在多个连带债务人中，某一债务人对债权人享有债权的，如符合法定的抵销条件，可以通过行使其抵销权，在相应范围内消灭其债权债务关系，且该行为的效力应当及于其他连带债务人，包括赋予其他债务人以相应的抗辩权。

83.在哪些情况下可以行使合同解除权？

答案

李某已经向张某支付了全部房款，张某的主要义务是将房屋过户给李某，即转移房屋的所有权，而不仅仅是将房屋交付给李某使用。因此，张某拒绝办理过户手续的行为实质上导致了买卖合同的主要目的无法实现。在这种情况下，李某有权解除合同，并要求张某承担相应的违约责任，支付违约金。

相关法条

《民法典》第563条　有下列情形之一的，当事人可以解除合同：

（一）因不可抗力致使不能实现合同目的；

（二）在履行期限届满前，当事人一方明确表示或者以自己的行为表明不履行主要债务；

（三）当事人一方迟延履行主要债务，经催告后在合理期限内仍未履行；

（四）当事人一方迟延履行债务或者有其他违约行为致使不能实现合同目的；

（五）法律规定的其他情形。

以持续履行的债务为内容的不定期合同，当事人可以随时解除合同，但是应当在合理期限之前通知对方。

《民法典》第565条　当事人一方依法主张解除合同的，应当通知对方。合同自通知到达对方时解除；通知载明债务人在一定期限内不履行债务则合同自动解除，债务人在该期限内未履行债务的，合同自通知载明的期限届满时解除。对方对解除合同有异议的，任何一方当事人均可以请求人民法院或者仲裁机构确认解除行为的效力。

当事人一方未通知对方，直接以提起诉讼或者申请仲裁的方式依法主张解除合同，人民法院或者仲裁机构确认该主张的，合同自起诉状副本或者仲裁申请书副本送达对方时解除。

律师评析

本案涉及合同的解除权。合同解除权是合同当事人依照合同约定或者法律规定享有的解除合同的权利，行使解除权将直接导致合同权利义务消灭的法律后果。

根据解除权产生的条件不同，可以将其分为约定解除权和法定解除权。

约定解除权，顾名思义，是指当事人约定一定事由发生时，一方或者双方享有解除合同的权利。值得注意的是，约定解除权的产生并不是单方所能决定的，而是基于双方当事人共同的意思表示产生的。

而《民法典》第563条规定的是法定解除权产生的情形。本案中，张某迟延履行主要债务，拒绝转移房屋的所有权，导致合同目的无法实现，属于法律规定的当事人可以解除合同的情形。因此，李某有权要求解除合同，并依合同违约金条款的约定向张某主张违约责任。

合同的解除权在性质上属于形成权。所谓形成权，是指权利人依照自己的单方意思表示就可以使民事法律关系发生、变更或者消灭的权利。因此，在一般情况下，实现形成权无需向法院提出请求，也不需要进行强制执行。但为了避免"合同僵局"的出现，我国《民法典》第565条第2款对合同解除权的行使方式作出了进一步的规定："当事人一方未通知对方，直接以提起诉讼或者申请仲裁的方式依法主张解除合同，人民法院或者仲裁机构确认该主张的，合同自起诉状副本或者仲裁申请书副本送达对方时解除。"因此在本案中，李某通过直接提起诉讼的方式，依法主张解除其与张某的合同关系，法院应予支持。

律师提示

为了维持交易的稳定性，法院在判定合同法定解除条件是否成立时，往往较为严格和慎重，尤其是在房屋买卖合同等不动产纠纷案件中，通常不会轻易确认解除行为的效力。因此，在合同的订立过程中，当事人应当全面仔细地审查合同的内容条款，避免因一时的疏忽大意而造成难以挽回的不利后果。

合同解除权的行使主体应当为合同的当事人，而非人民法院或仲裁机构。换言之，在双方当事人均未提出解除合同的主张的情形下，法院不得主动审查或行使合同的解除权。

针对合同解除权的行使期限，最高人民法院《关于审理商品房买卖合同纠纷案件适用法律若干问题的解释》中规定，经对方当事人催告后，解除权行使的合理期限为 3 个月；对方当事人没有催告的，解除权应当在解除权发生之日起 1 年内行使；逾期不行使的，解除权消灭。

84.买卖合同中的检验期限有多长?

答案

小花是否可以拒绝支付货款，取决于小花是否在双方约定或者合理的检验期限内检验货物，同时将检验结果及时告知小明。若超过了上述期限，小花不得以质量不合格为由拒绝支付货款。

相关法条

《民法典》第 620 条 买受人收到标的物时应当在约定的检验期限内检验。没有约定检验期限的，应当及时检验。

《民法典》第 621 条 当事人约定检验期限的，买受人应当在检验期限内将标的物的数量或者质量不符合约定的情形通知出卖人。买受人怠于通知的，视为标的物的数量或者质量符合约定。

当事人没有约定检验期限的，买受人应当在发现或者应当发现标的物的数量或者质量不符合约定的合理期限内通知出卖人。买受人在合理期限内未通知或者自收到标的物之日起二年内未通知出卖人的，视为标的物的数量或者质量符合约定；但是，对标的物有质量保证期的，适用质量保证期，不适用该二年的规定。

出卖人知道或者应当知道提供的标的物不符合约定的，买受人不受前两款规定的通知时间的限制。

《民法典》第 622 条 当事人约定的检验期限过短，根据标的物的性质和交易习惯，买受人在检验期限内难以完成全面检验的，该期限仅视为买受人对标的物的外观瑕疵提出异议的期限。

约定的检验期限或者质量保证期短于法律、行政法规规定期限的，应当以法律、行政法规规定的期限为准。

《民法典》第 623 条 当事人对检验期限未作约定，买受人签收的送货单、确认单等载明标的物数量、型号、规格的，推定买受人已经对数量和外观瑕疵进行检验，但是有相关证据足以推翻的除外。

律师评析

买卖合同货物交付后，接下来一个重要环节就是买受人对标的物的检验，通过检验，买受人可以确定出卖人交付的标的物是否与合同约定相符。《民法典》第620条规定，买受人收到标的物时应当在约定的检验期限内检验。没有约定检验期限的，应当及时检验。这是对买受人检验义务的规定。根据法律规定，质量检验期限的确定可分为以下几种情况：

1. 买卖双方约定的质量检验期限优先，强调买卖双方的意思自治，鼓励买卖双方根据标的物的特性合理地确定质量检验期限。

2. 没有约定检验期限的，买受人应在合理期限内将标的物质量不符合约定的情况通知出卖人。如果买受人在合理期限内未通知或者自标的物收到之日起2年内未通知出卖人的，法律上视为标的物的质量符合约定。

3. 如果买卖双方确定标的物有质量保证期的，则直接适用该质量保证期的约定，不适用该2年的规定。

本案中，小明与小花签订货物买卖合同时约定了小花需在收到货物20日之内支付货款，如果合同中同步约定了该20日为小花对该批货物的检验期限，其30日后才向小明告知货物质量不合格，已超出了检验期限，则小花不能以此为由拒绝支付货款。如果二人未在合同中或者另外协商约定检验期限，则需要根据实际情况判断小花是否属于“在合理期限内”将货物不合格的情形通知小明。但是，如果小花一直拖延，拖延至2年以后也未向小明提出该问题，则视为该批货物质量符合约定。

律师提示

在实践中，很多时候货物的瑕疵并不是立即就能被发现的。如果买卖双方约定检验期限较短，可能对买受方较为不利。因此，建议在约定检验期限时，双方应综合交易性质，交易目的，交易方式，交易习惯，标的物的种类、数量、性质、安装和使用情况，瑕疵的性质、检验方法和难易程度，买受人或者检验人所处的具体环境、自身技能以及其他合理因素进行确定。如批量电脑买卖合同，双方可就电脑数量、外观的检验期限约定为交货当日，但就内部配置等在短时间内不易发现的瑕疵的检验期限，双方可以根据实际情况约定一个较长的期限，如 15 日。

此外，为了规范验收程序、明确验收情况，验收结果建议采用书面形式。

85.分批交付买卖合同可以部分解除吗?

答案　针对小明与小花签订的分批交付的买卖合同，小明可以单独解除购买第三批次手机的约定。

相关法条

《民法典》第 633 条　出卖人分批交付标的物的，出卖人对其中一批标的物不交付或者交付不符合约定，致使该批标的物不能实现合同目的的，买受人可以就该批标的物解除。

出卖人不交付其中一批标的物或者交付不符合约定，致使之后其他各批标的物的交付不能实现合同目的的，买受人可以就该批以及之后其他各批标的物解除。

买受人如果就其中一批标的物解除，该批标的物与其他各批标的物相互依存的，可以就已经交付和未交付的各批标的物解除。

律师评析

在分批交付标的物的合同中，一批标的物不交付或者交付不符合约定的，是否影响其他各批合同的效力，取决于其是否影响实现合同目的。如果影响合同目的的实现，说明数批履行之间具有不可分性，一批标的物的不履行影响到其他标的物的履行，其解除效力也及于其他标的物。相反，如果一批标的物不交付不影响实现整体合同目的，则其与其他批次标的物之间是可分的，也就可以单独就该批标的物进行解除。

本案中，小花向小明交付的标的物为手机，分 10 次交付，每次交付 2 部，每批手机之间不具有不可分性，均可独立存在，因此小明可以主张单独解除购买第三批次的手机的约定。但如果小明向小花购买的是一种大型机器，约定机器的各个部件分批交货，那么其中一批标的物的不交付或者交付不符合约定则会导致该机器不能被成功组装完成，小明的合同目的则不能实现。这种情况下，小明可以就已经交付和未交付的各批标的物解除。

律师提示

买卖双方应注意在分批交付的买卖合同中明确交付时间、交付方式，并应结合某一批次货物的违约交付是否会影响合同的整体目的的实现来确定违约责任的承担方式，如支付违约金、赔偿损失、解除合同等。

86.分期付款买卖合同何时可以解除？

答案　经催告仍未收到余下款项，小花可以解除与小叶之间的手机买卖合同并要求支付手机使用费，也可以要求小叶将余下5期的款项一次性付清。

相关法条

《民法典》第634条　分期付款的买受人未支付到期价款的数额达到全部价款的五分之一，经催告后在合理期限内仍未支付到期价款的，出卖人可以请求买受人支付全部价款或者解除合同。

出卖人解除合同的，可以向买受人请求支付该标的物的使用费。

律师评析

分期付款买卖是一种特殊的买卖形式，是买受人将其应付的总价款按照一定期限分批向出卖人支付的买卖形式。

分期付款买卖涉及首期款、分期价款。通常情况下，首期款要么在出卖人交付货物前支付，要么在出卖人交付货物的同时支付。但如果当事人约定出卖人先行交付货物后，买受人方支付首期款，亦无不可。只要在出卖人交付货物后，买受人至少再分两次向出卖人支付价款的，即应认定其为分期付款买卖。

分期付款买卖中，买受人未支付全部价款就取得了买卖标的物，而出卖人未得到全部价款就需转移标的物，所以出卖人存在不能取得全部合同价款的风险。因此，为了保障自己获得价款的权利，出卖人可以在买受人未按约定付款时依据法定或约定的条件要求买受人一次性支付全部价款或者解除合同。但同时，这种解除或请求全部支付的行为也受到法律的限制，按照《民法典》第634条的规定，只有当买受人未支付的到期价款数额达到全部价款的五分之一时，出卖人才可以行使这一权利。事实上，规定“五分之一”这个比例是为了保护买受人利益，所以如果买卖双方在合同中约定了更高比例，也是不违反法律规定的。例如，双方当事人可以约定只有在买受人未支付价款达到总价款的1/3的，才可以请求其支付全部价款或解除合同。

本案中，小明仅支付了第一期的价款，未支付部分达到5/6之多，小花可以根据法律规定选择要求小明支付全部价款或解除合同。

律师提示

1. 分期付款买卖合同中可以约定所有权保留条款

所谓所有权保留，是指当事人在买卖合同中约定，在出卖人交货后，只有当买受人充分履行付款义务时，标的物的所有权才转移到买受人手中。在此之前，出卖人将一直保留对标的物的所有权，并在买受人不履行付款义务时，出卖人有追索标的物的权利。简单来讲，除非买方把货款结清，否则货物的所有权归卖方。

2. 建议在合同中约定违约条款

约定违约条款是为了防患于未然，保证合同的正常履行，同时也是守约方的救济方法。因此，建议在合同中明确违约条款。违约责任的承担方式可以为解除合同、赔偿损失、继续履行等。

87.所有权保留的买卖合同中买受人停止付款，出卖人要怎么办？

答案　由于买受人小山未按约定支付价款，出卖人小美经过催告后，仍未收到余下购车款，小美可以要求取回汽车。

相关法条

《民法典》第 641 条　当事人可以在买卖合同中约定买受人未履行支付价款或者其他义务的，标的物的所有权属于出卖人。

出卖人对标的物保留的所有权，未经登记，不得对抗善意第三人。

《民法典》第 642 条　当事人约定出卖人保留合同标的物的所有权，在标的物所有权转移前，买受人有下列情形之一，造成出卖人损害的，除当事人另有约定外，出卖人有权取回标的物：

（一）未按照约定支付价款，经催告后在合理期限内仍未支付；

（二）未按照约定完成特定条件；

（三）将标的物出卖、出质或者作出其他不当处分。

出卖人可以与买受人协商取回标的物；协商不成的，可以参照适用担保物权的实现程序。

《民法典》第 643 条　出卖人依据前条第一款的规定取回标的物后，买受人在双方约定或者出卖人指定的合理回赎期限内，消除出卖人取回标的物的事由的，可以请求回赎标的物。

买受人在回赎期限内没有回赎标的物，出卖人可以以合理价格将标的物出卖给第三人，出卖所得价款扣除买受人未支付的价款以及必要费用后仍有剩余的，应当返还买受人；不足部分由买受人清偿。

律师评析

在所有权保留的买卖合同中，支付标的物价款是买受人应当履行的合同义务。如果买受人不支付全部价款，其就不能取得标的物的所有权，并且有义务将标的物交还给出卖人。当买方不履行支付价款的义务时，卖方依据约定的所有权保留条款，可以取回标的物。所有权保留制度是专门保障卖方的利益设定的，取回标的物是卖方的一种权利，卖方既可以要求取回标的物，也可以要求买方支付价款。约定所有权保留条款，取回标的物是卖方为避免自己受到更大的损失而采取的一种保全措施，不会必然导致合同解除。因此，根据权利可以放弃、义务必须履行的原则，卖方当然可以自由选择是取回标的物，还是要求买方继续履行支付价款。如果出卖人并不主张标的物的所有权，不要求买受人交还标的物，而要求买受人支付价款，买受人则不能以标的物所有权仍属出卖人为由，要求将标的物退还给出卖人，而拒绝支付价款。

律师提示

所有权保留制度是为保障卖方的利益设定的，买方在交易时，应当考量卖方的履约能力。实务中曾出现大量因约定所有权保留条款，在标的物所有权转移之前，卖方一物两卖甚至多卖的情形。该种情形尤其会产生在登记具有对抗效力的标的物上，如车辆、不动产等。卖方收到买方的一定款项后，再将标的物出卖给第三人，并办理过户登记，这种情况下一般会保护卖方与善意第三人之间的交易合同，而买方此时可能会面临钱物两空的局面。

一旦买方违约，未能按期付款的，卖方按约定取回标的物的同时，也可能按约定不退还买方已支付的款项，这对买方来说无疑是重大损失。虽然这种约定也可能因利益严重失衡被法院认定无效，但需要通过诉讼解决，成本仍然巨大，建议双方签订合同时即注意该问题。

88.赠与合同可以随时撤销吗？

答案

根据《民法典》的规定，在赠与物的权利转移之前，赠与人可以撤销赠与。即在小天没有向小丽交付手机之前，小天有权反悔，不再赠与其手机。

相关法条

《民法典》第658条　赠与人在赠与财产的权利转移之前可以撤销赠与。

经过公证的赠与合同或者依法不得撤销的具有救灾、扶贫、助残等公益、道德义务性质的赠与合同，不适用前款规定。

《民法典》第660条　经过公证的赠与合同或者依法不得撤销的具有救灾、扶贫、助残等公益、道德义务性质的赠与合同，赠与人不交付赠与财产的，受赠人可以请求交付。

依据前款规定应当交付的赠与财产因赠与人故意或者重大过失致使毁损、灭失的，赠与人应当承担赔偿责任。

《民法典》第663条　受赠人有下列情形之一的，赠与人可以撤销赠与：

（一）严重侵害赠与人或者赠与人近亲属的合法权益；

（二）对赠与人有扶养义务而不履行；

（三）不履行赠与合同约定的义务。

赠与人的撤销权，自知道或者应当知道撤销事由之日起一年内行使。

《民法典》第664条　因受赠人的违法行为致使赠与人死亡或者丧失民事行为能力的，赠与人的继承人或者法定代理人可以撤销赠与。

赠与人的继承人或者法定代理人的撤销权，自知道或者应当知道撤销事由之日起六个月内行使。

律师评析

在社会生活中，赠与行为时有发生。《民法典》合同编对赠与合同进行了详细规定。关于赠与人是否享有单方撤销权这一问题，可以从如下几个角度分析：

第一，一般情况下，赠与人享有撤销权。根据《民法典》第658条第1款规定，针对一般的赠与行为，赠与人在赠与财产的权利转移之前可以撤销赠与。

第二，特殊情况下，赠与人不享有撤销权。根据《民法典》第658条第2款规定，经过公证的赠与合同或者依法不得撤销的具有救灾、扶贫、助残等公益、道德义务性质的赠与合同，赠与人不享有撤销权。救灾、抗疫等具有社会公益性质的赠与具有重要的社会意义，若赠与人随意撤销，有悖社会公序良俗，赠与人不享有单方撤销权。受赠人可以请求赠与人履行赠与合同，交付赠与物。

第三，如果受赠人存在过错，赠与人享有撤销权。根据《民法典》第663条规定，当受赠人存在严重侵犯赠与人及其近亲属的合法权益、对赠与人有扶养义务而不履行或不履行赠与合同约定义务时，赠与人有权行使撤销权，行使该权利的期限是自知道或应当知道撤销事由之日起1年。此外，根据《民法典》第664条，因受赠人原因，致使赠与人死亡或者丧失民事行为能力的，赠与人的继承人或法定代理人可以行使撤销权，撤销对受赠人的赠与。该撤销权行使期间为自知道或应当知道撤销事由之日起6个月。

律师提示

赠与物价值较高或附义务赠与时，建议采用书面合同形式。在赠与合同中明确合同主体，赠与物的名称、性质，受赠人的义务等，并可以明确双方违约责任。一旦发生争议，书面的赠与合同可以起到证据的作用。

一般情况下，赠与人享有单方撤销权，原则上受赠人不能要求赔偿。但在非因受赠人的原因导致赠与合同被撤销的情形下，受赠人可能已经为接受赠与而作出一些必要的准备工作，或者附义务的赠与合同受赠人已经履行了一定义务，从而支出了相应费用。因此，对于无过错受赠人产生实际的损失，受赠人有权要求赠与人赔偿。

若赠与人的经济状况显著恶化，严重影响其生产经营或家庭生活的，可以不再履行赠与义务。此种情况下，赠与人不存在过错，即使不履行赠与义务，原则上受赠人也无权要求赔偿损失。

若因受赠人原因致使赠与人死亡或丧失民事行为能力的，赠与人的继承人或法定代表人除行使撤销权外，还可以依据《民法典》《刑法》等相关法律规定，追究受赠人的相关法律责任。

89.借款合同应该包含哪些内容?

答案

法律上并没有明确要求自然人之间的借贷一定要签署书面的合同，但为明确双方权利义务，建议采用书面合同形式。借款合同一般包括借款种类、币种、用途、数额、利率、期限和还款方式等内容。

相关法条

《民法典》第668条　借款合同应当采用书面形式，但是自然人之间借款另有约定的除外。

借款合同的内容一般包括借款种类、币种、用途、数额、利率、期限和还款方式等条款。

律师评析

随着社会经济发展，人民经济生活的活跃度不断提高，民事主体之间发生借贷的概率也大幅提高。无论是抵押贷款买房，还是亲戚朋友之间借款，都属于《民法典》借款合同调整的范畴。

由金融机构作为贷款人的借款合同，合同内容较为完备，权利义务较为明确。而无金融机构参加的借款行为（一般被称为"民间借贷"），因借贷主体合同意识不强，或贷款人碍于情面未要求借款人签署借款合同，一旦发生争议，缺少书面合同将对法院查明事实造成不小的阻碍。鉴于此，建议在借贷行为发生时签署完备的借款合同，以明确双方权利义务。

《民法典》第668条第1款规定，借款合同应当采取书面形式。这里有两点值得注意：首先，要求书面形式是一种"管理强制性规定"而非"效力强制性规定"。即使借贷双方未签署书面借款合同，只要一方有证据证明双方存在借贷关系，就可以向另一方主张权利，并不因未签署书面合同而导致双方之间的借贷行为无效。其次，这里的书面形式可以作广义理解，微信聊天记录、电子邮件等数据电文都可以被理解为书面合同的一种表现形式。但我们仍然建议借贷双方签署书面的、正式的借款协议。

根据《民法典》第668条第2款规定，借款合同的内容一般包括借款种类、币种、用途、数额、利率、期限和还款方式等条款。这其中关键的内容包括数额、利率、期限等。数额建议采用大小写同时记录，且两者应当保持一致，若两者不一致时应以大写为准。利率应当约定是年利率还是月利率及利率标准。期限包括还本期限及支付利息期限等。

律师提示

即使是亲朋好友，借款时也应签署书面借款协议，将借款数额、期限、利息标准约定明确，避免发生争议时无法明确双方权利义务。尽量通过银行、微信、支付宝等方式提供借款及偿还贷款，并做好备注。若是现金交易的，应签署收据。

若借款方不同意签署借款协议，贷款方又因各种原因不得不提供贷款，建议通过微信催收、录音电话催收等方式固定证据，明确双方存在借贷法律关系，为将来主张权利提供有力证据。

在提供大额贷款时，贷款方除应要求签署书面协议外，还应对借款人的资信状况、财产状况、涉诉状况等进行调查，在综合考察借款人的资信偿还能力的基础上，再决定是否提供贷款。必要时可要求借款人提供担保。

双方在借款合同中还可以就违约责任、解除权行使的情形等进行约定。当一方触发违约条款时，另一方可以主张违约责任，直至要求解除合同、赔偿损失。

90.“砍头息”的约定有效吗？

答案 根据《民法典》的有关规定，借款的利息不得预先在本金中扣除。利息预先在本金中扣除的，应按照实际借款金额还本付息。

相关法条

《民法典》第670条　借款利息不得预先在本金中扣除。利息预先在本金中扣除的，应当按照实际借款数额返还借款并计算利息。

律师评析

借贷关系中，在提供借款前，借款人往往处于劣势地位，而贷款人处于强势地位。因此实践中出现了贷款人预先扣留利息，而只提供部分借款的情形，俗称“砍头息”。

根据《民法典》第670条规定，借款利息不得预先在本金中扣除。即法律明确禁止了“砍头息”。利息预先在本金中扣除的，应当按照实际借款数额返还借款并计算利息。本案中，小明有权按照9.9万元偿还本金并以此作为基数计算利息。

实践中，还存在以“服务费”“中介费”的名义预先收取利息的情形，也可以认定为“砍头息”的一种表现形式。如金融贷款人按照合同约定向借款人支付了足额本金，但同时又在未实际提供任何服务的情况下收取所谓的服务费、中介费。此类情况也容易被认定为“砍头息”，债务人有权要求在偿还时按实际借款数额支付本金。当然，若贷款人或中介机构确实提供了相关服务，则借款人无权主张减免。

另外，“砍头息”还是部分不法分子“套路贷”的惯用伎俩。如借款人借10万元，但贷款人只提供5万元，剩余5万元以“砍头息”的名义扣除。“套路贷”的行为本身是犯罪行为，应受到严厉打击。

律师提示

“砍头息”的行为为法律所禁止。作为贷款人，不应因优势地位而预先扣除利息，应当根据诚实信用原则向借款人足额提供贷款。作为借款人一方，遇到“砍头息”的情形时，可以要求按照实际获得借款金额偿还贷款并以此支付利息。

借款人主张贷款人存在预先扣除利息情形的，应当履行举证义务，即借款人应当对存在“砍头息”的事实进行举证。鉴于此，建议借贷双方，尤其是借款人，要求签署书面协议，并通过银行转账等方式发放贷款、偿还借款。

对于以借贷之名行“套路贷”之实的情形，应当予以严厉打击。借款人也应当树立金融安全意识，从正规途径借款，远离“套路贷”、网络贷款平台、非法 P2P 平台等。遇贷款人收取高额利息、“砍头息”、暴力催收等情形的，应当及时报警，以维护自身权益。

91.民间借贷如何确定利息?

答案

在小浩与小华签订的借款合同中，小华主张的利息过高，发生争议后，超过借款合同成立时一年期限贷款市场报价利率4倍的部分将难以获得支持。

相关法条

《民法典》第674条　借款人应当按照约定的期限支付利息。对支付利息的期限没有约定或者约定不明确，依据本法第五百一十条的规定仍不能确定，借款期间不满一年的，应当在返还借款时一并支付；借款期间一年以上的，应当在每届满一年时支付，剩余期间不满一年的，应当在返还借款时一并支付。

《民法典》第677条　借款人提前返还借款的，除当事人另有约定外，应当按照实际借款的期间计算利息。

《民法典》第680条　禁止高利放贷，借款的利率不得违反国家有关规定。

借款合同对支付利息没有约定的，视为没有利息。

借款合同对支付利息约定不明确，当事人不能达成补充协议的，按照当地或者当事人的交易方式、交易习惯、市场利率等因素确定利息；自然人之间借款的，视为没有利息。

律师评析

借款合同中，多数当事人会对借款利息标准、支付期限进行约定。当贷款人是银行等金融机构时，其对利率标准、支付期限、提前还款等约定比较规范全面，民间借贷则会更多涉及约定利息的有关问题。

《民法典》第674条是关于借款人支付利息期限的规定，借款人应当按照约定的期限支付利息，双方对支付期限没有约定或者约定不明确的，可以根据《民法典》第510条的规定来确定，即当事人可以进行协商达成补充协议。协商不成的，借款期限不满一年的，应当在返还借款时一并支付利息；借款期限超过一年的，应当在每满一年时支付；剩余期限不满一年，应当在偿还借款时结清利息。例如，甲向乙借款，期间为一年半，未约定支付利息的期限，那么甲应当分两次向乙支付利息，一次是借款期间一年届满时，一次是在合同期间届满时和本金一起支付。本案中，双方即为事先约定了按月支付利息。

《民法典》第 677 条实际赋予了借款人提前还款的权利，而现实生活中，我们也经常遇到借款人提前还款的情况。在该情况下，若双方无特别约定，应当按照借款人实际借款的期间计算利息，而非按照合同约定期间计算利息。

《民法典》第 680 条是关于借款利率标准的规定。首先，该条规定禁止高利放贷。根据现行有效的最高人民法院《关于审理民间借贷案件适用法律若干问题的规定》所确认的利息标准看，民间借贷中，司法机关认可的最高利率标准为借款合同成立时一年期限贷款市场报价利率 4 倍。双方合同约定利率标准超过该标准，借款人有权按照该最高标准付息，超过部分可以不予支付。其次，当事人对利息没有约定的，不论是自然人还是法人借贷，均视为没有利息。最后，当事人对利息约定不明的，又不能通过补充协议明确利息的，自然人之间视为没有利息，而一方当事人不是自然人的借款，按照当地或者当事人的交易方式、交易习惯、市场利率等因素确定利息。

本案中，小浩与小华约定了月息 4%，这虽然是基于双方合意的约定，但其远超过司法机关认可的最高利率标准，因违反法律的禁止性规定，超出部分不受法律保护。小浩有权要求按照国家相关规定支付利息。

律师提示

民间借贷合同中，当事人应当就利息标准、支付期限、提前还款利息计算方法等事宜约定明确，且年利率标准不得高于借款合同成立时一年期限贷款市场报价利率4倍。

根据2019年7月23日最高人民法院、最高人民检察院、公安部、司法部联合下发的《关于办理非法放贷刑事案件若干问题的意见》的有关规定，违反国家规定，未经监管部门批准，或超越经营范围，在2年内向不特定多人（包括单位和个人）以借款或其他名义出借资金10次以上的构成非法经营罪。因此，“职业放贷”人员应当注意，若其不具有相关资质，发放贷款将构成犯罪。

对于借款人而言，应当从正规途径获得贷款，对于高利放贷行为应当警惕并拒绝支付高额利息，必要时应当报警处理，以维护自身合法权益。

92.民办学校能否作为保证人承担保证责任?

答案

如果育才中学是以公益为目的的非营利法人，其不得作为保证人承担保证责任。反之，如育才中学具有营利性质，则其具备保证人的主体资格。

相关法条

《民法典》第682条　保证合同是主债权债务合同的从合同。主债权债务合同无效的，保证合同无效，但是法律另有规定的除外。

保证合同被确认无效后，债务人、保证人、债权人有过错的，应当根据其过错各自承担相应的民事责任。

《民法典》第683条　机关法人不得为保证人，但是经国务院批准为使用外国政府或者国际经济组织贷款进行转贷的除外。

以公益为目的的非营利法人、非法人组织不得为保证人。

律师评析

公立学校、幼儿园、医院等大都是非营利法人、非法人组织，直接为社会公众服务，如果作为保证人而最终履行保证责任，势必直接影响社会公共利益。判断学校、幼儿园、医院等能否具有保证人的主体资格不能一概而论，而应以其是否以公益为目的为要件，对此应综合审查其登记情况和实际运行情况。以民办学校为例，《民办教育促进法》对民办学校实行非营利性和营利性分类管理。现有民办学校有权选择登记为营利性或者非营利性，如果民办学校是非营利性的，以公益为目的，其不具备保证人的主体资格；如果民办学校具有营利性质，则其具有保证人的主体资格。

因不具备保证人的主体资格，导致保证合同无效的，债务人、保证人、债权人应当根据其过错各自承担相应的民事责任。

律师提示

债权人与保证人签订保证合同前，应当审慎审查保证人的主体资格，避免因其不具备保证人资格，导致保证合同无效。

学校、幼儿园、医院等非营利法人、非法人组织，应当禁止对外签订保证合同，如果因自身性质导致保证合同无效，亦应当承担相应的过错责任。

93.当事人在保证合同中对保证方式没有约定或者约定不明确，该如何承担保证责任？

答案

当事人在保证合同中对保证方式没有约定或者约定不明确的，按照一般保证承担保证责任。李某首先应当通过人民法院起诉王某还款，取得生效判决书并申请执行后，仍不能履行债务时，杨某才承担还款责任。

相关法条

《民法典》第 686 条　保证的方式包括一般保证和连带责任保证。当事人在保证合同中对保证方式没有约定或者约定不明确的，按照一般保证承担保证责任。

《民法典》第 687 条　当事人在保证合同中约定，债务人不能履行债务时，由保证人承担保证责任的，为一般保证。

一般保证的保证人在主合同纠纷未经审判或者仲裁，并就债务人财产依法强制执行仍不能履行债务前，有权拒绝向债权人承担保证责任，但是有下列情形之一的除外：

（一）债务人下落不明，且无财产可供执行；

（二）人民法院已经受理债务人破产案件；

（三）债权人有证据证明债务人的财产不足以履行全部债务或者丧失履行债务能力；

（四）保证人书面表示放弃本款规定的权利。

《民法典》第 688 条　当事人在保证合同中约定保证人和债务人对债务承担连带责任的，为连带责任保证。

连带责任保证的债务人不履行到期债务或者发生当事人约定的情形时，债权人可以请求债务人履行债务，也可以请求保证人在其保证范围内承担保证责任。

《民法典》第 694 条　一般保证的债权人在保证期间届满前对债务人提起诉讼或者申请仲裁的，从保证人拒绝承担保证责任的权利消灭之日起，开始计算保证债务的诉讼时效。

连带责任保证的债权人在保证期间届满前请求保证人承担保证责任的，从债权人请求保证人承担保证责任之日起，开始计算保证债务的诉讼时效。

律师评析

保证，是指保证人和债权人约定，当债务人不履行债务时，保证人按照约定履行债务或者承担责任的行为。

保证的方式有一般保证与连带责任保证。通俗地讲，一般保证，是指当债务人不能履行偿还义务时，由保证人承担保证责任。而连带保证，是指当债务人不履行还款义务时由保证人承担保证责任，不以债务人能否履行债务作为承担保证责任的前提条件。本案如约定连带责任保证，李某可以直接起诉王某、杨某。但根据《民法典》第686条的规定，当事人在保证合同中对保证方式没有约定或者约定不明的，按照一般保证承担责任。因此，本案李某应当先起诉王某，申请执行后，王某的财产不足以偿还欠款时，再行起诉杨某。

律师提示

建议在保证合同中对保证方式进行明确约定，如果债权人与保证人约定承担连带责任保证，则务必要写明“承担连带责任”，否则可能会因为“没有约定或约定不明”而被认定按照一般保证承担保证责任。

债权转让过程中，在通知债务人的情况下同时应向保证人发送通知，未通知保证人的，该转让对保证人不发生效力。

94.没有约定或者约定不明确的保证期间到底有多久？

答案 王某与宋某未在协议中约定保证期间，或被视为没有约定。因此，二人为唐某的借款承担保证责任的保证期间均为6个月，自3年借款期限届满之日起计算。

相关法条

《民法典》第692条　保证期间是确定保证人承担保证责任的期间，不发生中止、中断和延长。

债权人与保证人可以约定保证期间，但是约定的保证期间早于主债务履行期限或者与主债务履行期限同时届满的，视为没有约定；没有约定或者约定不明确的，保证期间为主债务履行期限届满之日起六个月。

债权人与债务人对主债务履行期限没有约定或者约定不明确的，保证期间自债权人请求债务人履行债务的宽限期届满之日起计算。

《民法典》第693条　一般保证的债权人未在保证期间对债务人提起诉讼或者申请仲裁的，保证人不再承担保证责任。

连带责任保证的债权人未在保证期间请求保证人承担保证责任的，保证人不再承担保证责任。

《民法典》第694条　一般保证的债权人在保证期间届满前对债务人提起诉讼或者申请仲裁的，从保证人拒绝承担保证责任的权利消灭之日起，开始计算保证债务的诉讼时效。

连带责任保证的债权人在保证期间届满前请求保证人承担保证责任的，从债权人请求保证人承担保证责任之日起，开始计算保证债务的诉讼时效。

律师评析

《民法典》施行前，按照最高人民法院《关于适用〈中华人民共和国担保法〉若干问题的解释》(已失效)第32条的规定,“保证合同约定的保证期间早于或者等于主债务履行期限的,视为没有约定,保证期间为主债务履行期届满之日起六个月。保证合同约定保证人承担保证责任直至主债务本息还清时为止等类似内容的,视为约定不明,保证期间为主债务履行期届满之日起二年”。

《民法典》施行后,无论是“没有约定”还是“约定不明确”,保证期间均为主债务履行期限届满之日起6个月,不再存在“两年”的推定保证期间。

主张保证责任方面,《民法典》施行前后的规则基本一致,都规定一般保证下如债权人未对债务人提起诉讼或仲裁,连带保证下债权人未在保证期间向保证人主张权利的,保证人不再承担保证责任。

律师提示

债权人需要完善保证合同或者其他合同中的保证条款,应当做到保证条款明确无歧义,关注到期债务,积极主张债权。

保证人应当了解“没有约定”或者“约定不明确”带来的法律后果,了解自身的权利义务。

95.租赁合同要约定哪些内容?

答案

租赁合同的内容一般包括租赁物的名称、数量、用途、租赁期限、租金及其支付期限和方式、租赁物维修等条款。租赁期限不得超过 20 年。租赁期限在 6 个月以上的应当采用书面租赁合同形式，没有采用书面形式并且无法确定租赁期限的，视为不定期租赁。

相关法条

《民法典》第 704 条　租赁合同的内容一般包括租赁物的名称、数量、用途、租赁期限、租金及其支付期限和方式、租赁物维修等条款。

《民法典》第 705 条　租赁期限不得超过二十年。超过二十年的，超过部分无效。

租赁期限届满，当事人可以续订租赁合同；但是，约定的租赁期限自续订之日起不得超过二十年。

《民法典》第 707 条　租赁期限六个月以上的，应当采用书面形式。当事人未采用书面形式，无法确定租赁期限的，视为不定期租赁。

律师评析

在日常生活中，租赁合同，尤其是租房合同，是被广泛应用的一类合同。《民法典》第 704 条规定，租赁合同的主要内容一般包括租赁物的名称、数量、用途、租期、租金及其支付期限和方式、租赁物维修等条款。对于租赁物的名称，应以明确的语言加以确定，如胜利大街 150 号苹果小区 3 号楼 605 室。租赁物的用途关系到承租人如何使用该租赁物，必须在合同中约定清楚，如老王和小明约定该房屋仅用于居住，不可作商业用途等。租赁期限长短由双方当事人自行约定，但不能超过《民法典》第 705 条规定的最高期限，该期限的单位可以是年，也可以是月、日等。一般租房合同较多使用年、月作为期限的计算单位。租金条款是租赁合同中非常重要的一部分，直接关涉出租人的出租目的和承租人的主要义务，一般需要明确租金的多少和币种、现金支付还是转账支付、一次性支付还是分期支付、按月支付还是按年支付、预先支付还是事后支付等。至于租赁物维修，一般维修义务由出租人承担，但根据法定和约定的情况，也可由承租人承担。除上述条款外，当事人还可以根据需要订立违约责任、解决争议的方式、解除合同的条件等重要条款。

根据《民法典》第705条的规定，租赁合同约定的租赁期限不得超过20年。超过20年的，超过部分无效。这里关于期限的限制适用于包括房屋租赁合同在内的所有租赁合同。20年的期限并非不可改变的绝对最高期限，如果租赁合同双方当事人在20年期满时仍然希望保持租赁关系，可以采取两种方法：一是并不终止原租赁合同，承租人仍然使用租赁物，出租人也不提出任何异议。这种情况下，原来的有期限租赁合同变更为不定期限的租赁合同。这种情况被称为合同的“法定更新”。二是双方当事人根据原合同确定的内容再续签，续签的期限仍然不能超过20年，这种情况被称为“约定更新”。对于租赁合同续签的次数，法律上并没有禁止性规定。

《民法典》第707条是关于租赁合同形式的规定。以6个月为分界线，租赁期限小于6个月的可以采用口头形式。超过6个月的，应当采用书面形式。当事人应当采用书面形式而未采用的，并不影响合同效力。双方形成的租赁关系仍然受法律保护，只是当无法确定租赁期限时，视为不定期租赁。

律师提示

发生租赁关系时，建议出租人与承租人签署内容完备的租赁合同。因为尽管非书面的租赁关系也受法律保护，但若双方权利义务不明确，容易发生纠纷。签订合同时，除按照《民法典》要求，就租赁期限、租金支付等事宜进行约定外，还可以就是否允许转租、承租人的优先购买权、承租人是否有权对租赁物进行添附、返还租赁物时是否应当恢复原状等事宜进行约定，以明确双方权利义务。

建议出租人与承租人明确出租时租赁物的状态、性能、数量等情况，并作为租赁合同的附件，以便退租时双方核实租赁物的具体情况，并据此判断承租人退还租赁物时是否符合合同约定。

对于租赁期限较长的租赁合同，建议明确租金的调整机制，如调整条件及调整幅度等，并进一步明确一方擅自调整租金的违约责任，避免因一方强势出现擅自调整租金的情形。

在租赁合同履行期间，出租人有权适时、依约、依法检查租赁物情况，并有权制止承租人不正当使用租赁物的行为。因承租人过错造成租赁毁损灭失的，出租人有权主张损害赔偿。

96.承租人可以转租租赁物吗?

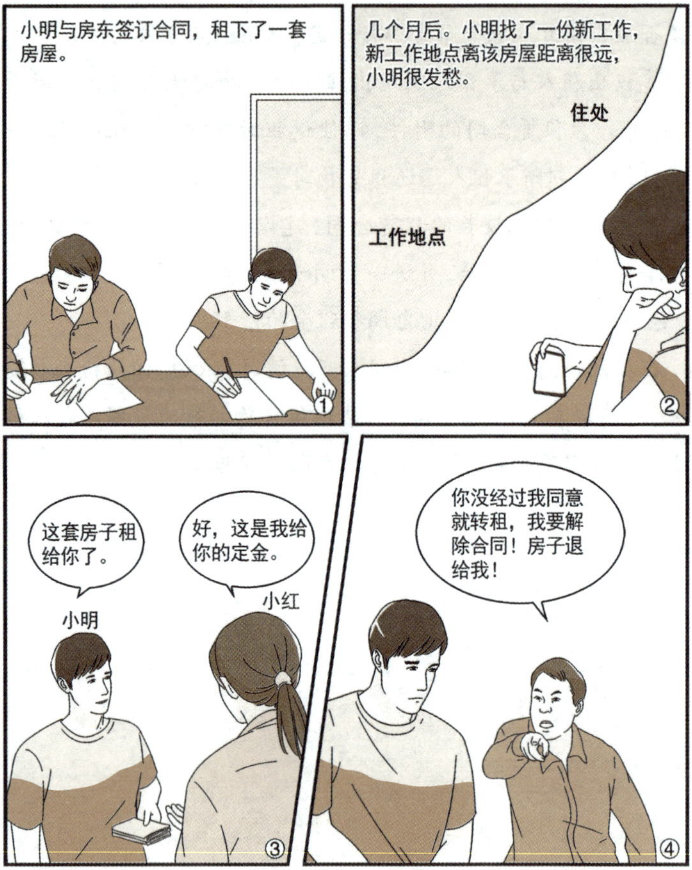

答案 小明无权单方转租房屋，承租人转租租赁物的应当经出租人同意。

相关法条

《民法典》第 716 条　承租人经出租人同意，可以将租赁物转租给第三人。承租人转租的，承租人与出租人之间的租赁合同继续有效；第三人造成租赁物损失的，承租人应当赔偿损失。

承租人未经出租人同意转租的，出租人可以解除合同。

《民法典》第 717 条　承租人经出租人同意将租赁物转租给第三人，转租期限超过承租人剩余租赁期限的，超过部分的约定对出租人不具有法律约束力，但是出租人与承租人另有约定的除外。

《民法典》第 718 条　出租人知道或者应当知道承租人转租，但是在六个月内未提出异议的，视为出租人同意转租。

律师评析

日常生活中，承租人未经出租人同意，擅自将租赁物转租给次承租人的情况时有发生。某些不良房屋中介，在从出租人处承租房屋后，未经出租人同意，擅自将房屋转租给次承租人，在收取次承租人房租后，又不及时向出租人支付房租。等出租人催收或上门查看时，发现实际承租主体并非承租人，再与承租人联系，已联系不上，最终导致出租人及次承租人双方受损。承租人的该类行为违反了《民法典》的相关规定，情节严重的还将构成犯罪。

根据《民法典》第 716 条的规定，承租人转租应当经过出租人同意。这种同意的表现形式可以是事先的同意，如双方在租赁合同中约定出租人同意承租人转租；也可以是事后的追认，即出租人事后认可承租人的转租行为。承租人未经出租人同意转租的，出租人有权解除其与承租人之间的租赁合同。出租人一旦行使解除权，次承租人便丧失了继续承租的法律基础，其只能向出租人归还租赁物，同时可以向承租人主张违约责任或损害赔偿责任。

出租人同意转租的，转租期限不能超过剩余出租期限，否则超过部分对出租人不具有法律约束力。届时，即便承租人与次承租人的租赁期限尚未到期，只要出租期限已经到期，出租人就有权收回租赁物。次承租人只能向承租人主张权利。

出租人在知道或应当知道租赁物被转租后6个月内没有提出异议的，视为同意转租。在此情况下，法律推定出租人同意转租，出租人丧失对承租人的合同解除权。因此，出租人对承租人的转租提出异议的方式应当是明示的，并及时向承租人及次承租人提出。

律师提示

作为出租人，与承租人签订租赁合同时，建议明确约定是否允许承租人转租。若同意转租，应当约定承租人的通知义务；若不同意转租，建议约定承租人转租的违约责任及损害赔偿责任，进而增加承租人的违约成本。在发现违约转租行为后，及时提出异议，并留存提出异议的证据，以备主张权利时使用。

作为承租人，应当根据租赁合同的约定合理使用租赁物，非经出租人同意，不得转租租赁物。更不应对次承租人作出虚假意思表示，即在未经出租人同意时，仍然主张其转租行为已经获得出租人同意。

选择租赁房屋时应当尽到注意义务，核实、确认租赁物的实际所有权人。如与租赁物承租人签订租赁合同，应要求承租人提供租赁物的所有权凭证进行核对，并明确该承租人丧失出租权时其应当承担的责任。

97.融资租赁遇上无法还款的情况怎么办？

答案　租赁公司可以请求马先生支付全部租金，也可以要求解除租赁合同，收回轿车。

相关法条

《民法典》第 752 条　承租人应当按照约定支付租金。承租人经催告后在合理期限内仍不支付租金的，出租人可以请求支付全部租金；也可以解除合同，收回租赁物。

律师评析

《民法典》第 752 条规定是对《合同法》(已失效)第 248 条内容的延续。融资租赁合同是出租人根据承租人对出卖人、租赁物的选择，向出卖人购买租赁物，提供给承租人使用，承租人对此支付租金的合同。较之于银行贷款等，融资租赁可以算作一种新型的融资方式。融资租赁帮助很多中小企业及个人解决了资金问题，但在实际履行的过程中，不诚信的违约行为也屡禁不止。支付租金可以说是承租人在融资租赁合同中最主要的义务。但不按时支付租金也往往是承租人最常见的违约行为。不按时按约支付租金的原因有很多种，包括没有全面阅读、理解合同约定，错误估计自身还款能力，甚至有一些承租人认为租赁物在自己的控制之下，出租方拿自己没有办法，心理上轻视租赁公司，故意选择不按时归还借款。

面对承租方的这种违约行为，租赁公司的正确做法是，先通过发送催款函或者律师函的方式，要求对方在合理期限内支付租金。如果在宽限期内对方仍不支付租金，出租方有两种选择：一是请求对方支付到期和未到期的全部租金；二是解除融资租赁合同，收回租赁物。上述案例中，马先生虽然“跑路”失联，但租赁公司拥有租赁物的所有权，且仍能确定租赁物方位。权衡之下，选择解除合同并收回租赁物是维护自己权益较为合适的方式。

需要指出的是，由于融资租赁合同关系相对复杂，一些出租方往往借融资租赁之名，行分期贷款之实，甚至涉嫌“套路贷”等。对此，根据现行的关于融资租赁的司法解释，将按照其实际构成的法律关系处理。一旦发现涉嫌犯罪的，将会移送公安机关处理。

律师提示

享用汽车融资租赁便利的前提是消费者如期履约，遵照合同规定及时支付租金费用。消费者签约时应仔细阅读合同，尤其是关于租金支付的时间和违约责任的条款，切实关心自身权益。

贷款方或出租方在选择交易相对方时，建议全面审查合同相对方的资信状况，制定合法合规的合同文本，及时跟踪相对方的还款情况并定期回访，发现有违约或违约可能的，应及时主张权利，防范风险。

98.签订了“保理合同”就属于保理合同法律关系吗？

答案 该份“保理合同”不构成保理合同法律关系。保理公司与某公司之间的权利义务关系系借贷关系而非保理合同关系。

相关法条

《民法典》第 761 条 保理合同是应收账款债权人将现有的或者将有的应收账款转让给保理人，保理人提供资金融通、应收账款管理或者催收、应收账款债务人付款担保等服务的合同。

《民法典》第 762 条 保理合同的内容一般包括业务类型、服务范围、服务期限、基础交易合同情况、应收账款信息、保理融资款或者服务报酬及其支付方式等条款。

律师评析

专设一章规定保理合同，是《民法典》的一大亮点。应收账款是架通商业信用与金融信用的桥梁，强化保理法律关系有助于鼓励企业以商业信用（如赊销等）的方式销售商品或提供服务，从而形成金融信用与商业信用的良性互动，也在一定程度上减少企业资金压力。但在操作过程中，曾因缺乏法律法规的规制（《民法典》出台之前，并无法律及司法解释对保理进行规范），造成保理市场的混乱局面，因虚假保理、“名为保理、实为借贷”所引发的巨额案件并不少见。

结合《民法典》第 761 条和第 762 条的内容，成立保理合同法律关系，需要具备以下条件：

1. 主体具有特定性。保理商应为金融机构或商业保理公司，具有相应资质，符合相关主管部门的规定进行经营。

2. 债权人与债务人之间的基础合同关系应当成立。虽然基础合同与保理合同不构成主从合同关系，但基础合同相关的应收账款转让系保理合同的核心。

3. 保理合同必须具备“应收账款债权的转让”这一要素，没有应收账款的转让就不能构成保理合同。保理人则需要提供资金融通、应收账款管理或者催收、应收账款债务人付款担保等服务。

4. 保理合同应当采用书面形式。合同内容一般包括业务类型、服务范围、服务期限、基础交易合同情况、应收账款信息、保理融资款或者服务报酬及其支付方式等条款。

实践中，保理商开展业务操作混乱，一些合同虽然被称为“保理合同”，在内容上约定了应收账款的保理业务，但是在履行过程中并不存在真实的应收账款转让，保理商也未进行应收账款催收、管理，仅是由保理商提供融资服务。本案中，保理公司签订合同时未审查应收账款的实际情况，保理合同也未实际履行，故保理公司向A公司支付30万元融资款后，A公司应当在约定期间内分期偿还融资本金并支付固定的费用（融资费和管理费）。这种混乱局面，随着《民法典》的出台将得到改观，《民法典》对规范、净化保理市场的作用不可低估。

律师提示

企业开展商业保理业务需要取得相关主管部门审批许可，各投融资主体要注意核实相关企业和平台是否具备经营资质。

保理商在签订保理合同时，一定要对基础债权的真实性着重审查，包括审核基础合同、交易往来凭证，查验发票真伪等，并可要求原债权人签署承诺书。

99.串标签订的建设工程合同有效吗？

答案　因孔某在投标前与招标人有实质性接触，并与其他投标人相互串通，故上述《建设工程合同》无效。

相关法条

《民法典》第790条　建设工程的招标投标活动，应当依照有关法律的规定公开、公平、公正进行。

律师评析

《民法典》第790条是对《合同法》(已失效)第271条的延续。随着我国市场经济的发展，工程项目建设飞速发展，招投标已成为其中重要的流程和手段。但在实际操作过程中，却在一定程度上存在各种暗箱操作行为。

《招标投标法》第5条规定，招标投标活动应当遵循公开、公平、公正和诚实信用的原则。《民法典》对该规定再次进行了强调。《招标投标法》第43条规定，在确定中标人前，招标人不得与投标人就投标价格、投标方案等实质性内容进行谈判。本案中，孔某作为项目负责人，违反招投标程序，在招标前就实质性内容进行了中标前谈判并影响中标结果，并且组织其他建筑公司进行陪标。孔某的行为，损害其他合法投标人的利益，严重违反招投标活动应当符合的“公开、公平、公正”原则，属于无效行为。

孔某的行为不仅导致其与校方签订的合同无效，更严重的是，其行为触犯了《刑法》。《刑法》第223条规定，投标人相互串通投标报价，损害招标人或者其他投标人利益，情节严重的，处3年以下有期徒刑或者拘役，并处或者单处罚金。投标人与招标人串通投标，损害国家、集体、公民的合法利益的，依照前款的规定处罚。本案中，孔某违反《招标投标法》相关规定，在建筑工程投标过程中，与招标人在投标前进行实质性接触，并与其他投标人相互串通投标报价，损害招标人利益，扰乱市场经济的自由贸易和公平竞争秩序，且数额巨大，社会影响较大，情节严重，其行为已经构成串通投标罪。

律师提示

无论是招标方还是投标方，日常工作中均应增强风险意识。事先进行实质性沟通、先开工后补办招标手续等，都是违反公开、公平、公正原则的行为，涉嫌串通投标。

串通投标犯罪的门槛很低，即使是陪标，也属于违反公开、公平、公正原则的行为，并且涉嫌犯罪。

100.乘客在行程中突发疾病身亡，承运人要承担责任吗？

答案 航空公司作为承运人已尽到合理的救助义务，其不需要对突发疾病猝死的付某承担责任。

相关法条

《民法典》第822条　承运人在运输过程中，应当尽力救助患有急病、分娩、遇险的旅客。

律师评析

根据客运合同的权利义务关系，承运人应当将旅客安全运输到约定地点。安全运输不但包含承运人本身要采取措施保证旅客的安全，在运输过程中，对于患有急病、分娩、遇险的旅客，承运人还应当尽力救助。虽然这些情况不是由承运人的原因造成的，但是作为承运人，如果有能力救助而不闻不问，这是有悖于一般的善良道德风俗的，也是违背诚实信用原则的。所以，承运人在运输过程中，应当对患有急病、分娩、遇险的旅客尽力采取救助措施。这是承运人在运输过程中所应承担的道德义务，也是其法定义务。

当然，承运人虽然对旅客的健康状况负有注意和救助的义务，但其并非专业医疗机构，法律要求其承担的仅是合理的注意和救助义务。本案中，付某的死亡令人悲痛，但从航空公司的表现来看，其已尽到应尽的义务，具体包括：(1)提供救心丹；(2)安排其到头等舱休息，乘务长单独提供服务；(3)安排职业是医生的乘客进行陪护；(4)询问是否需要家人陪护或送医；(5)再次发病后紧急返航送医。可以说，航空公司已经做到了其能力范围内所有能做的事情，不能以专业医疗机构的标准来苛求航空公司。

当然，现实中也有承运人做得不到位的例子。例如，某汽车运输公司司机在履职过程中，对突发癫痫的乘客不闻不问，直接停车并将该名乘客拉下车留在路边，使该名乘客处于危险状态下，后经抢救虽无大碍，但对该名乘客的精神造成了一定刺激。该名司机的行为就属于明显违背《民法典》第822条规定的行为，其所在的汽车运输公司应当承担民事责任。

律师提示

乘坐飞机等公共交通工具之前，要对自身健康情况做好了解和判断，对自己的生命安全负责。

建议客运公司对驾驶员、乘务员进行基本的急救常识及客运合同法律实务培训。

101.客车发生交通事故，免票儿童的人身伤害由谁负责？

答案　客运中心应当对免票乘车的佳佳发生交通事故受到的损害进行赔偿。

相关法条

《民法典》第823条　承运人应当对运输过程中旅客的伤亡承担赔偿责任；但是，伤亡是旅客自身健康原因造成的或者承运人证明伤亡是旅客故意、重大过失造成的除外。

前款规定适用于按照规定免票、持优待票或者经承运人许可搭乘的无票旅客。

律师评析

客运合同，是指承运人与旅客签订的，由承运人将旅客及其行李运输到目的地，而由旅客支付票款的合同。乘客乘车，就意味其着与承运人之间形成了一种旅客运输合同的法律关系，承运人就有将旅客及其行李安全运输到目的地的法定义务。这一法律关系的形成同样适用于按照规定免票、持优待票或者经承运人许可搭乘的无票旅客。所以，并不是只有在旅客支付运费的情况下，承运人才对其承担安全送达的义务，对按规定免票或经许可的无票乘客，承运人同样要负责到底，并对于非乘客自身原因造成的损害承担赔偿责任。本案中，佳佳由于身高未达到需购买车票的条件，可以免票乘车，而一旦其上车，承运人就负有将其安全送达目的地的义务，在途中发生交通意外所受的损失，依法应当由客运中心负责。

《民法典》第823条中的“责任”，既属于侵权责任（给乘客造成了人身伤害），又属于违约责任（没有履行好安全送达的义务），通过哪种路径维权，由乘客自行选择。当然，并非运输过程中发生了伤亡，运输方就一定要承担责任。在一定情况下，运输方是免责的，具体包括:(1)旅客自身健康原因造成伤亡的;(2)承运人证明伤亡是旅客故意、重大过失导致的;(3)没有构成客运合同关系、非法乘车的人伤亡的。

本案中,佳佳属于免票乘客,虽未付费,但是佳佳与客运方仍然形成运输关系,且客运方无免责事由,对于佳佳受到的伤害,当然需要承担赔偿责任。

律师提示

在运输合同中,承运人有安全运送的义务。无论在交通事故中是否担责,只要给乘客造成了伤害,除非有法定免责事由,否则都需要对乘客承担赔偿责任。

一旦发生交通事故,无论是乘车人还是客运方都需要及时留存证据。乘车人应当保存相应的乘车票据;而客运方需要保存好当时的监控视频(尤其是乘客因为自身健康原因造成身体伤害的)。

102.相继运输合同中货物灭失责任由谁承担？

答案　该批货物灭失的责任由与托运人订立合同的承运人莫某承担。

相关法条

《民法典》第834条　两个以上承运人以同一运输方式联运的，与托运人订立合同的承运人应当对全程运输承担责任；损失发生在某一运输区段的，与托运人订立合同的承运人和该区段的承运人承担连带责任。

律师评析

货运合同，是指承运人将货物从起运地点运输到约定地点，托运人或者收货人支付运输费用的合同。刘某与莫某之间的运输合同系相继运输，又称“连续运输”“单式运输”，即两个以上承运人以同一种运输方式共同完成货物运输的一种运输方式，如海式联运。相继运输中，同一运输方式的运输路线分为不同的运输区段，而完成这一运输过程必须经过若干运输区段、由不同运输区段的承运人完成。同时，运输关系要求特定的货物运输从起点到终点具有连续性、不能中断、不可分割。本案采取的是运用货车在站与站之间连续运输的方式运送货物。

在相继运输中，托运人只与数个承运人当中的某一个承运人签订运输合同，一般主要是与第一承运人签订运输合同。相继运输方式的特点就是“一票到底”，托运人只要与第一承运人签订运输合同，就可以享受全程所有区段的运输。在这种情况下，与托运人订立合同的这个承运人对全程运输承担责任。

本案中，莫某如要免责，需具有以下三种免责情形之一：(1)证明货物的毁损、灭失是因不可抗力造成的；(2)货物的毁损、灭失是货物本身的自然性质或合理损耗;(3)货物损毁灭失是由托运人、收货人的过错造成的。如果莫某不能提供证据证明本案件的发生具有上述三种情形之一,法院将依法认定被告莫某没有完成货物交付义务,莫某应承担该批货物灭失的赔偿责任。

此外,能够确定损失发生在某一运输区段的,与托运人订立合同的承运人和该区段的承运人都应当承担赔偿责任,形态是连带责任。托运人或者收货人可向任何一方或者双方主张承担赔偿责任。

律师提示

托运人应当提高风险防范意识,尽量选择商业信誉好、管理规范的货运公司。在托运时应认真阅读邮单上的格式条款,详细填写货物名称、数量、价值等信息,贵重物品应主动投保。

对于货物运输合同,承运人在预见不能按时完成合同义务时,应当积极采取措施避免损失扩大并及时通知对方,以减轻可能给对方造成的损失。

103.技术咨询合同的技术成果属于谁?

答案 老白完成的可行性报告的权属属于老白，而小李以该可行性报告为蓝本，结合自身投资经验完成的最终营销推广方案的权属属于小李。

相关法条

《民法典》第878条　技术咨询合同是当事人一方以技术知识为对方就特定技术项目提供可行性论证、技术预测、专题技术调查、分析评价报告等所订立的合同。

技术服务合同是当事人一方以技术知识为对方解决特定技术问题所订立的合同，不包括承揽合同和建设工程合同。

《民法典》第885条　技术咨询合同、技术服务合同履行过程中，受托人利用委托人提供的技术资料和工作条件完成的新的技术成果，属于受托人。委托人利用受托人的工作成果完成的新的技术成果，属于委托人。当事人另有约定的，按照其约定。

律师评析

《民法典》第878条对技术咨询合同、技术服务合同作出了明确定义。本案中老白以其技术知识为小李就矿产开采事宜出具了可行性报告，符合《民法典》关于技术咨询合同的规定，双方成立技术服务合同关系，相关权属问题适用《民法典》的规定。

值得注意的是，上述技术服务合同条款中包含了两个除外情形，即不包括承揽合同和建设工程合同。这两类合同不受技术服务合同相关规定调整，应该具体参见承揽合同及建设工程合同的规定。

《民法典》第885条对本案涉及的可行性报告及最终营销推广方案的权属问题作出了明确规定。老白利用小李提供的技术资料和工作条件完成的可行性报告，属于老白的技术成果；而小李利用老白的工作成果，结合自身行业经验完成的新的营销推广方案，属于小李的技术成果。

这里仍需注意的是，上述法律规定是一般性规定。如果老白和小李就可行性报告及营销推广方案的权属在技术咨询合同中有明确约定，或者双方就该事项有过口头约定等，则优先以双方约定为准。

律师提示

《民法典》赋予了当事人意思自治的权利，因此当事人在订立技术咨询合同或技术服务合同时，对权利分配的约定与《民法典》中一般性规定不一致的，当事人应当将双方对于权利分配的约定如实记载在合同之中，更有利于保障各方的权利。

关于技术咨询合同及技术服务合同的权属，除了上述当事人意思自治的情形外，关键在于是否有新的技术成果出现，以及该新的技术成果是由哪一方独创作出的。

104.寄存的物品受损谁来担责?

答案 按照《民法典》的规定，酒店不承担设备维修的赔偿责任，因为阿明并未告知酒店该设备的正确放置方式。

相关法条

《民法典》第893条　寄存人交付的保管物有瑕疵或者根据保管物的性质需要采取特殊保管措施的，寄存人应当将有关情况告知保管人。寄存人未告知，致使保管物受损失的，保管人不承担赔偿责任；保管人因此受损失的，除保管人知道或者应当知道且未采取补救措施外，寄存人应当承担赔偿责任。

律师评析

人们在日常生活中，到商场购物、到饭店吃饭、到酒店住宿时，常会因为随行行李体积或重量较大，随身携带多有不便，而将随行行李交由上述商家进行保管，商家一般也会提供有偿或无偿的寄存服务。一般情况下，如行李中有贵重物品或相对特殊的物品，寄存人也会叮嘱商家仔细看管，并指导商家保管时的注意事项。

如果因为保管的物品本身就存在瑕疵或者因其特殊性质需要采取特殊保管措施的，如本案中的医疗仪器设备应当按照特定的方向放置，则寄存行李的人有义务将该瑕疵或者特殊保管措施告知保管人，否则保管的物品因此发生毁损的，保管人不承担赔偿责任。

需要注意的是，在上述情况下，如果因寄存人未将保管物品的瑕疵或特殊保管措施告诉保管人，导致保管物发生毁损，还使保管人遭受了损失，如因未按正确方向放置导致有液体渗出损毁了保管人的储物设备等，则寄存人还要向保管人承担赔偿责任。但是，假如保管人事先知道或者按照逻辑推断出其必然知道该保管物存在瑕疵或需要对该保管物采取特定的保管措施，但其认为寄存人未履行告知义务，便没有对瑕疵保管物采取特定的保管措施，最后也因此发生了保管物毁损，导致保管人自身遭受损失，在这种保管人明知或应知的情形下，其也无权要求寄存人赔偿自身的损失。

律师提示

寄存人在将保管物品交给保管人时，应当主动告知保管人保管物品的形状、保管时需要注意的事项等，以免当保管物品发生毁损时，保管人以此来抗辩拒绝赔偿损失。

对贵重物品可以考虑投保商业保险，以减少物品毁损灭失后遭受的损失。

如果寄存人和保管人在保管物品时，并未约定保管费等事宜，那么《民法典》将这种情形视为无偿保管。在保管期内保管物毁损、灭失的，无偿保管人只要证明自己没有存在故意或重大过失行为，即可以免责。

105.受托人可以把委托事务转给其他人吗?

答案 受托人小明将调查取证事务转委托给律师的行为受到《民法典》的保护，但应经过外国公司的同意或追认。

相关法条

《民法典》第923条　受托人应当亲自处理委托事务。经委托人同意，受托人可以转委托。转委托经同意或者追认的，委托人可以就委托事务直接指示转委托的第三人，受托人仅就第三人的选任及其对第三人的指示承担责任。转委托未经同意或者追认的，受托人应当对转委托的第三人的行为承担责任；但是，在紧急情况下受托人为了维护委托人的利益需要转委托第三人的除外。

律师评析

在全球化的大背景下，各国自然人及公司等民事主体之间的联系更为紧密，因此民事主体跨国发生争议的可能性也同步提升。跨国间争议由于受到地理位置相距较远及各国法律规定繁复的限制，一般民事主体难以亲力亲为单独参与争议解决，故一般会在当地委托法律工作者协助共同参与解决争议。

本案中，如小明向外国公司请示重新向律师出具授权委托书，则会使案件审理大幅拖延，为了尽快完成调查取证，小明可以依据《民法典》第923条，将外国公司原本授权给他的调查取证这部分权利转委托给当地律师，法院收取相关转委托手续后将调查令直接开具给律师，再由律师前往网络交易平台公司调证，而小明也能继续代理外国公司在法院的诉讼案件。不过小明的转委托行为也要经过外国公司的同意或追认。

除了涉外领域，国内涉及转委托的情形同样普遍。如身处某地的受托人因时间行程冲突或因不可抗力事件等，无法按照预计的时间前往外地某单位参与某个事件，其同样也可以将参与该事件的权限转委托给外地的某人。

值得注意的是，转委托的目的是更好地实现委托人的利益，因此《民法典》第923条规定了转委托需要经过委托人的同意或追认。若受托人未经委托人同意将委托事务转委托给第三人，而委托人事后不予认可，则受托人需要对转委托的第三人的行为承担责任。但是，如果受托人在情况紧急来不及征得委托人同意，又为了维护委托人利益的情况下，将委托事务转委托给第三人，则委托人不能拒绝该转委托，并应认可相应的后果。

律师提示

转委托并不意味着受托人失去了代理权限，转委托的第三人只是受托人的代理人，受托人仍享有委托人给予的委托权限。

若涉及转委托情形，最好由委托人事先在对受托人的授权委托书中明确载明受托人享有哪些权利，以及可以将哪些权利转委托。

转委托应当征得委托人的同意或追认，否则，受托人需要对转委托的第三人的行为承担相应责任。

106.解除委托合同后对方可以主张预期利益吗?

答案 A公司解除合同时间不当，B公司可向A公司主张违约金的损失及合同履行后可以获得的利益损失，即委托费用3万元。

相关法条

《民法典》第933条 委托人或者受托人可以随时解除委托合同。因解除合同造成对方损失的，除不可归责于该当事人的事由外，无偿委托合同的解除方应当赔偿因解除时间不当造成的直接损失，有偿委托合同的解除方应当赔偿对方的直接损失和合同履行后可以获得的利益。

律师评析

委托合同，是指受托人为委托人办理委托事务，委托人支付约定报酬或不支付报酬的合同。如约定支付报酬，则为有偿委托合同。如法律没有另外规定，当事人双方又没有约定给付受托人报酬的，则为无偿委托合同。

根据《民法典》第933条的规定，虽然委托合同的任何一方当事人都有权随时解除委托合同，但是如果因解除委托合同而给对方造成损失，除不可归责于自己的事由外，无偿委托合同的解除方应当赔偿因解除时间不当给对方造成的直接损失，有偿委托合同的解除方应当赔偿对方的直接损失和合同履行后可以获得的利益。

本案中，由于A公司解除与B公司的《委托合同》，导致B公司与C公司签订的《买卖合同》失去意义，B公司不得不解除与C公司签订的《买卖合同》，并按约定向C公司支付违约金。上述一系列后果是因A公司的不当解约引发的，因此应由A公司赔偿B公司的直接损失（B公司支付给C公司的违约金）和预期利益损失（委托合同履行完毕后B公司可以获得的委托费用3万元）。

律师提示

在委托合同中，合同的当事人双方均享有任意终止权，可以任意终止合同。无论是有偿委托合同还是无偿委托合同、有期限的委托合同还是无期限的委托合同，也无论委托事务进行到何种程度，当事人均有权终止委托合同。

《民法典》对无偿委托合同和有偿委托合同解除后的赔偿责任分别进行了更加明确的规定。无偿委托合同的解除方应当赔偿因解除时间不当造成的直接损失；有偿委托合同的解除方应当赔偿对方的直接损失和合同履行后可以获得的利益。

107.业主收房后久未居住，是否应当交纳物业费？

答案 业主小李不能以收房后未居住在该房屋为由拒交物业费。

相关法条

《民法典》第939条 建设单位依法与物业服务人订立的前期物业服务合同，以及业主委员会与业主大会依法选聘的物业服务人订立的物业服务合同，对业主具有法律约束力。

《民法典》第944条 业主应当按照约定向物业服务人支付物业费。物业服务人已经按照约定和有关规定提供服务的，业主不得以未接受或者无需接受相关物业服务为由拒绝支付物业费。

业主违反约定逾期不支付物业费的，物业服务人可以催告其在合理期限内支付；合理期限届满仍不支付的，物业服务人可以提起诉讼或者申请仲裁。

物业服务人不得采取停止供电、供水、供热、供燃气等方式催交物业费。

律师评析

物业服务合同，是物业服务人在物业服务区域内，为业主提供建筑物及其附属设施的维修养护、环境卫生和相关秩序的管理维护等物业服务，业主支付物业费的合同。物业公司的服务除小区的日常保洁、保安、绿化、垃圾清运等常规项目外，还有许多业主难以看到的服务项目，如管道清理养护、电梯定期检修、供暖设备维护等。实际上，业主收房后，就已经开始享受物业公司提供的各项服务。

现实中，物业服务合同并不是由每一名业主单独与物业公司签订，而是由建设单位与物业公司签订前期物业服务合同，或者由业主委员会或业主大会与物业公司签订物业合同。由于小李购买的是新楼盘，业主在收房时还未成立业主大会。在业主及业主大会还未选聘物业服务企业之前，建设单位将依法与物业公司签订前期物业服务合同。根据《民法典》第939条的规定，建设单位依法与物业服务人订立的前期物业服务合同，以及业主委员会与业主大会依法选聘的物业服务人员订立的物业服务合同，对业主具有法律约束力。因此，即使小李没有与物业公司签订过物业合同，但开发商委托的前期物业公司提供物业服务后，小区业主就应当交纳物业费，业主不得以未接受或者无需接受相关物业服务为由拒绝交纳物业费。

若业主认为物业公司服务有质量瑕疵，业主可以留存证据，提议召开业主大会，更换物业公司。

律师提示

业主接收房子后应当向物业公司交纳物业费。建设单位依法与物业服务人订立的前期物业服务合同，对业主具有法律约束力。业主应当依约向物业服务人支付物业费，不得以未接受或者无需接受相关物业服务为由拒绝支付物业费。

物业公司应当采取合理、合法手段向业主催要物业费，不得采取停止供电、供水、供热、供燃气等方式催交物业费。

如业主对物业公司服务不满意，应当注意留存证据，组织召开业主大会，共同决定解聘物业服务公司，选聘新的物业服务公司。

108.什么是行纪合同？

答案　酒业公司与餐饮公司签订的合同名为销售合同，实为代销合同，代销合同属于行纪合同。

相关法条

《民法典》第951条 行纪合同是行纪人以自己的名义为委托人从事贸易活动，委托人支付报酬的合同。

《民法典》第952条 行纪人处理委托事务支出的费用，由行纪人负担，但是当事人另有约定的除外。

《民法典》第955条 行纪人低于委托人指定的价格卖出或者高于委托人指定的价格买入的，应当经委托人同意；未经委托人同意，行纪人补偿其差额的，该买卖对委托人发生效力。

行纪人高于委托人指定的价格卖出或者低于委托人指定的价格买入的，可以按照约定增加报酬；没有约定或者约定不明确，依据本法第五百一十条的规定仍不能确定的，该利益属于委托人。

委托人对价格有特别指示的，行纪人不得违背该指示卖出或者买入。

律师评析

通过梳理大量的司法案例可知，很多案件涉及的合同是由当事人自行拟定的，一旦对某个法律概念错误理解并使用，就可能导致合同名称与内容不一致。而合同性质往往与合同主体、管辖法院及法律适用等问题相关。因此，准确认定合同性质对于处理案件具有重大意义。在认定合同性质时不能仅依据合同名称作出判断。

本案中，酒业公司与餐饮公司签订的合同虽然名为销售合同，但合同明确约定双方每月按实际销售情况结算货款，据此可以认为该合同性质为代销而不是买卖。在代销法律关系中，代销方在收到委托方所提供的商品后，以自己的名义进行销售，并按照实际销售量以约定的结算金额向委托方给付价款。酒业公司是委托人，餐饮公司是行纪人。餐饮公司高于约定结算价款销售的，高出部分为餐饮公司的报酬。

行纪合同是行纪人以自己的名义为委托人从事贸易活动，委托人支付报酬的合同。除非当事人另有约定，否则行纪人处理委托事务支出的费用，由行纪人负担。行纪人应当按照委托人的指示完成行纪行为，并应当尽注意义务，以使委托人的利益不受损失或少受损失。委托人指定了卖出价格或买入价格的情况下，行纪人应当按委托人的指定价格处理事务。行纪人低于委托人指定的价格卖出或者高于委托人指定的价格买入的，应当经委托人同意。未经委托人同意，行纪人补偿其差额的，该买卖对委托人发生效力。行纪人可以以自己的名义介入买卖活动，只要保障委托人的利益就好。

律师提示

在经济活动中，当事人应注意区别行纪合同、居间合同与委托合同：

行纪合同的行纪人以自己的名义为委托人办理交易事务，与第三人发生直接的权利义务关系，处理事务的后果是间接而不是直接归于委托人。行纪合同都是有偿合同，行纪人仅从委托人一方取得报酬。

居间合同中居间人的工作限于报告订约机会或媒介订约，只是介绍或协助委托人与第三人订立合同，居间人本人并不参与委托人与第三人之间的合同。居间人只能在有居间结果时才可以请求报酬，并且可以从委托人和其相对人双方取得报酬。

委托合同的受托人办理委托事项时，以委托人或者以自己的名义进行活动，代委托人与第三人订立合同，处理事务的后果直接归于委托人。委托合同可以是有偿的，也可以是无偿的。

109.客户“跳单”需要支付中介费用吗？

答案

小明利用了房屋中介提供的媒介服务，虽绕开房屋中介直接与房东订立《房屋租赁合同》，但小明仍应当向房屋中介人支付中介费用。

相关法条

《民法典》第965条　委托人在接受中介人的服务后，利用中介人提供的交易机会或者媒介服务，绕开中介人直接订立合同的，应当向中介人支付报酬。

律师评析

所谓“跳单”，是指在进行买卖、租赁等行为时，找到中介机构提供服务，但又不想支付中介费用，于是在接受中介服务认识买家、卖家或出租方等后，私下联系对方，绕开中介人私下签订合同的行为。

在日常生活中，我们委托了中介机构、接受了中介人的服务，利用他们提供的信息源单独订立了合同的，仍需向中介人支付中介费用。

本案中，小明想通过“跳单”免去中介费用，绕开中介人小张直接与房东订立租赁合同，这种做法在《民法典》实施后已经行不通了。《民法典》明确规定了“跳单”后当事人仍需向中介人支付中介费用。所以，小明只要利用了中介人小张提供的媒介服务，并与房东签订了《租赁合同》，就应向中介人支付中介费用。

律师提示

如果我们想通过中介来进行买卖或租赁房屋等行为，在委托之前就要考虑清楚，一旦我们利用了中介人提供的交易机会或媒介服务，并与对方订立了合同，就需要向中介人支付中介费用。

《民法典》新增的该条规定对整个中介行业来说是一种有利的保护和促进，这会让中介行业的发展更加规范、健康。中介机构可以利用该条规定充分维护自己的合法权益，避免因客户“跳单”等行为造成中介费用的损失。

这并不意味着中介从业人员就可以高枕无忧了，因为民法的一般证据原则是“谁主张，谁举证”，中介从业人员需要及时有效地保留服务证据，才能更好地维护自身权益。

110.散伙后合伙债务如何承担？

答案 合伙人应对合伙债务承担连带责任。张三应当承担给顾客退钱的责任，张三退钱后可以向李四追偿。

相关法条

《民法典》第973条　合伙人对合伙债务承担连带责任。清偿合伙债务超过自己应当承担份额的合伙人，有权向其他合伙人追偿。

律师评析

本案涉及两层法律关系：一是理发店与顾客之间的合同纠纷；二是张三与李四之间的合伙合同纠纷。合伙合同，是两个以上合伙人为了共同的事业目的，订立的共享利益、共担风险的协议。

顾客从营业执照上看张三是个体工商户（该理发店）的经营者，该个体工商户没有字号，因此根据最高人民法院《关于适用〈中华人民共和国民事诉讼法〉的解释》第59条“在诉讼中，个体工商户以营业执照上登记的经营者为当事人。有字号的，以营业执照上登记的字号为当事人，但应同时注明该字号经营者的基本信息”的规定，顾客应当起诉张三退钱，张三应当承担退钱的义务。

顾客起诉张三退钱后，张三必然觉得委屈，明明与李四签订了合伙协议，清楚地约定了二人共享利润，共担风险，最后却由自己一人承担全部退钱义务。此时，若张三认为其承担的责任超过了全部责任的50%，其可以根据《民法典》第973条“合伙人对合伙债务承担连带责任。清偿合伙债务超过自己应当承担份额的合伙人，有权向其他合伙人追偿”的规定，向李四追偿自己多承担的那部分费用。

律师提示

俗话说,“众人拾柴火焰高”。法律允许人们合伙干事业,但是“生意好做、伙计难搁”,现实生活中因合伙引发的纠纷比比皆是。在合伙时,大家最好将合伙约定落实到纸面上,如无书面协议明确约定,很容易引发争议。在签订合伙协议时,应当注意合伙期间经营项目范围、出资细节、盈余分配、债务承担、入伙、退伙、合伙期间议事规则、合伙人的职责、意见分歧解决方式等问题。

111.合伙人的债权人可以行使“代位权”吗？

答案　小明不可以取代小张成为合伙人，但小明可以主张以小张在合伙企业中享有的利益分配请求权所得钱款来偿还债务。

相关法条

《民法典》第975条　合伙人的债权人不得代位行使合伙人依照本章规定和合伙合同享有的权利，但是合伙人享有的利益分配请求权除外。

律师评析

民事法律中的代位权，是指因债务人怠于行使其到期债权，对债权人造成损害的，债权人可以向人民法院请求以自己的名义代位行使债务人的债权。

合伙企业中债权人的代位权，指的是合伙人不履行债务时，合伙人的债权人可以代位行使合伙人享有的利益分配请求权。而利益分配请求权，是指合伙人基于其企业合伙人的资格和地位而享有的请求企业向自己分配利益的权利。

本案中，小明借钱给小张，小张到期未归还。在小张无力偿还的情况下，小明主张取代小张成为企业合伙人的想法是不能实现的。小明作为合伙人小张的债权人，只能主张代位行使小张作为合伙人享有的利益分配请求权，用小张从合伙企业中分得的利益来偿还债务，而不能直接取代小张成为企业合伙人。

律师提示

债权人代位权属于债权的对外效力，突破了债的相对性，涉及第三人的权利。代位权是债权的一种法定权能。无论当事人是否约定，债权人都享有此权利。

合伙人的债权人可代位行使合伙人在合伙企业中的利益分配请求权，但对于合伙人在合伙企业中的其他财产权利或非财产权利，因与合伙人的地位密切联系，具有专属性，不得由合伙人的债权人代位行使。如果允许合伙人的债权人行使这种“代位”，必将侵犯合伙企业及其他合伙人的利益；如果允许合伙人的债权人随意插手合伙企业的事务，势必影响合伙企业的稳定和合伙人的关系。

112.合伙合同终止后合伙财产如何分配?

答案 艾伦和三笠应当优先按照双方签订的合伙合同中关于利润分配的相关约定进行分配；如果双方合伙合同中没有这部分约定，二人应当协商解决；协商不成的，按照双方实缴的出资比例分配；出资比例无法确定的，由双方平均分配。

相关法条

《民法典》第972条　合伙的利润分配和亏损分担，按照合伙合同的约定办理；合伙合同没有约定或者约定不明确的，由合伙人协商决定；协商不成的，由合伙人按照实缴出资比例分配、分担；无法确定出资比例的，由合伙人平均分配、分担。

《民法典》第978条　合伙合同终止后，合伙财产在支付因终止而产生的费用以及清偿合伙债务后有剩余的，依据本法第九百七十二条的规定进行分配。

律师评析

合伙合同终止后，合伙企业必须进行清算，合伙的清算是合伙解散的必经程序。合伙企业清算的一般内容为：清理合伙企业财产，分别编制资产负债表和财产清单；处理与清算有关的合伙企业未了结事务；清缴所欠税款；清理债权、债务；处理合伙企业清偿债务后的剩余财产；代表合伙企业参与民事诉讼活动。

本案中，艾伦和三笠在合伙合同终止后依法对合伙企业进行清算，在清偿合伙债务后发现合伙财产仍有剩余。《民法典》第978条对此情况作出了规定，即参照第972条中关于合伙的利润分配的规定予以分配。

分配比例以意思自治优先。剩余合伙财产优先按照双方在合伙合同中对于利润分配比例的约定分配。如果未对这部分内容作出约定，则由二人协商解决，尽量将争议化解在双方的和平协商之中。如果二人协商不成，则按照双方在合伙企业中的实缴出资比例进行分配。这里需要注意的是，出资比例为实缴出资比例，符合《民法典》的公平原则。如果无法确定双方出资比例，则由二人平均分配该部分财产。

以上的分配方法层层递进，也将现实生活中较常出现的情形都作出了详尽的规定。

律师提示

建议合伙人在合伙合同订立之初，尽可能对各项事宜作出详尽的约定，以免将来发生争议的时候各方扯皮。

法律规定的合伙合同终止后的分配比例，是层层递进的，并非可以任选其中一种分配方案。

113.“无因管理”后可主张哪些费用？

答案

张某应返还刘某家人卖瓜收益 50000 元，刘某家人应向张某支付办理后事花费的 10000 元、雇工费用 5000 元以及车辆修理费用 1000 元。费用折抵后，张某应向刘某家人返还 34000 元。

相关法条

《民法典》第979条　管理人没有法定的或者约定的义务，为避免他人利益受损失而管理他人事务的，可以请求受益人偿还因管理事务而支出的必要费用；管理人因管理事务受到损失的，可以请求受益人给予适当补偿。

管理事务不符合受益人真实意思的，管理人不享有前款规定的权利；但是，受益人的真实意思违反法律或者违背公序良俗的除外。

律师评析

无因管理，是指未受他人委托，也无法律上的义务，为避免他人利益受损失而自愿为他人管理事务或提供服务的事实行为。无因管理的构成条件有：(1)管理人没有法定或约定的义务，也未受本人委托。如果管理人与本人之间有管理事务的协议，或法律规定管理人有管理他人事务的义务，例如，甲应邀为乙修理房屋，或无行为能力人的监护人为无行为能力人购置衣物，均不构成无因管理。(2)管理人从事了管理他人事务的事实行为，包括对他人财产或事务的料理、保护、利用、改良、处分、帮助或服务等。无因管理中被管理的事务必须有确定的主体，如果是对公共事务的管理，如打扫街道卫生，则不构成无因管理。被管理的事务本身应具有一定的经济内容，能够产生一定的债权债务关系，如果管理人在管理事务时既不耗费一定资财，也不获得一定的收益，如仅为邻居看守房屋，这也不构成无因管理。(3)管理人具有为他人管理的意思，其目的在于为他人谋利或免使他人利益受损。从其动机来看，管理人的管理从为他人利益服务出发；从其效果来看，管理行为所取得的利益最终都为本人享有。如果管理人管理他人事务是为了管理人自己的利益或本人以外的第三人的利益，则不是无因管理。

在无因管理成立后，管理人不得向本人要求支付报酬，但有权要求本人承担因管理事务而支出的必要费用和补偿管理人因管理事务受到的损失。该制度既形成了管理人与本人之间权利义务的对等，也体现了法律的公平正义。

本案中，张某在没有刘某委托也没有法定或约定义务的前提下，管理刘某的西瓜园并为刘某办理了后事，张某避免刘某利益受到损失的行为构成了无因管理。

律师提示

无因管理中被管理的事务必须有确定的主体，无因管理人未受本人委托，也无法定或约定的义务，且具有为这个确定主体谋利益的目的。

无因管理倡导和肯定社会互助的道德追求，体现了公平正义的法律精神。管理人与本人之间是法定之债的关系，管理人因管理行为而支出的必要费用，有权向本人请求偿还。

114.“意外之财”需要返还吗？

答案

老张可以不当得利为由起诉李某返还 10 万元。

相关法条

《民法典》第985条　得利人没有法律根据取得不当利益的，受损失的人可以请求得利人返还取得的利益，但是有下列情形之一的除外：

（一）为履行道德义务进行的给付；

（二）债务到期之前的清偿；

（三）明知无给付义务而进行的债务清偿。

《民法典》第986条　得利人不知道且不应当知道取得的利益没有法律根据，取得的利益已经不存在的，不承担返还该利益的义务。

《民法典》第987条　得利人知道或者应当知道取得的利益没有法律根据的，受损失的人可以请求得利人返还其取得的利益并依法赔偿损失。

《民法典》第988条　得利人已经将取得的利益无偿转让给第三人的，受损失的人可以请求第三人在相应范围内承担返还义务。

律师评析

根据我国法律规定，得利人没有合法依据取得不当利益，造成他人损失的，应当将取得的不当利益返还给受损失的人。在本案中，老张的不慎操作导致钱款打入李某账户中，而老张和李某之间又没有过其他经济往来，所以李某收到的10万元是没有合法依据的，构成不当得利，应当返还给老张。

与《民法总则》(已失效)第122条规定的不当得利相比，《民法典》的规定细化了不当得利制度。

首先,《民法典》新增了不当得利的排除情形,明确了为履行道德义务进行的给付、债务到期之前的清偿、明知无给付义务而进行的债务清偿都不属于不当得利。生活中常见的邻里街坊的礼尚往来、对救助自己生命或者捡到自己财物的人支付感谢费等都属于道德上的义务,不构成不当得利。通常情况下,债务到期之前债权人无权要求债务人还款,但如果债务人提前还款,属于债务人自己放弃了期限利益,这时候债权人提前收回款项,不构成不当得利。但如果债务人对于其已经清偿的债务疏于注意又进行了清偿,那么债权人所受的第二次清偿就构成不当得利。如果债务到期债务人未清偿债务,债权人也一直未要求债务人还款,等诉讼时效过后债务人又进行清偿,这时债务人不能以债权已超过诉讼时效为由要求债权人返还清偿款项,这种情况下债权人也不构成不当得利。

其次,《民法典》明确了利益不存在时的返还原则。得利人不知道且不应当知道取得的利益没有法律依据(我们称之为善意的得利人),其返还义务范围以现存利益为限,取得的利益不存在的,不承担返还义务。若得利人知道或者应当知道取得的利益没有法律依据(我们称之为恶意的得利人),其应当返还其一开始所得到的一切利益及本于该利益所生的利益。例如,小明等20人聚餐,大家分别点菜,在就餐过程中服务员将一套烤鸭送至饭桌,小明等人吃完后服务员发现送错餐并要求他们为烤鸭买单。然而此种情况下,聚餐人数多、点菜数量多,在用餐过程中大家不知道彼此点了哪些饭菜,小明等人食用服务员错上的菜没有主观恶意,因此小明和朋友不应为服务员的错误行为买单。相反,如果小明与女朋友两人到饭店用餐,二人只点了两个菜,当服务员错误地将邻桌的烤鸭放到小明桌上时,小明当即就应当知道这不是他点的菜,应当告知服务员。

若此时他不告知并默默食用了烤鸭，就属于恶意，小明应当为烤鸭买单。

最后，《民法典》明确了特定情况下第三人的返还义务。得利人已经将取得的利益无偿转让给第三人的，受损失的人可以请求第三人在相应范围内承担返还义务。第三人所受利益，是由于不当得利受领人的让与行为，第三人受有利益有法律上的根据，与受损者之间不成立不当得利义务。但第三人无偿取得利益，相对于受损者所受有的损失，显失公平，故唯有赋予第三人返还的义务才能实现对受损者的保护。

律师提示

所谓“君子爱财，取之有道”“天上不会掉馅饼”。当有意外之财砸向我们，我们应当想想其得来途径是否合法合理，不应为了自己的一己私利而贪图便宜，损害其他人的合法利益。

第四编 人格权

115.死者的名誉权能受到法律保护吗？

答案　张某的行为侵犯了死者的名誉权，孙某家人的诉求基本能够得到法院支持（精神损害抚慰金由法院酌定）。

相关法条

《民法典》第994条　死者的姓名、肖像、名誉、荣誉、隐私、遗体等受到侵害的，其配偶、子女、父母有权依法请求行为人承担民事责任；死者没有配偶、子女且父母已经死亡的，其他近亲属有权依法请求行为人承担民事责任。

《民法典》第995条　人格权受到侵害的，受害人有权依照本法和其他法律的规定请求行为人承担民事责任。受害人的停止侵害、排除妨碍、消除危险、消除影响、恢复名誉、赔礼道歉请求权，不适用诉讼时效的规定。

律师评析

法律对人格尊严的保护，也涵盖人格享有的延伸保护，包括保护死者的人格利益。名誉权，是指民事主体所享有的保护自己的名誉不被以侮辱、诽谤等方式加以丑化的权利。一般认为，名誉是指民事主体所享有的社会评价，法律保护公民名誉权的目的是使每个民事主体得到与其自身实际情况相一致的社会评价。但需要说明的是，名誉保护的目的并非使每个民事主体都能得到良好的社会评价。

本案中，张某的言论完全凭空捏造，无事实依据，在孙某生前居住地区产生不良影响，造成孙某社会名誉减损，也给孙某的近亲属带来困扰。实际诉讼中，法院判决被告张某在判决生效后10日内向孙某的妻子和儿女赔礼道歉、消除影响、恢复名誉，将致歉声明在当地有线电视台播放并在当地都市报上刊登，同时还应对原告造成的精神损失支付精神抚慰金人民币3000元。

如法条所列，除了名誉权，死者的姓名、肖像、荣誉、隐私等同样受到法律保护。需要指出的是，上述规定对请求司法保护的主体做了限制。此前实践中，有一些涉及已故名人、历史人物的电影、传记问世之后，被这些名人、历史人物的后人起诉至法院。是不是后人都可以起诉到法院呢？请求保护死者人格权的主体有无范围限制？《民法典》第994条对此进行了明确。根据规定，死者的配偶、子女、父母有权起诉，上述人员也死亡的，其他近亲属有权起诉。因为我国法律法规对“近亲属”有相关的规定，这样就限制了可以起诉的人的范围。

律师提示

无论是社会媒体还是普通公民，公开传播死者的相关信息时均应秉持谨慎、客观的态度，同时应说明信息的合法来源。避免社会公众产生误读或者侵犯死者权益。

一旦发现自己已逝家属的名誉、隐私等受到了侵害，应及时固定证据，利用法律手段维权。

116.双方自愿的情况下能否买卖人体器官?

答案　任何形式的买卖人体器官(人体细胞、组织、遗体)均为法律所禁止,属无效行为,并可能需要负刑事责任。

相关法条

《民法典》第 1006 条　完全民事行为能力人有权依法自主决定无偿捐献其人体细胞、人体组织、人体器官、遗体。任何组织或者个人不得强迫、欺骗、利诱其捐献。

完全民事行为能力人依据前款规定同意捐献的，应当采用书面形式，也可以订立遗嘱。

自然人生前未表示不同意捐献的，该自然人死亡后，其配偶、成年子女、父母可以共同决定捐献，决定捐献应当采用书面形式。

《民法典》第 1007 条　禁止以任何形式买卖人体细胞、人体组织、人体器官、遗体。

违反前款规定的买卖行为无效。

律师评析

明确禁止人体买卖，是《民法典》中的一个亮点。《民法典》第 1007 条是对《人体器官移植条例》第 3 条的修订，将禁止买卖的客体范围由“人体器官”扩大为“人体细胞、人体组织、人体器官、遗体”，并对器官买卖作出了效力性的规定。该条款旨在严格禁止在我国开展诸如器官有偿捐赠、血液买卖、代孕交易等买卖活动。同时，鉴于人体细胞、人体组织、人体器官、遗体中含有人体基因组、基因等遗传物质，属于人类遗传资源，结合国务院于 2019 年 5 月颁布的《人类遗传资源管理条例》中有关“禁止买卖人类遗传资源”的规定，该条款有助于强化对于国人遗传资源的保护。

买卖人体不仅仅是违反了《民法典》的规定，同时也可能需要负刑事责任。据了解，全国每年约有 150 万人因器官功能衰竭需进行器官移植，但仅有小比例的人能够得到移植治疗。一些“黑中介”应势而生，架起了“患者”与“活供体”之间的“桥梁”，也催生出一个暗潮涌动的活体器官买卖“黑市”。国家历来对非法买卖人体器官持严厉打击态度，2011 年通过的《刑法修正案（八）》第 37 条规定了组织贩卖人体器官罪。对于情节严重的，处 5 年以上有期徒刑，并处罚金或者没收财产。本案中的老王即涉嫌触犯了该罪名。

在禁止买卖的同时，《民法典》第 1006 条也强调了“无偿捐献”原则，将人体器官捐献从 2007 年制定的行政法规《人体器官移植条例》上升到法律层面。因传统观念的根深蒂固，器官及遗体捐献的合法供体一直以来都无法满足现实需求。《民法典》正式从法律层面规定完全民事行为能力人有权依法自主决定无偿捐献其人体细胞、人体组织、人体器官、遗体，确定了自然人对自身的细胞、组织、器官、遗体的自主决定权。鼓励自愿合法的捐献行为，可以说是对现代观念的顺应，也将在一定程度上有利于填补目前器官“捐”和“需”之间的沟壑，是对生命的尊重和延续。但需要强调的是，该条规定并非允许活体之间的器官捐献，而只是针对遗体上的器官摘取。

律师提示

捐献人体是无偿的，以任何形式买卖人体细胞、人体组织、人体器官、遗体都不被法律所允许，不仅买卖行为无效，当事人还将触犯刑法。

配偶、成年子女、父母可以共同决定捐献生前未表示不同意捐献者的器官。“共同决定”是指上述三类人必须一致同意并采用书面形式作出决定。

117.员工遭遇职场性骚扰，单位需要赔偿吗？

答案　用人单位未按照劳动合同约定提供劳动保护或劳动条件，导致代女士提出解除劳动合同，公司应向代女士支付经济补偿金。

相关法条

《民法典》第1010条　违背他人意愿，以言语、文字、图像、肢体行为等方式对他人实施性骚扰的，受害人有权依法请求行为人承担民事责任。

机关、企业、学校等单位应当采取合理的预防、受理投诉、调查处置等措施，防止和制止利用职权、从属关系等实施性骚扰。

律师评析

近年来，性骚扰问题引起社会较大关注，且该类行为在职场中屡见不鲜。与此相伴的是性骚扰受害者往往维权周期漫长、取证不易，而且受传统观念的影响，很多女性在遭遇职场性骚扰时往往选择忍气吞声、息事宁人，导致对方的气焰越发嚣张。

《民法典》出台之前，法律对性骚扰的规定主要体现在《妇女权益保障法》《治安管理处罚法》等法律法规中，但规定均较为原则。此次禁止性骚扰入法是《民法典》的亮点之一。根据《民法典》第1010条的规定，行为人必须实施了以言语、文字、图像、肢体行为等与性有关的骚扰行为，如向受害人发送有性内容或性暗示的微信、电邮等。该行为必须指向特定人且该行为违背了受害人的意愿，即性骚扰行为不符合受害人的利益，受害人主观上并不接受，甚至明确拒绝。

一些单位在发生此类事件后，存在“家丑不外扬”的心理，采取“和稀泥”的方式内部解决，甚至为行为人隐匿证据（如监控录像等）。《民法典》第1010条第2款的目的就是要通过法律上的规定，督促这些单位建立相关的预防性骚扰的制度，有效地提前防范性骚扰行为的发生。

当然，该规定不是说发生了性骚扰之后，单位必须对性骚扰行为承担赔偿责任。性骚扰的赔偿责任，还是由行为人来承担。单位是否承担责任，要看单位的过错，是否对性骚扰损害的发生产生了一定的作用，即这些单位的纵容、不作为行为和损害后果之间是否有因果联系。

律师提示

遇到职场“性骚扰”，要有意识地留存物证、联系证人、保存视听资料。同时要尽量摆脱“羞耻”观念，向用人单位、工会组织等反映求助。

企业收到涉及性骚扰的举报后，要及时收集和固定证据，包括受害人陈述、微信聊天记录、电子邮件、监控录像、报警记录等直接证据，以及旁观者和其他见证人的证言等间接证据，防止因自身的不作为导致承担赔偿责任的情况出现。

用人单位应建立完善规章制度，明确规定“性骚扰”为严重违纪，可解除劳动合同，并细化性骚扰的行为方式和具体表现，增加如“其他严重违反公序良俗和社会道德的行为”等兜底条款，并应明确告知员工规章制度。

118.为索债非法拘禁他人要担责吗?

答案 小王为索债而拘禁他人，需要同时承担民事责任和刑事责任。

相关法条

《民法典》第1011条　以非法拘禁等方式剥夺、限制他人的行动自由，或者非法搜查他人身体的，受害人有权依法请求行为人承担民事责任。

律师评析

我国《宪法》第37条规定，中国公民的人身自由不受侵犯。任何公民非经人民检察院批准或决定，或人民法院决定，并由公安机关执行，不受逮捕。禁止非法拘禁和以其他方法非法剥夺或者限制公民的人身自由，禁止非法搜查公民的身体。

《民法典》第1011条实际上是对《宪法》规定的进一步落实。行为人承担民事责任时分为两种情况：一种是行为并未达到负刑事责任的程度，但是需要承担民事责任（如赔礼道歉、赔偿损失）；另一种是需要负刑事责任，同时负民事责任。

实际上，非法拘禁他人，限制、剥夺他人人身自由，很有可能面临承担刑事责任的结果。非法拘禁罪，是指以拘押、禁闭或者其他强制方法，非法剥夺他人人身自由的犯罪行为。《刑法》第238条规定，非法拘禁他人或者以其他方法非法剥夺他人人身自由的，处三年以下有期徒刑、拘役、管制或者剥夺政治权利。特别需要指出的是，如果是国家工作人员利用职权实施非法拘禁行为的，要从重处罚。

据悉，某地方法院在对近年受理的非法拘禁案件进行分析时发现，近三年此类犯罪涉案人数显著增加，其中因索债引发的非法拘禁犯罪占比94.1%。然而通过非法拘禁的方式讨债，可谓是讨债不成又获刑罚。

与非法拘禁同样高发的一种违法行为，就是非法搜查。近年频频出现的超市保安搜查顾客身体的行为即属此类。在《民法典》出台之前，一些地方立法已经做了尝试，明确限制工厂、超市非法搜查身体。《民法典》的该条规定，也是从法律层面对该种违法行为的规制，并且明确规定需要承担民事责任，给受害者维权吃了一颗“定心丸”。

律师提示

公民的人身自由权利受法律保护，非经法定程序不受逮捕、拘禁、搜查和侵犯。当纠纷发生时，应采取协商、诉讼等正当途径解决，不应采取非法手段强行索债。

公民遭遇非法拘禁、非法搜查，在保护好自身的同时，应做好证据留存，以便将来维权之用。

119.使用他人姓名举报侵犯了他人姓名权吗？

答案 小刘使用小黄的姓名举报，侵犯了小黄的姓名权。

相关法条

《民法典》第1012条　自然人享有姓名权，有权依法决定、使用、变更或者许可他人使用自己的姓名，但是不得违背公序良俗。

《民法典》第1014条　任何组织或者个人不得以干涉、盗用、假冒等方式侵害他人的姓名权或者名称权。

律师评析

公民享有姓名权，有权依照法律规定决定、使用和变更自己的姓名，禁止他人干涉、盗用、假冒。先前，《民法通则》(已失效)对此即有所规定。姓名权是受《宪法》保护的基本权利，也是个人人格权的重要组成部分。近年来，随着公民法律意识的不断觉醒，涉及姓名权的各类纠纷不断出现。姓名权作为一种人格权，是一种非财产的权利，但与权利主体的财产权有一定联系，可能间接导致姓名权主体的财产损害。因此，自然人姓名权受到侵害的，有权依据《民法典》侵权责任编的规定，要求停止侵害、恢复名誉、消除影响、赔礼道歉，并可以要求赔偿损失。

本案中，小刘冒用同村村民小黄的姓名进行投诉举报，给该村民造成精神压力，法院除判令小刘停止侵害、书面赔礼道歉外，还根据侵权具体细节、后果及影响酌情支持了一定金额的精神损害抚慰金。

日常生活中，由于公众对姓名权的忽视，假冒他人姓名进行网络谩骂、不良交往的现象屡见不鲜，盗用、假冒他人姓名的侵权行为时有发生。更有甚者，相关行为造成了严重后果，需要负刑事责任。

近期频频曝出的冒用他人姓名上大学的事件即是如此，该种行为严重侵犯了他人的姓名权。

对姓名权的关注，体现了文明社会对人格权利和基于人格权形成的经济利益的保护和重视，以及对自然人作为民事活动主体应享有的人格尊严、自由、平等权利的尊重。

律师提示

公民在日常生活中，应尊重他人的姓名权，避免因不以为然、心存侥幸而作出干涉、盗用、假冒他人姓名的行为。

公民也应注意保护自己的相关权利，一旦发现受侵害情况，应及时固定证据，利用法律手段保护自己的权益。

120.子女可以随除父母之外的第三方姓氏吗?

答案　派出所的理由并不成立，子女可以随父母以外的姓氏，管先生的儿子可以改姓刘。

相关法条

《民法典》第1015条 自然人应当随父姓或者母姓，但是有下列情形之一的，可以在父姓和母姓之外选取姓氏：

（一）选取其他直系长辈血亲的姓氏；

（二）因由法定扶养人以外的人扶养而选取扶养人姓氏；

（三）有不违背公序良俗的其他正当理由。

少数民族自然人的姓氏可以遵从本民族的文化传统和风俗习惯。

律师评析

姓名是公民用以表明自己，从而与其他公民相区别的符号。对国人而言，姓名不仅是一个代表符号，还反映一个家庭的传承，展现思想观念、价值选择、理想追求，具有一定的文化内涵。姓氏的选择虽然是一件家庭内部的、个人化的事情，但由此引起的纷争着实不少。

《婚姻法》（已失效）第22条规定，“子女可以随父姓，可以随母姓”。如根据这一规定，即使夫妻双方都同意，他们的孩子出生也无法办理父母姓氏之外的姓氏，因为孩子既不随父亲姓氏也不随母亲姓氏缺少法律上的依据。2014年，全国人大常委会对《婚姻法》第22条作出解释，规定有特定情形之一的可以在父姓和母姓之外选取姓氏。此次《民法典》编写肯定了上述释法内容，将相关内容全部吸收。在“开放二胎”的大背景下，该条规定有利于拉近家庭成员之间的亲密关系，维护家庭和睦。

本案中，管先生将儿子的姓氏改为管先生母亲的姓氏符合法律规定，派出所的理由并不成立。需要指出的是，本案中，管先生为儿子改姓得到了计女士的认可。而实践中常常出现的情况是，父母亲一方给孩子改姓但并未得到另一方的同意。对此应当如何处理呢？公安部《关于父母离婚后子女姓名变更有关问题的批复》规定：对于离婚双方未经协商或协商未达成一致意见而其中一方要求变更子女姓名的，公安机关可以拒绝受理；对一方因向公安机关隐瞒离婚事实，而取得子女姓名变更的，若另一方要求恢复子女原姓名且离婚双方协商不成，公安机关应予恢复。夫妻离异后欲变更子女姓氏的，需要父母双方协商一致或子女成年后自己决定姓氏，否则任何一方擅自变更子女姓名的做法都是不当的。

还需要指出的是，待子女成年成为完全民事行为能力人时，其有权决定是否变更自己的姓名，父母对此不能加以阻止，这也是保护公民姓名权的体现。本案中，如果管先生的儿子在成年后决定改回原姓或者随生母姓，是其对自身权利的处分，他人不得干涉。

综合来说，子女的姓氏原则上应随父姓或随母姓。继子女可以保留自己原来的姓，也可以随继父或继母的姓。在收养关系中，养子女可以保留原姓，也可以随养父或养母的姓。

律师提示

如果一方在婚前即对将来孩子姓氏有自己的想法（如随女方姓、随直系长辈姓），为了避免今后双方为此问题闹不和，婚前协商一致不失为一种预防矛盾的方法。

离婚后，夫妻双方对子女的姓氏可以通过协商方式进行变更，任何一方单方面更改子女姓氏的行为均可视为对另一方的侵犯，除非一方死亡或其监护权因法定事由被法院宣告取消，否则擅自更改的一方应当予以恢复。

121."无偿"的"粉丝爱"侵犯肖像权吗?

答案

小明的行为涉嫌侵犯明星 A 的肖像权。

相关法条

《民法典》第1018条　自然人享有肖像权，有权依法制作、使用、公开或者许可他人使用自己的肖像。

肖像是通过影像、雕塑、绘画等方式在一定载体上所反映的特定自然人可以被识别的外部形象。

《民法典》第1019条　任何组织或者个人不得以丑化、污损，或者利用信息技术手段伪造等方式侵害他人的肖像权。未经肖像权人同意，不得制作、使用、公开肖像权人的肖像，但是法律另有规定的除外。

未经肖像权人同意，肖像作品权利人不得以发表、复制、发行、出租、展览等方式使用或者公开肖像权人的肖像。

律师评析

在信息技术迅速发展的今天，深度伪造、AI换脸等技术的出现，为文化产业、游戏产业中的试妆、试衣以及游戏角色替换、视频角色替换等场景的应用和实现提供了极大的便利，也大大丰富了群众生活。但同时也有人利用这些信息技术手段实施侵权等违法行为。比如，深度伪造他人肖像，并在此基础上形成高度逼真且难以识别的图片、视频去进行广告宣传；伪造他人的肖像，或者通过抠图、换脸等方式进行使用，甚至是侮辱、诽谤性使用等。

关于肖像权的保护，在我国的《民法通则》（已失效）、最高人民法院《关于贯彻执行〈中华人民共和国民法通则〉若干问题的意见（试行）》（已失效）中早已有所规定，但是之前有关肖像权的相关规定均强调了“以营利为目的”这一前提。而《民法典》规定，对于肖像权的维护仅以“未经本人同意”作为条件，为公民维护自身的肖像权提供了更多便利和更大空间。对于何为肖像，《民法典》中明确规定，“肖像是通过影像、雕塑、绘画等方式在一定载体上所反映的特定自然人可以被识别的外部形象”。除法律另有规定外，任何人在未经肖像权人同意之前，都不得擅自将他人的可以被识别的外部形象制作成肖像，或者擅自使用、公开他人的肖像，否则就会构成侵权。小明制作“换脸视频”虽然只是出于个人的“粉丝爱”，并不是为了营利，也没有实际盈利，但这种使用并未取得明星A的同意，因此，小明擅自使用明星A肖像的行为，已经涉嫌肖像权侵权。

律师提示

作为公民，要重视自身肖像权的保护。未经肖像权人同意，而对于肖像权人的肖像进行制作、使用、公开的行为，以及以肖像权人的肖像制作肖像作品的肖像作品权利人未经肖像权人同意，而以发表、复制、发行、出租、展览等方式使用或者公开肖像权人的肖像的行为，均涉嫌构成侵犯肖像权人的肖像权，要积极予以维权。

如果发现自己的肖像权益被侵犯，应当注意及时取证，固定相关证据。如果侵权行为涉及互联网网站、微博、微信等平台或者渠道的，也可以及时致函平台、渠道等运营方进行删除等处理，避免扩大影响。

因个人肖像权遭到侵害而受到不良影响的，可以通过民事诉讼的方式主张赔偿，进而维护自身权利。

作为需要使用他人肖像或进行肖像权作品创作、制作或使用的任何组织和个人，均要注意授权的合法取得。即不论是进行肖像权作品的制作、使用或公开，还是作为肖像作品权利人对于肖像作品进行发表、复制、发行、出租、展览等方式的使用，均要取得肖像权人的同意，方可实施。

122.新闻报道配图侵犯肖像权吗?

答案 报社的行为属于《民法典》规定的对肖像权合理使用的情形，可以不经过小美的同意使用其肖像，不构成对小美肖像权的侵犯。

相关法条

《民法典》第1019条　任何组织或者个人不得以丑化、污损，或者利用信息技术手段伪造等方式侵害他人的肖像权。未经肖像权人同意，不得制作、使用、公开肖像权人的肖像，但是法律另有规定的除外。

未经肖像权人同意，肖像作品权利人不得以发表、复制、发行、出租、展览等方式使用或者公开肖像权人的肖像。

《民法典》第1020条　合理实施下列行为的，可以不经肖像权人同意：

（一）为个人学习、艺术欣赏、课堂教学或者科学研究，在必要范围内使用肖像权人已经公开的肖像；

（二）为实施新闻报道，不可避免地制作、使用、公开肖像权人的肖像；

（三）为依法履行职责，国家机关在必要范围内制作、使用、公开肖像权人的肖像；

（四）为展示特定公共环境，不可避免地制作、使用、公开肖像权人的肖像；

（五）为维护公共利益或者肖像权人合法权益，制作、使用、公开肖像权人的肖像的其他行为。

律师评析

肖像权，是自然人以在自己的肖像上所体现的人格利益为内容，所享有的制作、使用、公开以及许可他人使用自己肖像的具体人格权。通常情况下，未经肖像权人的同意，任何组织和个人均不得制作、使用、公开肖像权人的肖像。但是，在社会实践中，一些特殊情形下需要对于肖像权的保护做出一定的限制，也就是肖像权的合理使用情形。

近些年，涌现出了大量新闻媒体与肖像权人间的肖像权侵权纠纷，而由于《民法典》出台前，我国法律并没有相关规定明确肖像权的合理使用情形，导致新闻媒体在新闻报道中需要使用他人肖像时，经常会存在侵权的顾虑，而如果严格执行经肖像权人同意的规定，又可能陷入相关报道无法进行的困局。《民法典》对于肖像权的合理使用情形作出了明确的规定，该规定对新闻工作者、国家机关公职人员等正常履行职责提供方便，也免除了在合理情形下会构成侵权的担心。

本案中的报社在发表的新闻报道中未经小美的同意即使用了小美的肖像，但该使用行为是为了实施新闻报道而不可避免的，是为了揭露该美容中心的“黑幕”，避免更多的人受到伤害，实现和维护公共利益。同时，该使用行为也并不存在任何丑化、污损小美的情形，仅为事实性报道。因此，该报社使用小美肖像的行为符合《民法典》规定的“可以不经肖像权人同意”进行合理使用的情形，不属于侵权情形。

律师提示

作为公民，要重视自身肖像权的保护，但是，为了公共利益的实现和维护，在一些法定的特殊情形下，对于他人对自身肖像的合理使用，需要给予一定的理解。

在适用“合理使用”原则时，需要注意不同主体在不同情形下的使用方式、使用目的，一些情形下只有特定的主体才能够适用“合理使用”的规定。同时，相关的主体在使用他人肖像权时，务必要注意合理使用的条件和前提，如果不符合相关的情形，则仍旧需要取得肖像权人的授权和同意后，方可对于肖像权人的肖像进行制作、使用、公开，否则将会构成侵权。

123.许可使用肖像后，对使用方式有异议怎么办？

答案　小A与化妆品公司对《肖像许可使用合同》条款有争议，应作利于小A方的解释。因此，化妆品公司的行为可能被认定为违约。

相关法条

《民法典》第1021条　当事人对肖像许可使用合同中关于肖像使用条款的理解有争议的，应当作出有利于肖像权人的解释。

律师评析

在《民法典》出台前，肖像权仅在《民法通则》《民法总则》(均已失效)中有所涉及。《民法典》出台后，基于加强对人格尊严进行保护进而体现人文主义精神的准则，对肖像权从多个层面作出了明确的规定。

本案涉及肖像许可使用合同，简单来说，肖像许可使用合同就是肖像权人行使公开权，与授权使用人签订的就肖像使用范围、方式、期限、报酬等内容进行约定的合同。在肖像许可使用合同中，通常会对使用的范围、方式、报酬等进行约定，而如果对这些约定发生争议，则应当依据《民法典》合同编的规定进行解释。但是，肖像许可使用合同是支配人格利益的合同，而民法又以人文关怀价值为基本理念，因此，《民法典》人格权编的规定强调了对人格尊严的保护和人文主义精神，凸显了当财产权与人格权冲突时优先保护人格权的精神。在对于肖像许可使用合同进行解释时，《民法典》规定应"作出有利于肖像权人的解释"，进而保护肖像权人的合法权益。

本案中，在双方对于肖像许可使用合同中的肖像权使用方式约定不明确的情形下，双方发生争议的，在不存在与事实相冲突和矛盾的前提下，为了保护肖像权人的合法权益，可以采用肖像权人的理解作为解释的基础。因此，在该《肖像许可使用合同》并未就使用方式作出明确约定的情形下，小A对于使用方式作出的有利于其自身的解释，即品牌方不得对其自身肖像进行扭曲化修改，并且不应当在包含其肖像的照片中含有不适当元素的主张，应当被支持。

律师提示

每一个人的肖像都具有其价值，不论是所谓的素人，还是明星。懂得维护自身权益的同时，学会用合法的方式实现自身肖像权益的“价值”，对于任何人来说都是有可能的，也是至关重要的。

将肖像权益进行价值“变现”时，不论是肖像权利人，还是通过《肖像许可使用合同》等相关合同取得权益的被许可方，均应当注意合同条款设计的明确化、细致化。合同条款的明确化和细致化不仅可避免或减少双方之间的纠纷，也可以令合同的双方在发生纠纷时，更好地通过明确化的约定维护自身的合法权益。

肖像权益本身所具有的特殊人身性，决定了在对其进行“使用”时，不仅需要注重权益的保护，还需要注意权益转化的方式，利用合同进行约定时，要避免出现非法性的价值转化。

124.《肖像许可使用合同》签订后可以随时解除吗？

答案

王美丽有权单方解除与影视公司间的《肖像许可使用合同》，但应当满足在合理期限内通知对方的条件。

相关法条

《民法典》第 1022 条 当事人对肖像许可使用期限没有约定或者约定不明确的，任何一方当事人可以随时解除肖像许可使用合同，但是应当在合理期限之前通知对方。

当事人对肖像许可使用期限有明确约定，肖像权人有正当理由的，可以解除肖像许可使用合同，但是应当在合理期限之前通知对方。因解除合同造成对方损失的，除不可归责于肖像权人的事由外，应当赔偿损失。

律师评析

《民法典》第 1022 条是对肖像许可使用合同解除权的规定。根据该条规定，肖像许可使用合同的解除权分为两种情况：一是没有约定期限或者约定不明确的解除；二是有明确约定期限情形下的解除。

当事人对于肖像许可使用合同的使用期限没有约定或者约定不明确的，任何一方当事人都可以随时解除合同，终止合同的履行。唯一需要具备的条件是，解除合同之前要留出合理期限，并应当在合理期限之前通知对方。这种解除权是任意解除权，不受法定解除权、约定解除权、协商解除的限制，只要一方行使解除权并通知对方后，该合同即解除。

而当事人对肖像许可使用期限有明确约定时，只有肖像权人享有解除权，且须有正当理由，方可以解除肖像许可使用合同，也应当在合理期限之前通知对方。这种情况下，使用肖像的一方当事人没有解除权。肖像权人没有正当理由而解除合同的，会构成违约，应当承担违约责任。肖像权人行使解除权、解除合同造成对方损失的，应当承担赔偿责任，但是因不可归责于肖像权人的事由而行使解除权的，肖像权人不承担赔偿责任。

本案中，在双方对于肖像许可使用合同中的肖像权使用期限没有约定的情形下，肖像权人即王美丽享有任意解除权，可以单方解除合同，但是该解除应当在合理期限前通知对方。影视公司已经取得了王美丽的肖像许可，但是王美丽在影视公司未开始拍摄前便及时通知对方解除合同，该行为应当视为在合理期限内履行了通知义务。因此，在该情形下，王美丽可以单方解除肖像许可使用合同。

律师提示

肖像权人在对于肖像进行许可授权时，在合同中约定明确的许可期限对于自身是一种保障。

在肖像许可使用合同中约定明确期限的，则只有肖像权人享有解除权，且须有正当理由，也需要在合理期限之前通知对方。而对于何为正当理由，则可以在合同中以约定方式确认相关情形，一旦发生争议，提前约定可以减少不必要的争议。

对于被许可方而言，在签订肖像许可使用合同时约定明确的期限，也意味着更多一层的保障。需要注意的是，一旦双方已经解除合同，被许可方务必要立即停止对于肖像权人肖像的使用，否则即涉嫌侵权。

125.自己的声音被他人使用能维权吗?

答案 《民法典》规定，对于自然人声音的保护应参照适用肖像权保护的有关规定，小红对该软件开发公司提出的主张能够被支持。

相关法条

《民法典》第993条　民事主体可以将自己的姓名、名称、肖像等许可他人使用，但是依照法律规定或者根据其性质不得许可的除外。

《民法典》第1023条　对姓名等的许可使用，参照适用肖像许可使用的有关规定。

对自然人声音的保护，参照适用肖像权保护的有关规定。

律师评析

《民法典》第1023条是准用性条款规定。本条规定了两个准用条款，一是对姓名等其他人格利益行使公开权，参照适用肖像许可使用规则；二是对声音权参照适用肖像权保护的规则。公开权的相关内容规定在《民法典》第993条，其中涵盖的内容有姓名、名称、肖像等。而关于公开权的具体行使规则，只在《民法典》第四编“人格权”中的肖像权规定里明确了肖像许可使用的规则，并未对其他人格利益的公开使用作出具体规定。本条作为准用性条款，规定姓名、名称等其他人格利益的许可使用准用肖像许可使用的规则，是一种便于司法操作、节省立法篇幅的设定。

在所有的人格利益中，与肖像利益最相似的就是声音。声音能够作为认定特定自然人主体人格特征的一个要素，不仅便于识别，而且具有一定的财产利益。自然人有权自主支配自己的声音利益，决定对自己的声音进行使用和许可他人使用，主要的权利内容包括：(1)自我使用权，即自然人可以对自己的声音进行使用，利用声音表达自己的意志，也可以利用自己的声音创造财产利益，此时，准用的是《民法典》第1018条至第1020条的规定；(2)许可他人使用权，即自然人可以将自己的声音许可他人使用，并从中获利或者不获利，此时，准用的是《民法典》第1021条和第1022条的规定。

本案中，导航软件开发公司未经小红的许可，将小红的声音用作导航声音的行为已经侵犯了小红对于自己的声音享有的声音利益。《民法典》规定，对于声音利益的保护，参照适用肖像权保护的有关规定，即自然人有权将自己的声音许可他人使用，并从中获得利益。同时，未经自然人的同意，他人不得对自然人的声音进行使用。因此，本案中小红有权要求该软件开发公司立即下架该款声音导航，并可以在证明自身实际遭受损失的范围内主张侵权赔偿。

律师提示

每个民事主体自身都享有人格化利益，而对于这些人格化利益，民事主体自身享有将其商品化的权利，其中最基本的方法就是许可他人使用。可以许可他人使用的人格利益包括姓名、名称、肖像、声音、个人信息等，这些人格利益都能够脱离权利人本身而独立存在，能够产生声誉和吸引力，具有相当的市场价值，因此每个人都应当注重自身的人格化利益以及当中所包含的价值。

虽然每个人都享有人格利益，但是并非所有的人格利益都能以许可等方式进行价值的转化，当法律规定某种人格利益不得许可他人使用时，权利人不得许可他人使用。当权利依其性质不得许可他人使用时，也不得许可他人使用。例如，生命、健康、名誉、人身自由等都不得或者不能许可他人使用。

声音、姓名等作为具有独特价值的人格利益，在进行价值“变现”的过程中，要通过合同对于权利的行使、许可的期限等具体内容作出明确约定，以防出现纠纷和争议。作为需要取得许可的使用方，除非符合法定的合理使用情形，务必要取得权利人对于人格利益的许可后方可进行使用，否则将可能涉嫌侵权。

126."新闻人"的报道行为一律免责吗?

答案　A公司对他人提供的严重失实内容未尽到合理核实义务,不能以其行为是为公共利益实施新闻报道、舆论监督等为由而免责。

相关法条

《民法典》第 1025 条　行为人为公共利益实施新闻报道、舆论监督等行为，影响他人名誉的，不承担民事责任，但是有下列情形之一的除外：

（一）捏造、歪曲事实；

（二）对他人提供的严重失实内容未尽到合理核实义务；

（三）使用侮辱性言辞等贬损他人名誉。

《民法典》第 1026 条　认定行为人是否尽到前条第二项规定的合理核实义务，应当考虑下列因素：

（一）内容来源的可信度；

（二）对明显可能引发争议的内容是否进行了必要的调查；

（三）内容的时限性；

（四）内容与公序良俗的关联性；

（五）受害人名誉受贬损的可能性；

（六）核实能力和核实成本。

律师评析

《民法典》第 1025 条是我国首次将新闻侵权抗诉的抗辩事由正式写入法律，宣告新闻报道和舆论监督侵害他人名誉权在一定范围内免责，并且确定了“合理审查义务”抗辩事由。同时，针对的主体不再局限于“新闻机构”和“新闻单位”，而是适用于所有“实施新闻报道”的行为人。事实上，我们每一个人都可能既是新闻的消费者，又是新闻的制造者。

需要强调的是,《民法典》虽然对实施新闻报道、舆论监督等行为规定了保护条款,但并非在任何情况下新闻报道行为人都不承担民事责任。对他人提供的信息尽合理核实义务是从事新闻报道等行为的行为人的职业道德和法定义务。从司法实践看,新闻报道、舆论监督的内容严重失实基本上都是因为行为人未尽到合理审核义务。对此,《民法典》规定了判断行为人是否履行合理审核义务可以考虑的若干因素,包括:内容来源的可信度;对明显可能引发争议的内容是否进行了必要的调查;内容的时限性;内容与公序良俗的关联性;受害人名誉受贬损的可能性;核实能力和核实成本。为司法实践提供了依据和基础。

本案中,A 公司作为专门开展新闻报道活动的主体,其从事的是为公共利益实施新闻报道或舆论监督的行为,原则上可适用“合理审查义务”作为抗辩事由。但是 A 公司明显没有对他人提供的内容尽到合理核实义务,一味为了追求阅读量而在未对内容来源的可信度及明显可能引发争议的内容进行必要调查的前提下,进行了相关新闻的刊发和报道,并导致明星 B 的名誉受到严重的贬损。因此,A 公司无法以“合理审查义务”为抗辩事由,其应承担相关的民事责任。

律师提示

《民法典》对于可以适用“合理审查义务”抗辩事由的主体明确为所有“实施新闻报道的行为人”,每个人都要谨记,作为一个“实施新闻报道的行为人”应当保有底线,也要懂得用法律维护自身的合法权益。要防范出现捏造、歪曲事实以及使用的语言中存在侮辱性等贬损他人名誉的言辞的情形,并应当对所“报道”的新闻尽到合理的核实义务。

大众普遍认知中的“新闻机构”和“新闻单位”虽被赋予“合理审查义务”的抗辩事由，但是由于其特殊性，对他人提供的信息务必要尽合理核实义务，这是从事新闻报道等行为的行为人的职业道德和法定义务。

127.文学作品里未“指名道姓”会侵犯名誉权吗?

答案　《民法典》对文学、艺术作品侵害公民或法人名誉权作出了规定，向东的名誉权能够受到《民法典》的保护。

相关法条

《民法典》第1027条　行为人发表的文学、艺术作品以真人真事或者特定人为描述对象，含有侮辱、诽谤内容，侵害他人名誉权的，受害人有权依法请求该行为人承担民事责任。

行为人发表的文学、艺术作品不以特定人为描述对象，仅其中的情节与该特定人的情况相似的，不承担民事责任。

律师评析

名誉，是指人们对于公民或法人的品德、才干、声望、信誉和形象等各方面的综合评价。这些被维护的名誉是人格的重要内容，受法律的保护。名誉权是人格权的一种，是人们依法享有的获得客观社会评价、排除他人侵害的权利。

在《民法典》制定之前，《民法总则》(已失效)第110条就规定："自然人享有生命权、身体权、健康权、姓名权、肖像权、名誉权、荣誉权、隐私权、婚姻自主权等权利。"自然人享有名誉权，名誉权受到侵害了，有权要求停止侵害，恢复名誉，消除影响，赔礼道歉。这为人们自尊、自爱的安全利益提供法律保障。

名誉权主要表现为名誉利益支配权和名誉维护权。我们有权利用自己良好的声誉获得更多的利益，有权维护自己的名誉免遭不正当的贬低，有权在名誉权受侵害时依法追究侵权人的法律责任。同样，法人、非法人组织也享有名誉权。

《民法典》人格权编第1027条是对文学、艺术作品侵害名誉权责任的规定。文学、艺术作品侵害名誉权的责任，应当依照本条前后两款规定的不同情形来确定。行为人发表的文学、艺术作品以真人真事或者特定人为描述对象的，由于其描述对象确定，只要作品的内容中包含侮辱、诽谤等内容，对被描述对象的名誉权有损害的，就构成侵害名誉权，受害人享有名誉权请求权，可以请求作者承担侵害名誉权的民事责任。行为人发表的文学、艺术作品不是以特定人为描述对象，仅是其中的情节与该特定人的情况相似的，不符合主要人格特征和主要生活工作经历的一致性原则，就不属于描述真人真事，不构成侵害名誉权。

现实生活中，有的作品虽没有指名道姓，但一般读者通过阅读不可避免地会将作品中的人物与现实中的某一特定人“对号入座”，这时，该作品就不再符合《民法典》第 1027 条第 2 款“不以特定人为描述对象”的要求，而应适用本条第 1 款的规定。本案中，小红作品中的人物形象以向东的外貌、身世、特征进行摹写，使熟悉他们的人一看便知是向东，已不再是“不以特定人为描述对象”的虚构作品，应当适用第 1 款规定，小红应当因其中的侮辱、诽谤内容，对侵害向东名誉权承担民事责任。

律师提示

文学作品的创作者应当知悉，文学作品不是法外之地。以文学创作之名，虽未指名道姓，但作品中的描述足以使人认定为某人，如姓名谐音、相貌特征、生活习惯、个人爱好等与现实中的人高度一致，同样构成对他人名誉权的侵犯。报刊等媒体、媒介明知其刊登的作品属侵权作品仍然刊载的，应视为对该侵权具有间接故意，同样应当承担侵权责任。

128.媒体平台报道失实，当事人可以要求其删除吗？

答案 网络媒体平台的报道内容失实，侵犯了民事主体的名誉权，被侵权人有权要求平台删除相关内容，并承担相应的责任。

相关法条

《民法典》第 1028 条 民事主体有证据证明报刊、网络等媒体报道的内容失实，侵害其名誉权的，有权请求该媒体及时采取更正或者删除等必要措施。

律师评析

由于网络侵权行为具有一定的“隐蔽性”，被侵权人一般只知道侵权的网站，很难确切知道侵权的网络用户是谁。因此在实践中，被侵权人通常只能先行向网络服务提供者提出侵权主张。《民法典》侵权责任编第 1194 条至第 1197 条规定了网络用户及网络服务提供者的侵权责任。网络用户利用平台实施侵权行为，被侵权人发现后，可向网络服务提供者通知，告知其网站上的内容构成侵权，可要求其采取删除、屏蔽、禁用等必要措施。网络服务提供者在接到该通知之后，应当及时采取必要措施。如果网络服务提供者未及时采取必要措施，构成对网络用户实施的侵权行为的放任，对损害的扩大部分与侵权的网络用户承担连带责任。

《民法典》第 1028 条是关于媒体报道内容失实侵害名誉权补救的规定，明确了媒体对报道内容失实负有更正和删除义务。媒体报道传播速度快、传播范围广，加之其往往追求时效性、爆炸性的效果，一旦其报道内容失实，将会对涉及的民事主体的名誉产生极大的影响。因此，名誉权人发现报刊、网络等媒体报道的内容失实的，有权直接要求媒体予以更正。这将最大限度地减少损害，在实践中也具有更强的可操作性。如果在名誉权人提供证据证明媒体报道失实，要求其更正后，媒体拒不更正的，名誉权人还有权请求人民法院责令该媒体限期更正。

《民法典》该条规定给媒体的行为规范划出了界限，同时更有利于保护民事主体的合法权益，保护媒体的新闻报道和新闻批评的权利，平衡权利保护和媒体监督的关系，有利于推动社会的进步。

律师提示

名誉权人发现报刊、网络等媒体报道内容失实的，可直接提供证据要求媒体更正或删除相关内容，媒体拒不更正或删除的，名誉权人可请求法院责令其更正或删除。

对报道内容失实可能侵犯民事主体名誉权的，媒体对失实内容负有更正和删除的法定义务。

129.信用信息登记错误了怎么办？

答案

《民法典》规定了民事主体对信用评价的权利以及信用评价人的义务，小北发现自己的信用信息登记有误后，有权要求征信机构对错误信息予以更正、删除。

相关法条

《民法典》第1029条　民事主体可以依法查询自己的信用评价；发现信用评价不当的，有权提出异议并请求采取更正、删除等必要措施。信用评价人应当及时核查，经核查属实的，应当及时采取必要措施。

律师评析

信用权，是指自然人、法人、非法人组织就其所具有的经济能力在社会上获得的相应信赖与评价，所享有的保有和维护的权利。信用权在民事权利体系中，是受到法律保护的资信利益，是一种与所有权、债权、知识产权与人身权相区别的无形财产权，是具有经营资格、经营优势、经营信誉等经济能力的资信利益。

在现代社会中，信用权是民事主体的一种重要权利，在建设诚信社会的今天其地位尤其重要。注重信用的自然人和法人组织容易赢得社会的信任，否则处处受限，不仅表现为资格限制，也表现为经济行为受限，如不能向银行申请贷款，不能乘坐飞机、高铁，不能入住星级宾馆，不能有高消费等。

我国是重礼仪、守信用的国家，“诚信”是我国的传统美德，但近些年也面临诚信道德和诚信秩序受到破坏的问题，必须加强征信系统建设，维护诚信道德和诚信秩序。征信机构就是征集民事主体信用信息，进行加工，提供他人使用的机构。每一个个体在接受征信机构征集信用信息的同时，也享有对应的权利和义务。

《民法典》第1029条规定的是信用权人对征信系统享有的权

利：一是民事主体可以依法查询自己的信用评价，征信机构不得拒绝；二是发现信用评价不当的，信用权人有权提出异议，并要求采取更正、删除等必要措施，以保持对信用权人信用评价资料和评价结论的正确性。相对应地，信用评价人有如下三方面的义务：一是接受权利人对自己的信用评价的查询；二是对权利人提出的异议，应当及时核查；三是对经核查属实的异议应当及时采取必要措施，予以纠正，对权利人保持客观、准确的评价。

本案中，由于征信系统工作人员错误输入，导致小北的信用评价出现错误，小北作为信用权人有权提出异议，要求征信机构采取更正、删除措施，纠正错误的记载内容。

律师提示

民事主体有权依法查询自己的信用评价，且民事主体在发现信用评价不当的时候，有权向信用评级机构提出异议并请求采取更正、删除等措施。信用评级机构在收到信用权人的请求后，应当及时核查相关内容。经核查属实的，应当及时采取必要措施，以防止给信用权人造成更大的损失。

130.荣誉被"遗忘",当事人可以维权吗?

答案 小明作为民事主体享有荣誉权,能受到《民法典》的保护。

相关法条

《民法典》第1031条 民事主体享有荣誉权。任何组织或者个人不得非法剥夺他人的荣誉称号，不得诋毁、贬损他人的荣誉。

获得的荣誉称号应当记载而没有记载的，民事主体可以请求记载；获得的荣誉称号记载错误的，民事主体可以请求更正。

律师评析

《民法典》第1031条是对荣誉权的规定。荣誉，是指特定民事主体在社会生产、社会活动中有突出表现或者突出贡献，政府、单位、团体等组织所给予的积极、肯定性的正式评价。荣誉权，是指民事主体对其获得的荣誉及其利益享有的保持、支配、维护的具体人格权。荣誉利益中不仅包括精神利益，还包括财产利益，如给予特定民事主体荣誉，不仅包括精神嘉奖，还包括物质奖励。

荣誉权的义务主体是权利人之外的所有自然人、法人和非法人组织，他们都负有不得非法剥夺他人的荣誉称号，不得诋毁、贬损他人的荣誉的法定义务。违反这种不可侵犯的法定义务，构成侵害荣誉权的行为，应当承担民事责任。

本条第2款规定的是荣誉权人的权利，即获得的荣誉称号应当记载而没有记载或者记载错误的，民事主体可以要求记载或者更正，这是荣誉权人对所获得的荣誉享有的保持和维护权利的体现。

律师提示

荣誉权的义务人为权利人之外的任何自然人、法人和非法人组织，他们都负有不得非法剥夺荣誉权人已获得的荣誉称号，不得诋毁、贬损他人荣誉的法定义务。

荣誉权人发现其获得的荣誉称号应当记载而没有记载的，可以请求记载；获得的荣誉称号记载错误的，民事主体可以请求更正。这是《民法典》赋予荣誉权人对其所获得、所享有的荣誉保持和维护的相关权利。

131.不涉及隐私的个人信息能受到法律保护吗？

答案　阿华的个人信息受到《民法典》的保护，对个人信息的保护适用隐私权保护的规定。

相关法条

《民法典》第1034条　自然人的个人信息受法律保护。

个人信息是以电子或者其他方式记录的能够单独或者与其他信息结合识别特定自然人的各种信息，包括自然人的姓名、出生日期、身份证件号码、生物识别信息、住址、电话号码、电子邮箱、健康信息、行踪信息等。

个人信息中的私密信息，适用有关隐私权的规定；没有规定的，适用有关个人信息保护的规定。

《民法典》第1038条　信息处理者不得泄露或者篡改其收集、存储的个人信息；未经自然人同意，不得向他人非法提供其个人信息，但是经过加工无法识别特定个人且不能复原的除外。

信息处理者应当采取技术措施和其他必要措施，确保其收集、存储的个人信息安全，防止信息泄露、篡改、丢失；发生或者可能发生个人信息泄露、篡改、丢失的，应当及时采取补救措施，按照规定告知自然人并向有关主管部门报告。

《民法典》第1039条　国家机关、承担行政职能的法定机构及其工作人员对于履行职责过程中知悉的自然人的隐私和个人信息，应当予以保密，不得泄露或者向他人非法提供。

律师评析

在社会资讯和个人资料高度信息化的今天，公民身份信息和隐私的泄露日益成为一个严重的社会问题。我国曾发生过多起大量公民信息遭到泄露的案件，司法机关给予高度重视并及时处理了相关案件，但公民信息泄露的形势依然严峻。

个人信息的保护在《民法典》的人格权编中与隐私权在同一章中予以规范。虽并未将个人信息视为一项独立的民事权利，但已将其适用隐私权的规定进行保护并作了特别规定。

要保护个人信息，首先要了解什么是个人信息。根据《民法典》第 1034 条的规定，个人信息是能够识别某个特定人的各种信息，如姓名、出生日期、身份证件号码、指纹、面部信息、家庭地址、电话号码、电子邮箱、健康信息（如就医记录）、行踪信息（如航班信息）等，基本上涵盖了我们生活的方方面面。

个人信息与个人隐私不同。隐私，是指人不希望他人知晓的信息和秘密；而个人信息并非仅限于个人秘密，也包括可以公开的“非隐私信息”，如姓名、性别等。

对个人信息的处理，应当根据《民法典》第 1035 条规定的处理个人信息应当遵循的条件，包括征得同意、公开规则、明确目的、遵守规定和约定等基本要求。

个人信息的泄露通常发生在处理信息的一方未经同意而擅自泄露个人信息的情况下。有些案件中甚至出现了出售个人信息牟利的情况。《民法典》第 1038 条明确规定了信息处理者的义务，违反法律要求、泄露信息的一方无论故意或过失，均应当承担相应的赔偿责任。

需要注意的是，社会大众有一种认识误区，以为泄露个人信息只发生在国家机关或相关机构人员身上。实际并非如此，任何组织或个人都有可能成为非法泄露个人信息的侵权方，只要掌握他人的个人信息并非法泄露的，即可构成侵权。

律师提示

公民要重视自己个人信息的保护。除非必要情况下，不随意向不能信赖的第三方，尤其是非政府机构提供个人相关信息。随着5G时代来临，个人电子信息的使用更为广泛，在使用手机、电脑等电子设备时，也要格外注意和防范各类网站对个人信息的收集。

如果发现个人信息遭到泄露，应当注意及时取证，固定相关证据。如果信息泄露在互联网网站、微博、微信等平台，可以及时致函平台运营方进行删除，避免扩大影响。

因个人信息遭到泄露而受到不良影响的，可以通过民事诉讼的方式要求信息处理方进行赔偿，以维护自身权利。

泄露个人信息情节严重的，可能要承担刑事责任。根据《刑法》第253条之一的规定，违反规定出售、提供公民个人信息，窃取或者非法获取公民个人信息的，均有可能构成侵犯公民个人信息罪。

132.个人信息的处理要遵循哪些原则和条件？

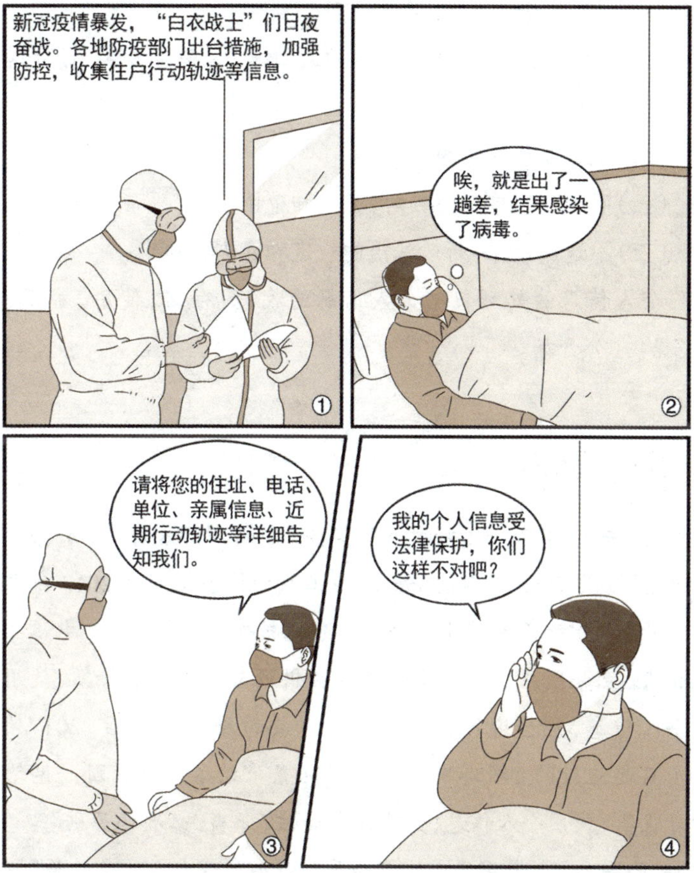

答案 因防疫工作需要，遵循合法、正当、必要原则所进行的个人信息收集和处理符合《民法典》关于处理个人信息的规定。

相关法条

《民法典》第1035条　处理个人信息的，应当遵循合法、正当、必要原则，不得过度处理，并符合下列条件：

（一）征得该自然人或者其监护人同意，但是法律、行政法规另有规定的除外；

（二）公开处理信息的规则；

（三）明示处理信息的目的、方式和范围；

（四）不违反法律、行政法规的规定和双方的约定。

个人信息的处理包括个人信息的收集、存储、使用、加工、传输、提供、公开等。

律师评析

《民法典》制定前，关于个人信息保护基本都采用“合法、正当、必要”原则。这一原则最早出现在工业和信息化部于2013年7月出台的《电信和互联网用户个人信息保护规定》第5条：“电信业务经营者、互联网信息服务提供者在提供服务的过程中收集、使用用户个人信息，应当遵循合法、正当、必要的原则。”之后，2017年6月1日起施行的《网络安全法》第41条采纳了这一原则：“网络运营者收集、使用个人信息，应当遵循合法、正当、必要的原则”。

《民法典》也沿用了上述三条原则作为处理个人信息的原则：第一，合法原则，即任何单位和个人在处理个人信息时应依照相关法律、法规的规定处理，不得进行非法处理；第二，正当原则，即处理自然人个人信息，必须有正当的目的；第三，必要原则，即处理个人信息时不得超过必要的范围。

此外,《民法典》1035条还规定了处理个人信息时,应当符合下列条件:

(1)征得该自然人或者其监护人同意,但是法律、行政法规另有规定的除外。征得该自然人监护人同意主要针对无民事行为能力人和限制民事行为能力人。对于未成年人、丧失或部分丧失民事行为能力的成年人,未经其监护人同意而处理其个人信息,可能构成侵害个人信息的侵权行为。

(2)公开处理信息的规则。处理个人信息的,需将处理个人信息的规则进行公开,让被处理信息人充分知悉其处理规则及其个人信息的处理状态,从而在最大程度内保护被处理人的个人权益。

(3)明示处理信息的目的、方式和范围。主要是为了便于信息被处理人和其他普通公众进行监督。

(4)不违反法律、行政法规的规定和双方的约定。若信息处理人违反法律、行政法规的规定或违反双方的约定,信息处理人构成侵害个人信息的侵权行为。

抗疫工作中,防控部门对海量个人信息、数据的收集和使用,是为了防控疫情的需要,且在必要的限度之内进行收集和使用,符合"合法、正当、必要"的原则,且符合相关条件,并不属于违法行为。

律师提示

在类似开展防疫工作这样合法且必要的信息收集和处理中,公民应当按照相关要求及时提供真实、有效的个人信息。

相关信息处理部门应严格按照法律、法规的规定对公民的个人信息进行收集、加工、传输、提供等,尽量避免侵犯公民个人信息。

第五编 婚姻家庭

133.受胁迫的婚姻可以被撤销吗？

答案

小满的请求可以得到法院支持。依据《民法典》第 1052 条，小满有权在胁迫行为终止之日起一年内提出撤销婚姻。

相关法条

《民法典》第1046条　结婚应当男女双方完全自愿，禁止任何一方对另一方加以强迫，禁止任何组织或者个人加以干涉。

《民法典》第1052条　因胁迫结婚的，受胁迫的一方可以向人民法院请求撤销婚姻。

请求撤销婚姻的，应当自胁迫行为终止之日起一年内提出。

被非法限制人身自由的当事人请求撤销婚姻的，应当自恢复人身自由之日起一年内提出。

《民法典》第1054条　无效的或者被撤销的婚姻自始没有法律约束力，当事人不具有夫妻的权利和义务。同居期间所得的财产，由当事人协议处理；协议不成的，由人民法院根据照顾无过错方的原则判决。对重婚导致的无效婚姻的财产处理，不得侵害合法婚姻当事人的财产权益。当事人所生的子女，适用本法关于父母子女的规定。

婚姻无效或者被撤销的，无过错方有权请求损害赔偿。

律师评析

在《民法典》中，因欠缺婚姻成立的法定要件而不发生法律效力的婚姻包括无效婚姻和可撤销婚姻，前者为自始当然无效，后者则需经诉讼程序，从宣告撤销之日起丧失婚姻的效力。《民法典》第1051条规定的婚姻无效的情形有三种：重婚、有禁止结婚的亲属关系以及未到法定婚龄。无效的婚姻自始无效、当然无效，当事人自始不具备夫妻的权利和义务。《民法典》第1052条、第1053条分别规定了受胁迫婚姻的撤销与夫妻一方不如实告知重大疾病时对方的撤销权。可撤销的婚姻，自撤销之日起追溯到婚姻缔结时自始没有法律约束力，若当事人不申请撤销，则婚姻状态存续。《民法典》删除了《婚姻法》(已失效)关于“患有医学上认为不应当结婚的疾病属于无效婚姻”的规定，将“疾病婚”纳入可撤销婚姻的范畴。无效婚姻与可撤销婚姻的规定，属于典型的二元效力瑕疵体系，采用不同的立法技术来规范两者，体现了法律对结婚当事人意思自治的尊重。

胁迫婚姻，是指男女双方或一方无结婚意思表示，而受到对方或第三人胁迫而结合的婚姻。受胁迫的婚姻一般有两种情况：其一，行为人以另一方当事人的生命、健康、名誉、财产等方面造成损害为要挟，迫使另一方当事人违反真实意愿结婚；其二，行为人以另一方当事人近亲属的生命、健康、名誉、财产等方面造成损害为要挟，迫使另一方当事人违反真实意愿结婚。行为人不是以结婚及婚姻的存续为目的进行要挟，而当事人为了自己或其近亲属的生命、健康、名誉、财产等不造成损失，假装或真实答应与婚姻关系的另一方结婚，这种情况不属于胁迫婚姻。虽然行为人因欺诈、胁迫作出的民事行为自然可以撤销，但这种婚姻关系不属于胁迫婚姻，不能撤销，只能协议离婚或诉讼离婚解决。例如，小张胁迫丽丽的父亲签订房屋买卖合同，以低于市场价格60万元的价格购买房屋。丽丽为使父亲走出困境、终止房屋的买卖，假装同意嫁给小张。小张本无此意，但看到丽丽漂亮，于是撕毁房屋买卖合同，“抱得美人归”。这种情况下，行为人小张不是以与丽丽缔结婚姻关系为目的胁迫丽丽的近亲属，小张与丽丽的婚姻自然不属于胁迫婚姻。

在撤销胁迫婚姻申请时效的问题上，《婚姻法》(已失效)第11条规定，受胁迫一方应在结婚登记之日1年内提出撤销婚姻的请求，被限制人身自由的当事人可以在恢复人身自由之日起1年内提出撤销婚姻。但该条规定明显造成在婚姻缔结后一直受到行为人胁迫，但并未失去人身自由的当事人合法权益无法得到保障。因此，《民法典》第1052条规定，因受胁迫请求撤销婚姻的，应当自胁迫行为终止之日起1年内提出，体现了我国法律的人性化发展。

本案中，小满的母亲作为小满的近亲属，以自身的人身安全相威胁，胁迫小满与小元结婚，小满与小元的婚姻明显属于胁迫婚姻的范畴，为可撤销的婚姻。小满在婚姻存续期间，持续受到母亲的胁迫，可以依据《民法典》第1052条申请撤销婚姻。

律师提示

当事人只要提供规定的证件及证明资料，婚姻登记机关就可办理结婚登记。如当事人受到胁迫，婚姻登记机关无法通过当事人提交的材料加以判断。所以，当事人因受胁迫办理结婚登记，婚姻登记机关不存在过错，无需承担责任。

当事人申请撤销婚姻的，只能向人民法院提出申请，婚姻登记机关无权对婚姻的效力进行判断。在胁迫婚姻的问题上，对于胁迫行为是否成立、胁迫行为何时终止、人身自由是否被非法限制、人身自由何时恢复等问题进行确认的权力都应当归于人民法院。婚姻登记机关既不能确认婚姻是否可撤销，也不能确认胁迫和非法限制人身自由行为是否发生，其没有撤销婚姻的权力。

婚姻被撤销后，当事人同居状态时所得财产由当事人协议处理，协议不成的，人民法院依据照顾无过错方的原则进行判决。

行为人胁迫当事人缔结婚姻，依据情节严重程度，可能构成暴力干涉婚姻自由罪。该类案件依据《刑法》第257条的规定，属于告诉才处理的自诉案件。

134.婚前患有重大疾病，婚姻有效吗？

答案　虽然刘某强患有疾病且并未在婚前告知孙某，但孙某与刘某强的婚姻属于合法有效的婚姻。

相关法条

《民法典》第1053条　一方患有重大疾病的，应当在结婚登记前如实告知另一方；不如实告知的，另一方可以向人民法院请求撤销婚姻。

请求撤销婚姻的，应当自知道或者应当知道撤销事由之日起一年内提出。

《民法典》第1054条　无效的或者被撤销的婚姻自始没有法律约束力，当事人不具有夫妻的权利和义务。同居期间所得的财产，由当事人协议处理；协议不成的，由人民法院根据照顾无过错方的原则判决。对重婚导致的无效婚姻的财产处理，不得侵害合法婚姻当事人的财产权益。当事人所生的子女，适用本法关于父母子女的规定。

婚姻无效或者被撤销的，无过错方有权请求损害赔偿。

律师评析

《婚姻法》(已失效)第10条规定，“患有医学上认为不应当结婚的疾病”的婚姻属于无效婚姻。而《民法典》对此进行了修改。《民法典》第1053条规定：“一方患有重大疾病的，应当在结婚登记前如实告知另一方；不如实告知的，另一方可以向人民法院请求撤销婚姻。请求撤销婚姻的，应当自知道或者应当知道撤销事由之日起一年内提出。”重大疾病不再作为禁止结婚的条件，“疾病婚”也不再属于无效婚姻，而是可撤销婚姻。2021年1月1日起施行的最高人民法院《关于适用〈中华人民共和国民法典〉婚姻家庭编的解释

(一)》第17条规定:“当事人以民法典第一千零五十一条规定的三种无效婚姻以外的情形请求确认婚姻无效的,人民法院应当判决驳回当事人的诉讼请求。”因此,本案中孙某与刘某强的婚姻不属于无效婚姻。

为什么我们应该认为孙某与刘某强的婚姻不是可撤销婚姻呢?

首先,刘某强所患疾病不属于医学上认为不应当结婚的疾病。依据《母婴保健法》第8条、第9条、第38条之规定,医学上认为不应当结婚的疾病主要包括三类:一是指定传染病,即《传染病防治法》中规定的艾滋病、淋病、梅毒、麻风病以及医学上认为影响结婚和生育的其他传染病;二是严重遗传性疾病,指由于遗传因素先天形成,患者全部或者部分丧失自主生活能力,后代再现风险高,医学上认为不宜生育的遗传性疾病;三是有关精神疾病,指精神分裂症、躁狂抑郁型精神病以及其他重型精神病。本案中刘某强所患疾病为尿毒症,不属于上述法律规定的三种类型,在《婚姻法》尚未废止之前也并不导致婚姻无效。《民法典》生效后,第1053条规定可撤销婚姻的“重大疾病”也应指《母婴保健法》所规定医学上认为不应当结婚的疾病,而刘某强所患疾病不在此列。

其次,孙某并未想要撤销与刘某强的婚姻。《民法典》第1053条将婚姻选择权交给了当事人。因为如果婚后一方发现另一方存在患有医学上认为不应当结婚的疾病,但仍愿意与对方继续维持婚姻状况的,此时法律若直接规定婚姻效力自始无效,某种程度上也是剥夺了当事人的婚姻自由选择权。《民法典》婚姻家庭编将患有医学上认为不应当结婚的疾病排除出禁止结婚的条件,将婚姻效力的权利交还给当事人自己,更加尊重男女双方当事人的婚姻自主权,是立法之进步,也体现了法律对婚姻家庭关系中的人权保障。

本案中孙某与刘某强两情相悦，虽然结婚时孙某并不知道刘某强患病，但婚后得知丈夫患病也并未想要撤销婚姻。因此两人的婚姻应该是合法有效的。

律师提示

《民法典》不再将“医学上认为不应当结婚的疾病”作为禁止结婚的情形，而是将“疾病婚”作为可撤销婚姻的一种。

《民法典》第 1053 条规定可撤销婚姻的“重大疾病”不是漫无边际的任何“绝症”，而应在《母婴保健法》规定的“医学上认为不应当结婚的疾病”之列。

《民法典》第 1054 条增加规定了无效或被撤销婚姻中无过错方有权请求损害赔偿。

135.夫妻一方的行为什么时候对双方发生效力？

答案　依据《民法典》第1060条的规定，夫妻一方因家庭日常生活需要而实施的民事法律行为，对夫妻双方发生效力。

相关法条

《民法典》第1060条　夫妻一方因家庭日常生活需要而实施的民事法律行为，对夫妻双方发生效力，但是夫妻一方与相对人另有约定的除外。

夫妻之间对一方可以实施的民事法律行为范围的限制，不得对抗善意相对人。

律师评析

夫妻双方家事代理权，又称为夫妻双方日常事务代理权，是配偶权的一项重要内容。夫妻一方因家庭日常生活需要，与相对方实施一定的法律行为时，有当然代理权，该民事法律行为对夫妻双方产生效力。《民法典》婚姻家庭编将家事代理权以法律形式进行了明确规定。其中，家事代理权的适用范围及权利范围关系到夫妻二人的共同利益、夫妻个人利益及第三人利益，进而关系到家庭的稳定和交易的安全迅捷，是家事代理权制度的核心，因此必须对其作出明确的界定。

在家事代理权的适用范围方面，依据《民法典》第1060条可知，缔结夫妻关系的男女双方互相享有家事代理权。那么，事实婚姻与非婚同居的男女双方之间是否可以互相享有家事代理权呢？在事实婚姻方面，有的观点认为，事实婚姻只是无婚姻之名，而有婚姻之实，此时为保护善意第三人的合法权益，维护交易安全，应当认定事实婚姻的男女双方相互之间享有家事代理权。但1994年2月1日《婚姻登记管理条例》（已失效）公布实施之后，事实婚姻已经不再具有婚姻的法律效力，男女双方符合结婚实质要件的应当补办结婚登记手续。因此，事实婚姻双方也不应该享有合法登记婚姻的夫妻双方享有的家事代理权。至于善意第三人保护问题，可参照适用表见代理制度。在非婚同居方面，对于同居男女，因不具备夫妻生活的内容，第三人也不认为其为夫妻，不应适用家事代理权的规定。

在家事代理权的权利范围方面，依据《民法典》第1060条，夫妻双方家事代理权的适用范围是“家庭日常生活需要”。一般来说，家庭日常生活需要的支出是指通常情况下必要的家庭日常消费，主要包括正常的衣食住行、抚养赡养、医疗费用等，是维系一个家庭正常生活所必需的开支。但是，特殊情况下家庭日常需要的范围可能会有所扩大，并因时间的推移而发生变化。因此《民法典》在进行概括性规定的同时，应当肯定法官具有一定程度的自由裁量权。

《民法典》第1060条第2款的亮点是，夫妻双方可以在不违反法律的情况下就一方可实施的民事法律行为的范围进行约定，但是约定仅在夫妻之间有效，不得对抗善意第三人。这是对善意第三人的保护，也是对市场交易安全的保护，防止夫妻一方以夫妻之间法律行为的限制性约定为由破坏社会秩序，从而维护社会稳定与和谐。

在本案中，郭某与贾某虽然两地分居，但一直具有合法有效的婚姻关系。分居期间，贾某持身份证、结婚证以及存款单到信用社提款，信用社通过贾某所持的证件，并不能掌握郭某、贾某已经两地分居的事实，已尽合理审查义务。并且，贾某以支付郭某医药费为名取走2000元，信用社有理由认为贾某在日常生活需要的范围内行使家事代理权，该民事法律行为的效力及于另一方。因此信用社的行为并不涉及违规操作，人民法院的判决于法有据。

律师提示

《民法典》没有界定“家庭日常生活需要”这一概念的范围。当配偶一方实施的民事法律行为引起争议时，所争事实是否为“家庭日常生活需要”可能会成为争议焦点。在相关司法解释尚未出台之前，法官拥有一定程度上的自由裁量权。

具有人身属性的法律行为，如设立遗嘱、接受或放弃继承、接受或放弃受遗赠、出版社预约的文学创作、夫妻职业上的行为等，不宜适用夫妻双方家事代理权。

对家庭生活有重大影响的法律行为，如处分不动产、明显过分的开支、用途不明的大额借款、以分期付款形式购买不动产或大额动产、与社会风俗不符的大额无偿捐赠等，不宜适用夫妻双方家事代理权。

136.婚姻关系存续期间所得的财产都是夫妻共同财产吗？

答案　小丁作为股东获得的股权分红属于投资收益，为夫妻共同财产。小丁因人身损害而获得的赔偿和补偿都属于其个人财产。

相关法条

《民法典》第1062条　夫妻在婚姻关系存续期间所得的下列财产，为夫妻的共同财产，归夫妻共同所有：

（一）工资、奖金、劳务报酬；

（二）生产、经营、投资的收益；

（三）知识产权的收益；

（四）继承或者受赠的财产，但是本法第一千零六十三条第三项规定的除外；

（五）其他应当归共同所有的财产。

夫妻对共同财产，有平等的处理权。

《民法典》第1063条　下列财产为夫妻一方的个人财产：

（一）一方的婚前财产；

（二）一方因受到人身损害获得的赔偿或者补偿；

（三）遗嘱或者赠与合同中确定只归一方的财产；

（四）一方专用的生活用品；

（五）其他应当归一方的财产。

律师评析

随着自然人财产取得方式日益多元化，人们的收入不再局限于工资、奖金收入，关于夫妻共同财产的判断也日趋复杂。在法律实践中，我国对于夫妻共同财产的判断标准大致可归纳为“一方投入脑力或体力劳动所得的财产，另一方有平等享受收益的权利”。但是，投资收益始终没有作为夫妻共同财产被纳入《婚姻法》（已失效)。《民法典》婚姻家庭编第 1062 条对夫妻共同财产的范围进行了更加准确和全面的列举,将投资收益纳入夫妻共同财产的范围。

另外,《民法典》第 1062 条也将“其他劳务报酬”纳入夫妻共同财产的范围。劳务报酬,是指个人独立从事劳务所得,提供劳务的个人与被服务单位没有稳定的、连续的劳动人事关系,也没有任何劳动合同关系,其所得也不是以工资、薪金形式领取的。劳务报酬可分为一般劳务报酬与其他个人劳务报酬。一般劳务报酬所得是指个人从事劳务取得的财产。但是,这些所得如果是以工资、薪金形式从其工作单位领取的,则属于工资、薪金所得,不属于劳务报酬所得。而其他个人劳务报酬是指个人为企业或组织提供劳务的报酬薪金所得,如董事的报酬所得、艺术家(表演家)和运动员所得、退休金和政府职员所得、留学生和学徒所得、教师和研究人员的所得。《民法典》第 1061 条“其他劳务报酬”的范畴,依据我国的司法实际,应指所有个人工资、奖金之外的劳务收入,这些收入都为夫妻共同财产。

在夫妻个人财产方面,《婚姻法》第 18 条规定,夫妻一方因身体受到伤害获得的医疗费、残疾人生活补助费等费用,属于夫妻一方的个人财产。但对于其他赔偿或补偿,如残疾赔偿金、护理费、营养费、误工费是否属于个人财产,没有明确规定,实践中存在较大争议。而《民法典》第 1063 条明确将夫妻一方因人身损害而获得的赔偿或补偿,包括残疾赔偿金、护理费、营养费、误工费等原来争议较大的人身损害费用,都列为个人财产,无疑是扩大了个人财产的范围,更加有利于保护公民的人身权益。

在实践中,若夫妻婚后所得为婚前一方个人财产之增益,人民法院会根据案件实际情况对个人财产的婚后收益进行判断。若增益基于原个人财产的自然增值,则为个人财产;若增益基于夫妻共同的经营行为，则为夫妻共同财产。如果收益是基于个人财产和共同财产混同后进行投资的行为所产生，无证据证明具体比例的，一般推定为共同财产投资收益，属于夫妻共同财产。

本案中，依照《民法典》第1062条的规定，小丁虽以婚前个人财产作为本金投资，但投资取得的收益应为夫妻双方共同财产。但是，小丁遭遇车祸伤残所获残疾赔偿金、护理费、营养费、误工费等，属于小丁个人人身权遭侵权所获的赔偿，依据《民法典》第1063条的规定，属于其个人财产。

律师提示

关于投资活动的认定。婚姻存续期间的股票买卖、参股分红、购买理财产品等活动都属于投资行为，夫妻一方以婚前个人财产为本金进行投资，投资收益为夫妻共同财产，若离婚则应被分割。

婚前个人财产的法定孳息仍属夫妻一方个人财产。如一方婚前有银行定期存款，离婚时，该定期存款的利息仍属于个人财产。

若夫妻一方婚前以其个人财产购买股票，婚后没有进行任何买卖操作，那么离婚时，该股票的收益属于个人财产。因为夫妻一方婚后没有对该股票进行过任何投资活动。

137.夫妻一方产生的债务是夫妻共同债务吗?

答案

夏某的欠款应当属于其个人债务，而非夫妻共同债务。

相关法条

《民法典》第1064条　夫妻双方共同签名或者夫妻一方事后追认等共同意思表示所负的债务，以及夫妻一方在婚姻关系存续期间以个人名义为家庭日常生活需要所负的债务，属于夫妻共同债务。

夫妻一方在婚姻关系存续期间以个人名义超出家庭日常生活需要所负的债务，不属于夫妻共同债务；但是，债权人能够证明该债务用于夫妻共同生活、共同生产经营或者基于夫妻双方共同意思表示的除外。

律师评析

夫妻共同债务，是指夫妻双方因婚姻共同生活及婚姻关系存续期间履行法定扶养、抚养、赡养义务所负的债务，一般包括夫妻在婚姻关系存续期间为解决共同生活所需的日常开支以及履行法定义务和共同生产、经营过程中所负的债务。在我国以往的立法实践中，2018年最高人民法院《关于审理涉及夫妻债务纠纷案件适用法律有关问题的解释》（已失效）第1条开宗明义地确立了夫妻共同债务形成时的“共债共签”原则。《民法典》在制定时，直接吸取了以往的立法经验，将夫妻债务“共债共签”原则写入婚姻家庭编第1064条。

司法实践中，认定夫妻共同债务的基础是夫妻共同利益。在主观上需考察夫妻是否具有共同举债的意思表示，是否达成合意共同举债及夫妻双方对该笔债务的认识和心态等；在客观上则需考察该笔借款的具体去向，是否用于夫妻共同生活所需或共同生产经营。

一般应严格界定夫妻共同债务，避免出现夫妻一方在“没签字、不知情、未受益”的情况下，背负对方超出家庭日常生活以外的高额债务。

如何理解《民法典》第1064条“夫妻一方在婚姻关系存续期间以个人名义为家庭日常生活需要所负的债务”？这里涉及夫妻家事代理权问题。我国民法学界通说认为，夫妻双方因婚姻构成一个整体，在处理家庭日常事务的范围内，夫妻互为代理人，夫妻之间互相的家事代理属于法定代理。《民法典》第1060条也明文规定了夫妻双方家事代理权及限制。需要强调的是，家庭日常生活需要的支出是指通常情况下必要的家庭日常消费，主要包括正常的衣食住行、抚养赡养、医疗费用等，是维系一个家庭正常生活所必需的开支。夫妻一方在婚姻关系存续期间以个人名义为家庭日常生活需要所负的债务，属于夫妻共同债务。

本案中，涉案货款达到280万元，已超出一般家庭日常生活需要所负的债务。夏某出具的两份欠款凭据，实际上只有夏某一人签字确认，曹某未在欠款凭据上签字捺印。在曹某不知情、未同意、未追认的情况下，刘某某又不能证明涉案债务用于夏某和曹某夫妻共同生活、共同生产经营或者基于夫妻双方共同意思表示而举债，其主张该笔债务系夏某、曹某夫妻共同债务，难以得到支持。

律师提示

关于夫妻共同债务的举证责任。夫妻一方在婚姻关系存续期间以个人名义所借超出家庭日常生活需要的债务，债权人认为是夫妻共同债务的，应当提出该债务用于夫妻共同生活、共同生产经营或基于夫妻双方共同意思表示的证据，未举债的夫妻一方对此不负举证责任；未超出家庭日常生活所需的债务推定为夫妻共同债务，夫妻一方认为不属于夫妻共同债务的，需要承担举证责任。

并非任何夫妻共同签字的债务都一定属于夫妻共同债务。夫妻一方以见证人身份在负债凭证上签字，而债权人又无证据证明其为共同债务人的情况下，该笔债务不宜认定为夫妻共同债务，依据合同的相对性，应为夫妻一方的个人债务。夫妻一方在另一方借款后，向债权人支付该笔借款的利息，应当认定为对借款一事的事后追认，则该笔借款为夫妻共同债务。债权人明知夫妻一方的借款并非用于夫妻共同生活或共同生产经营的不应认定为夫妻共同债务。

夫妻若离婚，依据《民法典》第 1089 条的规定，离婚时夫妻共同债务应当共同偿还。共同财产不足以清偿或归各自所有的，由双方协议清偿；协议不成的，由人民法院判决。

138.夫妻之间有“财产约定”，债务如何承担？

答案　该债务产生于婚姻存续期间且用于夫妻共同经营，且债权人不知道夫妻财产约定的存在，双方的约定对债权人也无拘束力，债务仍系黄总夫妇的共同债务，应共同偿还。

相关法条

《民法典》第1065条　男女双方可以约定婚姻关系存续期间所得的财产以及婚前财产归各自所有、共同所有或者部分各自所有、部分共同所有。约定应当采用书面形式。没有约定或者约定不明确的，适用本法第一千零六十二条、第一千零六十三条的规定。

夫妻对婚姻关系存续期间所得的财产以及婚前财产的约定，对双方具有法律约束力。

夫妻对婚姻关系存续期间所得的财产约定归各自所有，夫或者妻一方对外所负的债务，相对人知道该约定的，以夫或者妻一方的个人财产清偿。

律师评析

《民法典》第1065条是关于“夫妻约定财产制”条款。依据该条第3款的规定，夫妻间约定财产归各自所有的，夫或妻一方对外所负的债务，相对人必须知道该约定，债务才是个人债务，否则该约定对相对人并无拘束力。如果债权人能够证明债务实际用于夫妻的共同生活或共同经营行为，则债务仍是夫妻共同债务，需共同偿还。

那么，夫妻二人间的这个约定是不是就白签了呢？也并非如此，依本条第2款的规定，夫妻对婚姻关系存续期间所得的财产以及婚前财产的约定，对双方具有法律约束力。也就是说，这个约定对夫妻双方而言依然是有约束力的。以本案为例，如果法庭判决黄夫人共同承担债务，而夫妻二人的财产约定里约定了这笔债务由黄总承担，黄夫人在对外承担了债务后，可依据该财产约定，向黄总追偿。

所以，想要通过财产约定规避还款义务，是很难做到的。如果双方签订有夫妻财产约定，约定了债务归各自所有的，债权人必须事先知道，才对债权人有拘束力，否则只是在夫妻间产生拘束力。像本案这种完全为了规避还款义务而事后签订的财产约定，就更不可能达到目的。

律师提示

如果夫妻签订财产约定，约定各自财产归各自所有，各自债务归各自承担的，在一方对外借款时，应当让债权人知晓该财产约定的存在，建议通过让债权人在财产约定复印件上签字等方法保留知晓证据。

让债权人知晓夫妻财产约定存在的时间点，应在借款以前，否则就有规避债务的嫌疑，且债权人也不会同意在财产约定上签字，这种事后补签夫妻财产约定的做法达不到隔离债务与风险的目的。

139.丈夫转移、挥霍资金，妻子可以主张分割共同财产吗？

答案

由于李先生挥霍夫妻共同财产，贺女士可以向法院请求分割共同财产。

相关法条

《民法典》第1066条 婚姻关系存续期间，有下列情形之一的，夫妻一方可以向人民法院请求分割共同财产：

（一）一方有隐藏、转移、变卖、毁损、挥霍夫妻共同财产或者伪造夫妻共同债务等严重损害夫妻共同财产利益的行为；

（二）一方负有法定扶养义务的人患重大疾病需要医治，另一方不同意支付相关医疗费用。

律师评析

一般情况下，婚姻关系存续期间，夫妻一方请求分割共同财产的，人民法院不予支持，但有重大理由且不损害债权人利益的除外。如一方有隐藏、转移、变卖、毁损、挥霍夫妻共同财产或者伪造夫妻共同债务等严重损害夫妻共同财产利益行为，或者一方负有法定扶养义务的人患重大疾病需要医治，另一方不同意支付相关医疗费用，夫妻一方有权请求法院分割共同财产。

司法实践中，对于“一方有隐藏、转移、变卖、毁损、挥霍夫妻共同财产或者伪造夫妻共同债务等严重损害夫妻共同财产利益的行为”的认定，一般需要满足以下3个条件：(1)损害夫妻共同财产利益的行为达到“严重”的程度，不包括一般意义上的生活消费、经营支出等。(2)主观上要求出于故意，不包括由于过失致使财产损失的情形。(3)行为侵害了另一方的财产权益，且损害行为正在进行或已经进行。

对于“一方负有法定扶养义务的人患重大疾病需要医治，另一方不同意支付相关医疗费用”情形的认定，也需要满足3个条件：(1)负有法定扶养义务。(2)需是一方主观上不同意支付医疗费用，而不是因为家庭经济条件客观上没有支付能力。(3)需是“重大”疾病，如心脏病、糖尿病、恶性肿瘤等需要长期治疗、花费较高的疾病，普通的疾病不包括在内。相关医疗费用指的是治疗疾病所必需的基本的、合理的费用，而不包括营养费、护理费等。

本案中，在李先生与贺女士分居期间，李先生陆续支取了夫妻共同财产100万元，在不到3年的时间内挥霍一空，其行为属于挥霍夫妻共同财产。同时李某未提供发票或证据来证明此笔款项的具体去向，故存在转移夫妻共同财产的行为。因此，贺女士要求在婚姻存续期间分割夫妻共同财产的诉讼请求，于法有据。法院可判决分割股票账户内的资金，因李先生在婚姻存续期间存在转移、挥霍夫妻共同财产的行为，在财产分割时，应予以少分。

律师提示

我国实施的是以法定财产制为主、约定财产制为辅的夫妻财产制度。在法定财产制下，夫妻双方对于夫妻共同财产享有共同所有权，即不分份额地共同享有权利并承担义务。

一般情况下，夫妻双方不得请求分割共同财产，只有在《民法典》第1066条规定的法定情形下，夫妻一方才可以向人民法院请求分割共同财产。

140. 离婚后爸爸不再支付抚养费，妈妈可以代表未成年子女起诉吗？

答案 贺女士可以作为小李的法定代理人向法院提起诉讼，主张李某依约支付女儿的抚养费。

相关法条

《民法典》第1067条　父母不履行抚养义务的，未成年子女或者不能独立生活的成年子女，有要求父母给付抚养费的权利。

成年子女不履行赡养义务的，缺乏劳动能力或者生活困难的父母，有要求成年子女给付赡养费的权利。

律师评析

父母与子女之间的关系不因父母离婚而消除。离婚后，子女无论由父或母哪一方直接抚养，仍是父母双方的子女，父母对子女有抚养教育的义务。父母一方抚养子女，另一方应负担子女必要的生活费和教育费的一部分或全部。负担费用的多少和期限的长短，由双方协议；协议不成时，由人民法院判决。抚养费包括子女生活费、教育费、医疗费等费用。

本案中，李某与贺女士虽然已经离婚，但作为小李的父母，双方均有抚养、教育孩子的义务，现小李随母亲生活，李某理应负担小李相应抚养费用。

小李父母在登记离婚之时签订的《自愿离婚协议》合法有效，且详尽规定了李某所应支付小李抚养费的相应金额及其期限。协议双方作为完全民事行为能力人，对子女抚养的约定是充分考量了双方的经济能力与子女的实际所需后作出的，体现了双方的真实意思，对双方均具有约束力。李某仅依约支付了部分抚养费，即不再继续依约履行，小李及其法定代理人贺女士有权要求李某支付其应付给小李的抚养费。

律师提示

在抚养费纠纷案件中，原告一般为子女本人，由其法定代理人代其向法院提起诉讼。

一般情况下，离婚后由一方抚养的婚生子女、由一方抚养的非婚生子女、继父母一方抚养的继子女、一方抚养照顾的无民事行为能力人或限制民事行为能力人都可以作为原告向抚养费支付义务一方追索拖欠的抚养费。

即使是在婚姻关系存续期间，父母双方或者一方拒不履行抚养子女义务，未成年或者不能独立生活的子女仍然可以向人民法院请求其支付抚养费。

141.生父需要支付非婚生子女的抚养费吗？

答案 郭先生需要支付乐乐的抚养费，这是他必须尽的抚养义务。

相关法条

《民法典》第1071条 非婚生子女享有与婚生子女同等的权利,任何组织或者个人不得加以危害和歧视。

不直接抚养非婚生子女的生父或者生母,应当负担未成年子女或者不能独立生活的成年子女的抚养费。

律师评析

《民法典》第1071条是关于"非婚生子女的权利"条款。依据该条的规定,非婚生子女和婚生子女享有同等的权利,任何组织或者个人不得加以危害和歧视。

非婚生子女,是指没有婚姻关系的男女所生的子女,包括未婚男女双方所生的子女或者已婚男女与婚外第三人发生两性关系所生的子女。现实生活中,经常有歧视非婚生子女的现象发生,这是违反法律规定的。无论是之前的《婚姻法》(已失效),还是现在《民法典》中的婚姻家庭编,都明确规定了非婚生子女享有与婚生子女同等的权利,父母的过错和责任不应由无辜的子女承担。

《民法典》第1071条与《婚姻法》第25条相比,第2款增加了一些内容。《婚姻法》规定,"不直接抚养非婚生子女的生父或生母,应当负担子女的生活费和教育费,直至子女能独立生活为止"。而《民法典》第1071条规定,"不直接抚养非婚生子女的生父或者生母,应当负担未成年子女或者不能独立生活的成年子女的抚养费",增加了生父或生母对不能独立生活的成年非婚生子女的抚养义务,规定更为全面合理。

不仅如此，《民法典》继承编规定的法定继承内容中，非婚生子女和婚生子女一样享有对生父母的法定继承权，且按该编第1141条的规定，非婚生未成年子女显然属于“缺乏劳动能力又没有生活来源的继承人”，要给其留“必留份”，不能通过遗嘱的方式排除未成年非婚生子女的继承权利。

本案中，郭先生作为乐乐的生父，当然需要支付乐乐的抚养费，直到乐乐18岁为止。

律师提示

作为非婚生子女的父母，应保留同居生活等方面的证据，证明子女与生父母的亲子关系，必要时，可以向法庭申请进行亲子鉴定以确认亲子关系。如果当事人一方起诉请求确认亲子关系，并提供必要证据予以证明，另一方没有相反证据又拒绝做亲子鉴定的，人民法院可以认定确认亲子关系一方的主张成立。

生父和生母对非婚生子女有抚养的义务，同时也有探视的权利，这一点与婚生子女一致。

142.如何通过诉讼确认亲子关系？

答案 人民法院可以认定元某与元小某具有亲子关系。

相关法条

《民法典》第1073条　对亲子关系有异议且有正当理由的，父或者母可以向人民法院提起诉讼，请求确认或者否认亲子关系。

对亲子关系有异议且有正当理由的，成年子女可以向人民法院提起诉讼，请求确认亲子关系。

律师评析

亲子关系确认制度化是亲子法立法发展的必然趋势。本次《民法典》第1073条广泛借鉴卓有成效的多元化经验，将亲子关系确认之诉写入婚姻家庭编，结合我国文化传统、国情特点及现实需要，构建我国亲子关系确认制度，既是满足司法实践的需要，也是贯彻落实儿童最大利益原则的需要。最高人民法院《关于适用〈中华人民共和国民法典〉婚姻家庭编的解释（一）》第39条也规定："父或者母向人民法院起诉请求否认亲子关系，并已提供必要证据予以证明，另一方没有相反证据又拒绝做亲子鉴定的，人民法院可以认定否认亲子关系一方的主张成立。父或者母以及成年子女起诉请求确认亲子关系，并提供必要证据予以证明，另一方没有相反证据又拒绝做亲子鉴定的，人民法院可以认定确认亲子关系一方的主张成立。"

在请求权主体方面，《民法典》第1073条规定，父母可以请求确认或否认亲子关系，成年子女则只可以请求确认亲子关系。将成年子女仅作为提出亲子关系确认之诉的主体，主要是为了保护成年子女的继承权等权利，并避免出现成年子女逃避赡养父母的义务。

在请求确认亲子关系的条件方面，《民法典》第1073条规定的条件为“有正当理由”。何为“正当理由”？一般可认为，民间机构出具的亲子关系鉴定证明、诉讼相对方的自认等均可成为启动诉讼程序的正当理由。民间机构对亲子关系鉴定也有较为严格的程序，故该证明有启动诉讼程序的足够依据。在没有民间机构出具的亲子关系鉴定证明的情况下，若能获得诉讼相对方自认的书面证明、录音、录像等，也可以启动诉讼程序。现实中出现的情况要更为复杂，不能一概而论，对于原告是否具有“正当理由”，人民法院将平衡各方利益，在儿童权益最大化原则的基础上进行综合判断。

亲子关系的确认需要满足高度盖然性的证明标准，即根据事物发展的高度概率进行判断的标准。从最高人民法院《关于适用〈中华人民共和国民法典〉婚姻家庭编的解释（一）》的表述来看，不应对提出诉讼的一方科以严格的举证责任，若已提供必要证据证明亲子关系存在或不存在，另一方没有相反证据又拒绝做亲子鉴定的，人民法院可以推定该主张成立，即亲子关系确认之诉满足高度盖然性的证明标准为已足。

本案中，孟某作为元小某的生母，有权依据《民法典》第 1073 条请求确认元某与元小某的亲子关系。因为孟某掌握有 A 市某医院出具的《出生医学证明》及民间机构出具的《亲子鉴定意见书》，元某作为《亲子鉴定意见书》认定的元小某生父，未对元小某履行任何抚养义务，孟某自然具有请求确认亲子关系并请求元某履行抚养义务的正当理由。元某拒不前往人民法院指定的有资质的机构进行亲子关系鉴定，也没有相反证据证实与元小某没有亲子关系，根据孟某已经掌握的证据，满足亲子关系认定的高度盖然性，人民法院自可以确认元某与元小某之间存在亲子关系，元某应履行对元小某的抚养义务。

律师提示

在对方拒不配合前往人民法院指定有资质的机构进行亲子关系鉴定时，民间机构出具的《亲子鉴定意见书》可以作为有效的证据，证明亲子关系是否存在。但是，民间机构亲子鉴定意见的证明力相对较弱，若不能达到高度盖然性的证明标准，人民法院难以支持当事人的诉讼请求。

具有提出亲子关系异议之诉的正当理由，不代表人民法院应当支持该项诉讼请求。如夫妻一方掌握了对方自认孩子并非亲生的录音证据，自然具有提起诉讼否认亲子关系的正当理由。但若只有此孤证，人民法院无法支持该项诉讼请求。

143.诉讼离婚可以适用冷静期制度吗？

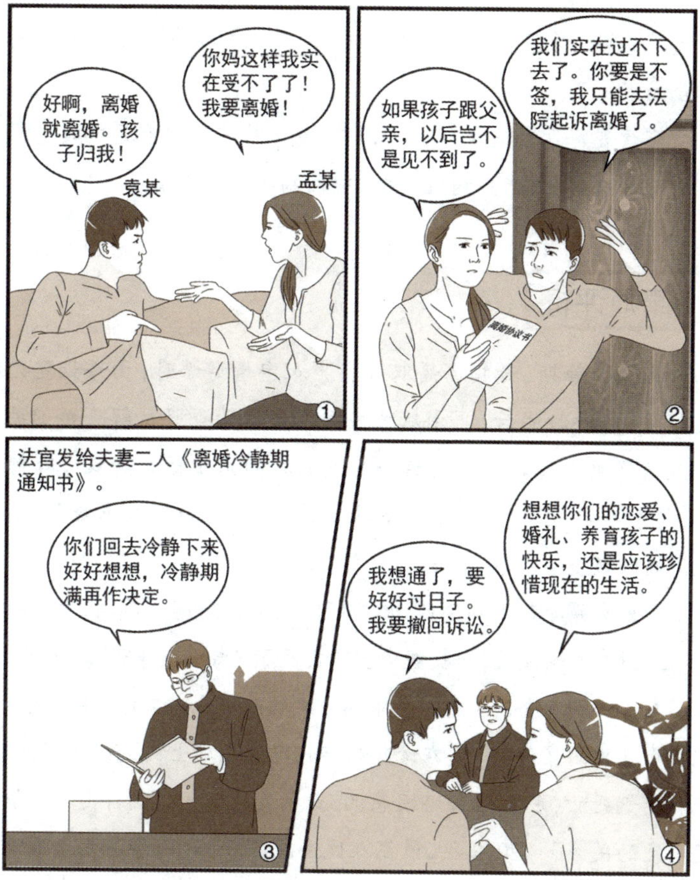

答案　虽然《民法典》第1077条规定了30日的离婚冷静期，但只适用于夫妻双方到婚姻登记机关登记离婚的情形。

相关法条

《民法典》第1077条　自婚姻登记机关收到离婚登记申请之日起三十日内，任何一方不愿意离婚的，可以向婚姻登记机关撤回离婚登记申请。

前款规定期限届满后三十日内，双方应当亲自到婚姻登记机关申请发给离婚证；未申请的，视为撤回离婚登记申请。

律师评析

离婚冷静期，是指离婚双方当事人申请离婚时，由婚姻登记机关备案，一段时间后，再由双方当事人决定是否坚持解除婚姻关系或撤销离婚申请。设置离婚冷静期的目的是希望婚姻双方冷静下来，更加理性地思考，作出理智抉择的效果，从而降低冲动型、草率型离婚的数量。

国内离婚冷静期制度可以回溯到2010年“两会”期间，第十一届全国政协委员的提案，该提案中明确提及了“离婚冷静期”。2016年，最高人民法院在全国推行家事审判方式的改革试点工作，要求试点法院在审理离婚案件时“要在诊断婚姻状况的基础上，注意区分婚姻危机和婚姻死亡，积极化解婚姻危机，正确处理保护婚姻自由与维护家庭稳定的关系”。2018年，最高人民法院《关于进一步深化家事审判方式和工作机制改革的意见（试行）》第40条明确规定：“人民法院审理离婚案件，经双方当事人同意，可以设置不超过3个月的冷静期。在冷静期内，人民法院可以根据案件情况开展调解、家事调查、心理疏导等工作。冷静期结束，人民法院应通知双方当事人。”2019年

12 月,《民法典(草案)》对外公布,第 1077 条明确规定了登记离婚情形下 30 天的离婚冷静期。至此,离婚冷静期完成了从提案、试行到立法的转变。

那么,离婚冷静期的规定是否干涉了公民的婚姻自由呢?答案是否定的。《民法典》第 1077 条的规定以男女双方到婚姻登记机关申请离婚作为前提。我们知道,现实生活中导致夫妻产生矛盾的原因千差万别,很多夫妻确实只因为一时冲动就要求离婚,若轻率准予离婚,离婚夫妻共同财产分割问题及子女抚养问题会对社会秩序以及子女的健康成长造成不利影响。结合我国离婚率不断攀升的社会现实问题,为了防止夫妻冲动、草率离婚,设置离婚冷静期也是维护社会稳定之必要。且《民法典》第 1078 条、第 1079 条分别对夫妻协议离婚及诉讼离婚加以规定,为夫妻关系的解除指明了道路。因此,离婚冷静期的立法目的是鼓励人们慎重考虑再离婚,而不是干涉公民的离婚自由。离婚冷静期的设置是现代离婚制度模式的创新,与传统"宁拆十座庙,不毁一桩婚"的封建思想有天壤之别。我们要在情与理的视野下,以法治视角重新审视离婚冷静期。

但是,离婚冷静期若是不区分具体情况地"一刀切"适用,可能造成冷静期变为"折磨期""矛盾期"。如遭遇家庭暴力的妇女起诉离婚的,若适用离婚冷静期,很可能造成当事人人身权益受到更大的伤害。立法的本意在于防止轻率离婚,但却不能由此推定申请离婚者皆是轻率离婚。对此,人大常委会法工委 2020 年 5 月 14 日作出的回应是:离婚冷静期制度只适用于协议离婚,对于有家庭暴力等情形的,实践中一般是向法院起诉离婚,而起诉离婚是不适用离婚冷静期制度的。英国、法国、俄罗斯等国法律也都规定了这一制度。

本案中,法院发出《离婚冷静期通知书》的依据为最高人民法院《关于进一步深化家事审判方式和工作机制改革的意见(试行)》

第40条。该条是在《民法总则》和《婚姻法》(均已失效)的框架下,出于防止当事人轻率离婚的考虑而制定的。但《民法典》已经明确规定了登记离婚情况下的离婚冷静期,人民法院若仍对离婚夫妻双方设置离婚冷静期,可能造成当事人离婚自由受到一定程度的阻碍。因此,人民法院不宜对起诉离婚的案件设置冷静期,尤其是对于一方有家暴、吸毒、赌博等恶习的离婚案件更不应设置冷静期。

律师提示

《民法典》第1077条规定的30日离婚冷静期,只适用于夫妻双方到婚姻登记机关登记离婚的情况。

144.夫妻分居多久可以离婚?

答案

案例一丁某的离婚请求不能得到支持，因为夫妻二人尚未满足“感情确已破裂”的离婚标准。

案例二骆某的离婚请求可以得到支持，因为夫妻二人满足因感情不和分居满 2 年的条件。

相关法条

《民法典》第1079条　夫妻一方要求离婚的，可以由有关组织进行调解或者直接向人民法院提起离婚诉讼。

人民法院审理离婚案件，应当进行调解；如果感情确已破裂，调解无效的，应当准予离婚。

有下列情形之一，调解无效的，应当准予离婚：

（一）重婚或者与他人同居；

（二）实施家庭暴力或者虐待、遗弃家庭成员；

（三）有赌博、吸毒等恶习屡教不改；

（四）因感情不和分居满二年；

（五）其他导致夫妻感情破裂的情形。

一方被宣告失踪，另一方提起离婚诉讼的，应当准予离婚。

经人民法院判决不准离婚后，双方又分居满一年，一方再次提起离婚诉讼的，应当准予离婚。

律师评析

《民法典》在调解及诉讼离婚的规定方面沿袭了《婚姻法》（已失效）的规定，这就涉及一个老生常谈的问题——夫妻感情破裂的判断标准。判断夫妻感情是否确已破裂，应当从婚姻基础、婚后感情、离婚原因、夫妻关系的现状和有无和好的可能等方面综合分析。

第一，婚姻基础。婚姻往往带有深厚的社会因素，如双方的基本条件、文化层次、家庭背景等。有的男女婚前海誓山盟，不顾实际情况仓促结婚，婚后如果双方的基本条件、生活作风等相差过大，又不能相互包容，很可能导致婚姻的破裂。

第二，婚后感情。夫妻双方在婚姻存续期间是否互敬互爱、相互体贴关心、共同赡养父母、共同抚养子女照顾后代，以及夫妻双方思想品质、生活作风、性格习惯、夫妻生活等是否一致都是判断的依据。

第三，离婚原因。离婚作为一种社会现象，其原因千差万别。但涉及《民法典》第 1079 条列举的五种情形的，一般可以认定为“感情确已破裂”。

第四，夫妻关系的现状和有无和好的可能。夫妻感情并非一成不变，矛盾双方因为各种原因导致感情创伤，诉讼离婚，只要感情尚未真正破裂，人民法院可以进行各种积极有效的工作，通过贯穿诉讼始终的调解活动促使夫妻双方调解和好。

在夫妻因分居而提起离婚诉讼的情况下，除了沿袭《婚姻法》规定，夫妻因感情不和满 2 年，调解无效的，应当准予离婚外，《民法典》针对诉讼离婚新增了“经人民法院判决不准离婚后，双方又分居满一年，一方再次提起离婚诉讼的，应当准予离婚”的条款。但是，实践中我们也应注意一些问题。

首先，夫妻因感情不和分居满 2 年，是人民法院用以判断夫妻感情是否达到准予离婚的条件——夫妻感情“确已破裂”的标准之一。若夫妻有分居之实，感情却没有达到不可修复的程度，人民法院一般不会准予离婚。在案例一中，曹某与丁某经他人介绍相识、结婚，其婚姻基础一般。但是，影响两人感情的主要因素是丁某未生育子女，丁某的病症有治愈的可能，且在丁某拒绝与曹某共同生活后，曹某多次邀请丁某回家，可见曹某比较珍惜夫妻感情。曹某与丁某的婚姻，还有转圜余地，人民法院一般情况下不会认定这种情况属于“感情确已破裂”，不会准予离婚。

其次，对于《民法典》的新增规定，只有人民法院判决不准离婚后，双方又分居满1年，一方再次提起离婚诉讼的情况下，人民法院才应当准予离婚。法院判决不予离婚后再次提起离婚诉讼的时间，还要受到《民事诉讼法》第124条第7款的限制，即“判决不准离婚和调解和好的离婚案件，判决、调解维持收养关系的案件，没有新情况、新理由，原告在六个月内又起诉的，不予受理”。所以，若夫妻双方以两地分居为由提起离婚诉讼，法院第一次判决不准离婚后双方继续分居，在6个月之内没有新情况、新理由再次起诉的，人民法院将不予受理；分居满一年一方再次提起诉讼的，人民法院准予离婚；若在判决不准离婚的6个月至1年之内再次提起诉讼的，人民法院有判决不准离婚的可能性，但还要依据实际情况综合判断夫妻之间感情是否达到确已破裂的标准。在案例二中，许某、骆某“闪婚”，婚姻基础差，婚后感情差；男方实施家庭暴力、夫妻二人长期两地分居是离婚的直接原因；夫妻二人已经几乎没有重归于好的可能性。综合以上几个方面，可以得出二人感情确已破裂的结论。法院可以依法判决准予离婚。

律师提示

实践中一些人认为夫妻因感情不和分居两年，婚姻就可以自动解除，这是完全错误的。夫妻因感情不和分居满2年，是人民法院用以判断夫妻感情确已破裂的标准之一。夫妻感情破裂与否的认定只能交由人民法院结合实际情况进行具体判断。

经人民法院判决不准离婚后，双方又分居满1年的，不受“因感情不和分居”的条件限制，法院应当准予离婚。

145.现役军人长期无法回家，妻子能够以感情破裂为由提起离婚诉讼吗？

答案 在现役军人小张不存在重大过错且不同意离婚的情形下，李女士单方面提出离婚不符合法律规定。

相关法条

《民法典》第1081条　现役军人的配偶要求离婚，应当征得军人同意，但是军人一方有重大过错的除外。

律师评析

现役军人，是指在中国人民解放军和中国人民武装警察部队服现役的军官、武警警官、文职干部、士兵和有军籍的学员，不包括未取得军籍的军队在编职工和军队聘用的非现役文职人员，也不包括预备役军人和在地方大学就读的国防生。退役、复员和转业人员也不属于现役军人的范围。正在服刑或劳动教养的军人也不享受现役军人的待遇。

人民军队肩负保护国家安全、人民安全、保卫社会主义建设的神圣职责，国家通过《民法典》《刑法》等法律规定对现役军人的婚姻予以特殊保护，是立法的传统，也符合国家与人民的根本利益。保护军婚的规定有利于军队秩序和军心的稳定，同时也充分体现了党和国家对军人的特别关怀。《刑法》第259条对破坏军婚罪作出了定义，即明知是现役军人的配偶而与之同居或者结婚的，处3年以下有期徒刑或者拘役。

现役军人的配偶要求离婚，须征得军人同意，但军人一方有重大过错的除外。其中，现役军人的配偶要求离婚，是指非军人配偶向现役军人提出离婚的情况。如果双方均为现役军人，或现役军人向非军人配偶一方提出离婚，不适用本条规定。军人有重大过错的也不适用这一规定。“军人一方有重大过错”，是指实施家庭暴力或虐待、遗弃家庭成员的；重婚或有配偶者与他人同居的；有赌博、吸毒等恶习屡教不改的。

本案中，小李以配偶小张长期不在家，故夫妻感情已彻底破裂为由诉讼要求离婚。对于小李提出的离婚理由，小张承认其因为工作关系疏于对家庭的照顾，疏于与配偶的沟通，但不同意离婚。同时现有事实亦不足以证明小张存在重大过错，法院判决不会支持小李的诉讼请求。

律师提示

现役军人一方提出离婚，应持严肃慎重的态度，要不违反法令，不败坏道德。申请离婚者须经所在单位团以上政治机关同意，并出具证明，方可到地方婚姻登记机关登记离婚，或向人民法院提出离婚诉讼。

146.丈夫能否在妻子分娩后1年内要求离婚?

答案 李某在女方分娩后1年内提出离婚不符合法律规定。

相关法条

《民法典》第 1082 条　女方在怀孕期间、分娩后一年内或者终止妊娠后六个月内，男方不得提出离婚；但是，女方提出离婚或者人民法院认为确有必要受理男方离婚请求的除外。

律师评析

《民法典》第 1082 条是对于男方离婚请求权的限制性规定，旨在保护妇女、胎儿及婴儿的利益。它是一种程序上的规定，并不涉及是否准予离婚的实体性问题。在法律规定的期限届满后，男方仍然可以依法行使其离婚请求权。

法律限制男方在女方分娩后 1 年内的离婚起诉权，不仅是为了保障婴儿的正常发育成长，也是为了保护女方的身心健康。故对于一些特殊情况，如女方分娩时胎儿死亡或分娩后婴儿死亡的，一般也应按“男方不得提出离婚”的原则办理。同样道理，女方分娩后即将婴儿送养的，为了使此时身心都比较脆弱的女方的健康得到保护，避免其因为婚姻关系的变故而受到伤害，对男方的离婚起诉，法院一般也予以驳回。

本案中，李某提出离婚诉讼时贺女士分娩尚未满 1 年，法院依法驳回了李某的起诉。

律师提示

女方怀孕期间男方不得提出离婚也不是绝对的，根据有关规定和司法解释，在特殊条件下出于对男女双方利益的综合考虑，允许男方提出离婚的情况有：(1)女方婚后主动与他人发生性关系而怀孕，使女方丧失保护必要的；(2)女方怀孕期间、分娩后1年内或者终止妊娠后6个月内，男方的生命受到女方的威胁或合法权益遭到女方严重侵害的；(3)女方对婴儿有虐待、遗弃行为的；(4)女方婚前患有不宜结婚的疾病，婚后经治不愈或不宜生育的；(5)女方在怀孕期间、分娩后1年内或终止妊娠后6个月内下落不明，未对胎儿、婴儿提供抚育的。

147.对于抚养权有争议时，孩子到底跟谁？

答案 依照最有利于未成年子女的原则，人民法院将依法判决小唐继续随祖父母生活。

相关法条

《民法典》第1084条　父母与子女间的关系，不因父母离婚而消除。离婚后，子女无论由父或者母直接抚养，仍是父母双方的子女。

离婚后，父母对于子女仍有抚养、教育、保护的权利和义务。

离婚后，不满两周岁的子女，以由母亲直接抚养为原则。已满两周岁的子女，父母双方对抚养问题协议不成的，由人民法院根据双方的具体情况，按照最有利于未成年子女的原则判决。子女已满八周岁的，应当尊重其真实意愿。

律师评析

"最有利于未成年子女原则"实为"儿童最大利益原则"在抚养权案件中的体现。1989年，联合国首次将"儿童最大利益原则"写入《儿童权利公约》作为基本原则。这一原则强调，"关于儿童的一切行动，不论是由公私社会福利机构、法院、行政当局或立法机构执行，均应以儿童的最大利益为一种首要考虑"。

在《民法典》出台之前，我国虽未明确规定最有利于未成年子女原则，但《未成年人保护法》第10条、《预防未成年人犯罪法》第10条等都明文规定了父母对未成年子女的抚养、教育义务。此次《民法典》中"最有利于未成年子女原则"的确立，也是对司法实践中已经形成的判断标准的明确宣示。"最有利于未成年子女原则"在离婚案件审判实践中应当考量以下三点：

第一，尊重未成年子女的主体地位。在离婚纠纷中，父母是当事人主体，未成年子女系被动参与案件审理，其对婚姻关系的处理没有主体资格和主体利益，但事涉抚养权时，未成年子女的主体利益应当是明确的，应当从实质利益角度尊重未成年子女的利益主体地位。

第二，尊重未成年子女的主观意愿。《民法典》第 1084 条第 3 款规定，子女已满 8 周岁的，应当尊重其真实意愿。未成年子女已满 8 周岁的，系限制民事行为能力人，其具备想要由谁抚养的识别能力和表达能力，应当尊重其个人主观意愿。未成年子女已满 2 周岁未满 8 周岁的，其主观意愿仍应参考，不论意愿是否成熟、应否采纳，都应通过尊重未成年子女的主观意愿，尊重和保障未成年子女的程序参与权和共同决定权。

第三，综合衡量父或母的抚养条件。父母对未成年子女的抚养，包括满足未成年子女在生活、教育、医疗等多方面的生存和发展需要。除了基本的经济保障，还要照顾其身心健康。因此，考量父或母的抚养条件，要比较其满足子女需要的能力及其行为对子女的影响等因素。当然，最高人民法院《关于人民法院审理离婚案件处理子女抚养问题的若干具体意见》（已失效）中所涉因素，如“患有久治不愈的传染性疾病或其他严重疾病，子女不宜与其共同生活的”“有抚养条件不尽抚养义务，而另一方要求子女随其生活的”“子女随其生活时间较长，改变生活环境对子女健康成长明显不利的”等，在审判实践中仍然具有参考价值。

总之，《民法典》第 1084 条中的“最有利于未成年子女原则”，应严格适用于未成年子女已满 2 周岁的情形，且优先由离婚父母对子女抚养问题达成协议，协议不成的，再由法院根据具体情况综合上述因素适用该项原则进行判决。

本案虽不涉及离婚后子女抚养协议不成的问题，但是从尊重未成年子女的主体地位的角度来看，对于本案的审判依然可以适用最有利于未成年子女的法律原则，判决小唐与其祖父母继续共同生活。且小唐已年满8周岁，应当尊重其想与祖父母一起生活的意愿。

律师提示

尽管《民法典》第1084条规定的是离婚父母对未成年子女的抚养问题，同居关系子女抚养纠纷亦可参照适用。

在离婚后子女抚养的问题上，不是必须依照年满8周岁未成年子女的意见处理，而是在尊重、参考其意见的基础上，结合父母的抚养条件等进行综合判断。

148.离婚时未约定抚养费，直接抚养子女的一方还能要求对方支付抚养费吗？

答案 张三可以以孩子的名义提起抚养费纠纷诉讼，要求李女士支付抚养费。

相关法条

《民法典》第1085条　离婚后，子女由一方直接抚养的，另一方应当负担部分或者全部抚养费。负担费用的多少和期限的长短，由双方协议；协议不成的，由人民法院判决。

前款规定的协议或者判决，不妨碍子女在必要时向父母任何一方提出超过协议或者判决原定数额的合理要求。

律师评析

《民法典》规定，父母与子女间的关系不因父母离婚而消除。离婚后，子女无论由父或母哪一方直接抚养，仍是父母双方的子女，离婚后父母对子女仍有抚养教育的义务。离婚后，一方抚养子女的，另一方应负担必要的抚养费的部分或全部，负担费用的多少和期限的长短，由双方协议。父母双方已就子女的抚养费达成了协议，并不妨碍子女在必要时向父母任何一方提出超过协议原定数额的合理要求。

本案中，虽然张三在与李女士协议离婚时，未约定李女士应向儿子支付抚养费，但小张仍可向李女士主张给付合理的抚养费。至于抚养费的具体数额，可根据子女的实际需要、父母双方的负担能力和当地的实际生活水平予以确定。抚养费给付的起算时间，应从起诉当月开始。法院判令李女士向小张支付法院酌定的抚养费至小张年满18周岁为止。

律师提示

在司法实践中，子女抚养费需考虑三方面来确定：(1)子女的实际需要；(2)父母双方的负担能力；(3)当地的实际生活水平。具体来讲，离婚后，未取得抚养权的一方有固定收入的，抚养费一般可按其月总收入的20%~30%的比例给付。负担两个以上子女抚养费的，比例可适当提高，但一般不得超过月总收入的50%。未取得抚养权的一方无固定收入的，抚养费的数额可依据当年总收入或同行业平均收入，参照上述比例确定。有特殊情况的，可适当提高或降低上述比例。

抚养费包括子女生活费、教育费、医疗费等费用，但此处的教育费是指尚在校接受高中及以下学历教育的合理支出。上收费昂贵的私立学校、贵族学校等多支付的择校费、赞助费，不属于此处合理的教育费支出。

149.父母离婚后，爸爸能否拒绝妈妈探视孩子？

答案 贺女士可向法院提起探望权纠纷诉讼，要求每月探望儿子一次。

相关法条

《民法典》第1086条　离婚后，不直接抚养子女的父或者母，有探望子女的权利，另一方有协助的义务。

行使探望权利的方式、时间由当事人协议；协议不成的，由人民法院判决。

父或者母探望子女，不利于子女身心健康的，由人民法院依法中止探望；中止的事由消失后，应当恢复探望。

律师评析

父母与子女间的关系不因父母离婚而消除。离婚后，子女无论由父或母哪一方直接抚养，仍是父母双方的子女，父母对于子女仍有抚养和教育的权利和义务。不直接抚养子女的父或母，有探望子女的权利，另一方有协助的义务。

探望权是为保护未成年子女的利益而设立的一项权利，旨在满足非直接抚养子女的父或母一方对子女的关心、抚养、教育的需要，增进子女与非直接抚养之父或母一方的情感沟通和交流，更好地实现父母对子女的抚养教育。任何一方不得剥夺子女的该项权利。

本案中，贺女士要求每月探望儿子小李一次，符合法律规定。法院判决贺女士自判决生效之日起至儿子小李具备完全行为能力时止，每月探望小李一次，探望的方式和时间由法院酌定，李某负有协助义务。

律师提示

父母应尽量在探望方式和探望时间上充分沟通，同时约定如果出现与探望时间相冲突的例外情形时，怎样在探望方式和探望时间上作出变通执行。

在子女抵触探望的情绪比较强烈时，建议探望方不要采取过激方式强行探望，影响子女正常学习生活，引发新的矛盾。要尊重并理解子女的意愿和感受，通过沟通逐渐打开孩子心结。在这个过程中，直接抚养孩子一方也要耐心对孩子进行疏导教育，帮助其消除隔阂，化解误会。

虽然《民法典》将探望权的主体规定为离婚后不直接抚养子女的父或母，但在未成年子女的父或母死亡或者丧失行为能力的情况下，依照法律规定代替已经死亡或者丧失行为能力的子女对孙子女或外孙子女尽抚养义务的祖父母或者外祖父母主张探望孙子女或外孙子女的，人民法院通常会予以支持。

150.离婚时夫妻共同财产如何分割?

答案

对于李某离婚主张经济补偿金的请求法院予以支持；对于李某主张分得全部夫妻共同财产的请求，法院将依据照顾子女、女方和无过错方权益的原则，部分支持。

相关法条

《民法典》第1087条　离婚时，夫妻的共同财产由双方协议处理；协议不成的，由人民法院根据财产的具体情况，按照照顾子女、女方和无过错方权益的原则判决。

对夫或者妻在家庭土地承包经营中享有的权益等，应当依法予以保护。

《民法典》第1088条　夫妻一方因抚育子女、照料老年人、协助另一方工作等负担较多义务的，离婚时有权向另一方请求补偿，另一方应当给予补偿。具体办法由双方协议；协议不成的，由人民法院判决。

《民法典》第1092条　夫妻一方隐藏、转移、变卖、毁损、挥霍夫妻共同财产，或者伪造夫妻共同债务企图侵占另一方财产的，在离婚分割夫妻共同财产时，对该方可以少分或者不分。离婚后，另一方发现有上述行为的，可以向人民法院提起诉讼，请求再次分割夫妻共同财产。

律师评析

《民法典》第1087条的规定为法院在财产分割时适当照顾无过错方提供了明确的依据。但是，照顾无过错方原则并不等于会对过错方产生人们通常所说的“净身出户”的效果。夫妻有结婚的自由，也有离婚的自由。在离婚诉讼中，法院会全面考虑照顾子女、女方和无过错方权益的原则。事实上，子女是婚姻关系破裂后最大的受害方，法院在财产分割时优先考虑照顾子女利益，在此基础上考虑女方和无过错方权益。我国的离婚财产分割制度为原则上均等分割，在平均分配原则基础上适当偏向于一方，而不是完全剥夺一方分割财产的权利。

《民法典》第1088条规定了离婚时的经济补偿请求权。该条删除了《婚姻法》(已失效)第40条“夫妻书面约定婚姻关系存续期间所得的财产归各自所有”的前提条件。也就是说，夫妻无论是采用共有制还是分别所有制，为家庭贡献较多的一方都有权要求另一方进行补偿。

《民法典》第1092条规定了隐藏、变卖、毁损、挥霍夫妻共同财产或伪造债务行为的处理规则。《婚姻法》规定的“夫妻一方隐藏、转移、变卖、毁损共同财产”的行为主要针对的是有形财产，而《民法典》增加了“挥霍”夫妻财产的情形，将金钱利益也包括在内，进一步完善恶意减损共同财产的情形。

本案中，李某与张某分居4年以来，李某一直独自抚养幼子，负担了较多抚养义务，依据《民法典》第1088条，离婚时有权向张某请求补偿。张某虽然出轨，为离婚的主要过错方，但不宜判决所有的夫妻共同财产归李某所有。考虑年幼孩子抚养的问题，本着儿童最大利益原则，可以按照照顾女方和无过错方的原则，在夫妻共同财产的分割问题上作出偏向于李某的判决。

律师提示

夫妻一方隐藏、转移共同财产的，一般有以下几种表现形式：

1. 转移存款。即将自己名下银行存款或股票账户资金等取出或转到他人名下，导致离婚时其名下并无银行存款可分。

2. 虚假过户。即没有实际的买卖或赠与关系，与他人串通，将不动产、车辆等过户到第三人名下,他人为名义上的所有者,但实际上所有权和控制权仍在自己,致使配偶一方无法分割到财产。

3. 变卖资产。即将己方名下资产通过中介或他人介绍出卖给第三人,取得现金进而隐藏,规避配偶分割资产。

4. 私赠他人。包括赠与情人或其他有暧昧的第三者、赠与其他熟悉的人等,导致夫妻财产减少,其实最终还是自己获利。

151.对方出轨能否主张离婚损害赔偿?

答案 人民法院可以准予唐某、宋某离婚，并支持宋某提出的要求唐某支付离婚损害赔偿金的诉讼请求。

相关法条

《民法典》第1091条　有下列情形之一，导致离婚的，无过错方有权请求损害赔偿：

（一）重婚；

（二）与他人同居；

（三）实施家庭暴力；

（四）虐待、遗弃家庭成员；

（五）有其他重大过错。

律师评析

离婚损害赔偿，是指因夫妻一方的重大过错致使婚姻关系破裂的，过错方应对无过错方的财产损失或精神损失予以物质赔偿的法律制度。在确立离婚损害赔偿制度之前，婚姻司法实践中无过错方的损害通常无法得到赔偿。而无过错方的损害不仅有财产损害，还包括精神损害。例如，过错一方虐待、遗弃无过错一方，对其实施家庭暴力等，会造成无过错一方物质上和精神上的损失；过错一方重婚、与他人同居等不忠诚行为也会导致无过错一方精神受到打击，心灵遭遇创伤。此前，这些损害因为没有相应的法律依据而无法得到救济或补偿。《婚姻法》（已失效）第46条规定了离婚损害赔偿制度，有下列情形之一，导致离婚的，无过错方有权请求损害赔偿：（1）重婚的；（2）有配偶者与他人同居的；（3）实施家庭暴力的；（4）虐待、遗弃家庭成员的。离婚损害赔偿制度在《婚姻法》中的确立，更好地保护了离婚案件中无过错方的合法权益。

虽然《婚姻法》规定了离婚损害赔偿的四种情形，但实践中不少案件被告方过错明显，却因不符合法定赔偿条件，导致无过错一方不能得到相应的救济。这一问题在《民法典》生效后将得以有效解决。《民法典》婚姻家庭编充分发挥法律对家风、家庭美德、家庭文明的正面引导，完善了我国离婚损害赔偿制度，并将照顾无过错方权益纳入夫妻共同财产分割原则，将对司法机关审理离婚案件产生重大影响。

《民法典》第1091条规定的离婚损害赔偿制度，在《婚姻法》规定的四种情形之外，增加规定了第五项兜底条款：有其他重大过错的。这样一来，法院基于自由裁量权判决支持无过错方损害赔偿的情况会越来越多。现实中夫妻感情破裂，责任一方的过错情形远远超过《婚姻法》第46条的范围，仅违背夫妻忠实义务一类，过错情形就包括通奸（"一夜情"、多次出轨）、在线裸聊、与他人怀孕或生育子女、出轨染上艾滋病又传染配偶等。其中一些过错严重伤害夫妻感情，直接导致婚姻破裂，完全可以归入《民法典》第1091条规定的"其他重大过错"范畴，对另一方承担损害赔偿责任。简而言之，过错一方承担损害赔偿的责任范围比以前大了。《民法典》生效后，夫妻一方的经常性出轨可以纳入"有其他重大过错"的兜底条款，法官可以行使自由裁量权，以照顾无过错方的原则判决支持无过错方的离婚损害赔偿请求。

离婚损害赔偿制度的设立主要是针对离婚的法律后果而言。因此，这项制度不会因为离婚的方式不同而区别适用，既可适用于协议离婚，也可适用于诉讼离婚。

在协议离婚的情况下，意思自治是基本原则。所以，关于损害赔偿的方式、赔偿的数额均可以由双方商定，达成一致。诉讼离婚主要是借助司法手段，国家干预是其基本理念。所以，如果双方不能通过调解达成一致意见，则法院要依据事实和法律作出裁判。

需要指出，并非所有的离婚案件都会遇到损害赔偿的情形，所以离婚损害赔偿制度具有一定的独立性。从这个角度讲，如果当事人在离婚时并未提起损害赔偿之诉，在离婚协议或判决生效后，仍然可以独立提起离婚损害赔偿之诉。

本案中，唐某与宋某因感情不和分居已满 2 年，唐某多次出轨并且对于自己出轨的错误行为毫不悔改，即使夫妻二人都对孩子积极履行抚养义务，也不能证明夫妻二人感情有好转余地。唐某与宋某已经满足夫妻感情确已破裂的判断标准，人民法院应当准予离婚。同时，依据《民法典》第 1091 条，唐某经常性出轨的行为已经造成宋某身心受到巨大伤害，符合“有其他重大过错”的范畴，法官应行使自由裁量权，支持宋某离婚损害赔偿请求。

律师提示

法官一般会根据过错方侵害的手段、场合、行为方式，对受害人造成的损害程度，过错方承担责任的经济能力，以及当地的平均生活水平等因素来确定过错方的赔偿金额。但在以往的司法实践中，过错方一般只承担 5 万元以下的损害赔偿责任。

离婚损害赔偿制度既可适用于协议离婚，也可适用于诉讼离婚。如果当事人在离婚时并未提起损害赔偿之诉，在离婚协议或判决生效后，他（她）仍然可以独立提起离婚损害赔偿之诉。

152.离婚后发现前夫用夫妻共同财产支付私生子抚养费，属于自己的财产还能要回吗？

答案 贺女士可以向法院提起离婚后财产纠纷诉讼，请求再次分割夫妻共同财产 45 万元。

相关法条

《民法典》第1092条　夫妻一方隐藏、转移、变卖、毁损、挥霍夫妻共同财产，或者伪造夫妻共同债务企图侵占另一方财产的，在离婚分割夫妻共同财产时，对该方可以少分或者不分。离婚后，另一方发现有上述行为的，可以向人民法院提起诉讼，请求再次分割夫妻共同财产。

律师评析

一方侵害夫妻共同财产，另一方可向人民法院提起诉讼请求分割的有两种情形：一是夫妻一方隐藏、转移、变卖、毁损、挥霍夫妻共同财产；二是伪造夫妻共同债务企图侵占另一方财产。从主观上，上述行为应为夫妻一方的故意行为，通过上述行为，实现侵占夫妻共同财产的目的。因过失行为导致的共同财产毁损，不适用该条规定。

本案中，李某与贺女士结婚十余年，双方未约定夫妻财产分别制，李某在与贺女士夫妻关系存续期间向他人转账的45万元应属于夫妻共同财产。因李某刻意隐瞒贺女士，上述夫妻共同财产在双方原离婚案件中未作处理，李某的行为属于隐藏、转移夫妻共同财产。贺女士在离婚后又要求分割这部分财产合理合法，最终法院也支持了贺女士的诉讼请求。

律师提示

夫妻一方实施上述行为，法院不必然支持另一方分割夫妻共同财产的主张，只有同时满足不损害债权人利益的条件，方能获得支持。例如，丈夫经营饭店亏损，拖欠巨额债务，为逃避债务，丈夫将夫妻共同所有的存款交给第三人，以该第三人名义存入银行，但约定该款项所有权系该丈夫所有。此时，丈夫隐藏财产的目的是逃避债权人债权，并非为侵占夫妻共同财产，该笔款项依照法律规定仍属于夫妻共有财产。如妻子主张分割夫妻共同财产，既不符合本条规定的“严重损害夫妻共同财产利益的行为”，又会损害债权人利益，则妻子的主张不应获得支持。

153.被送养的孩子长大后，亲生父母能主张收养关系无效吗？

答案

曾某、汤某夫妇与小刘的收养关系应认定为无效。

相关法条

《民法典》第1093条 下列未成年人,可以被收养:

(一)丧失父母的孤儿;

(二)查找不到生父母的未成年人;

(三)生父母有特殊困难无力抚养的子女。

《民法典》第1094条 下列个人、组织可以作送养人:

(一)孤儿的监护人;

(二)儿童福利机构;

(三)有特殊困难无力抚养子女的生父母。

《民法典》第1098条 收养人应当同时具备下列条件:

(一)无子女或者只有一名子女;

(二)有抚养、教育和保护被收养人的能力;

(三)未患有在医学上认为不应当收养子女的疾病;

(四)无不利于被收养人健康成长的违法犯罪记录;

(五)年满三十周岁。

律师评析

《民法典》收养编对被收养人、送养人及收养人的条件都作出了明确的规定。违反法律规定的收养行为无法律效力。本案中,小刘的生父母尚在,也不存在生父母有特殊困难无力抚养小刘的情况,现有证据亦证明小刘并非其生父母而是由其爷爷送养。而曾某、汤某夫妇在收养时未达到法律规定的年龄,且收养并未订立书面协议。无论是被收养人、送养人、收养人还是送养的形式均违反法律规定。曾某、汤某夫妇收养小刘的行为无法律效力。

本案中，曾某、汤某的收养行为虽因违反法律规定而无效，但二人含辛茹苦将小刘抚养成人，无论是经济还是感情均倾注了大量的心血。曾某、汤某夫妇可以另案主张小刘的亲生父母大刘、小梁给予经济补偿。二十余年的养育之情远非金钱能够衡量，小刘也应常念养育之恩，给予曾某、汤某夫妇更多的关心，以慰曾某、汤某夫妇养育之情。

律师提示

无序收养的现象在现实生活中是存在的。有的人是纯粹出于善意，有的人是缺乏法律意识，还有部分人甚至是抱有其他目的通过各种渠道收养孩子，既不办理收养手续，也不注重保护收养双方的合法权益。这种现象不仅容易滋生纠纷，甚至培育了拐卖儿童等犯罪行为的土壤。因此，通过法律规范收养手续，界定合法收养的范围是十分有必要的。

违反法律规定的收养行为无效，并不意味着被送养的孩子对抚养自己长大的人就没有责任了。抚养孩子长大的家庭，有权要求孩子的亲生父母或者长大成人的孩子补偿收养期间的抚养费用，包括生活费、教育费等。

154.舅舅收养外甥女需要满足哪些条件?

答案　如果卞保国没有其他不适宜收养的情况，在李萱萱同意被收养的前提下，卞保国可以合法收养李萱萱。

相关法条

《民法典》第1098条　收养人应当同时具备下列条件：

（一）无子女或者只有一名子女；

（二）有抚养、教育和保护被收养人的能力；

（三）未患有在医学上认为不应当收养子女的疾病；

（四）无不利于被收养人健康成长的违法犯罪记录；

（五）年满三十周岁。

《民法典》第1099条　收养三代以内旁系同辈血亲的子女，可以不受本法第一千零九十三条第三项、第一千零九十四条第三项和第一千一百零二条规定的限制。

华侨收养三代以内旁系同辈血亲的子女，还可以不受本法第一千零九十八条第一项规定的限制。

《民法典》第1102条　无配偶者收养异性子女的，收养人与被收养人的年龄应当相差四十周岁以上。

《民法典》第1104条　收养人收养与送养人送养，应当双方自愿。收养八周岁以上未成年人的，应当征得被收养人的同意。

《民法典》第1105条　收养应当向县级以上人民政府民政部门登记。收养关系自登记之日起成立。

收养查找不到生父母的未成年人的，办理登记的民政部门应当在登记前予以公告。

收养关系当事人愿意签订收养协议的，可以签订收养协议。

收养关系当事人各方或者一方要求办理收养公证的，应当办理收养公证。

县级以上人民政府民政部门应当依法进行收养评估。

律师评析

收养，指将他人子女收为自己子女，收养者与被收养者间又称为法定血亲或拟制血亲，收养者称为养父或养母，被收养者则称为养子或养女；被收养者之生父母称为本生父母，而对本生父母而言，被收养者称为出养子女。子女出养后，本生父母之亲权即处于暂时停止之状态。

收养是一个具有世界性的社会现象。联合国《儿童权利公约》第21条就专门针对收养作了规定，以儿童的最大利益为首要考虑，即我们在收养过程中所采取的行动和采用的措施应该符合儿童的最佳利益。

在收养人条件方面，《收养法》（已失效）第16条规定的法定收养条件为：（1）无子女；（2）有抚养教育被收养人的能力；（3）未患有在医学上认为不应当收养子女的疾病；（4）年满30周岁。《民法典》第1098条对于收养人条件进行了与时俱进的调整。第一，近年来由于我国人口老龄化进程的加快和人口红利的下降，我国已经全面放开生育二孩，因此，在《民法典》体系下的收养条件也根据现实情况的需求，将法定收养条件中"无子女"一项修改为"无子女或只有一名子女"。也就是说，建立收养关系之后，收养包括拟制血亲在内可以有两名子女。第二，新增一条法定收养条件，"无不利于被收养人健康成长的违法犯罪记录"。曾经犯罪的人员，存在二次犯罪的风险。若允许这些人员收养子女，可能会对养子女的身心健康发展产生不利影响。本次《民法典》婚姻家庭编在制定过程中，就对这种法律实践中复现性较高的问题进行了预防。

在三代以内旁系同辈血亲的收养方面，《民法典》延续了《收养法》的规定，收养人收养三代以内旁系同辈血亲的子女，可以不受第

1093条、第1094条生父母有特殊困难无力抚养的收养、送养条件限制，也不受第1102条无配偶者收养异性子女的，收养人与被收养人的年龄应当相差40周岁以上的限制。这是符合我国风俗习惯及法律实践要求的。另外，由于华侨群体的特殊性，该条规定华侨收养三代以内同辈血亲的子女可不受“无子女或只有一名子女”的限制。

在收养关系的成立方面，《民法典》第1105条在《收养法》第15条的基础上进行修改，其第2款规定：“收养查找不到生父母的未成年人的，办理登记的民政部门应当在登记前予以公告”，依据儿童最大利益原则扩大了保护范围，是立法之进步。增加第5款“县级以上人民政府民政部门应当依法进行收养评估”，政府部门对收养情况进行综合评估，了解收养家庭的抚育情况、家长能力等，并且评估是否需要提供进一步的收养能力建设与支持。

本案中，卞保国已满30周岁，如果有抚养教育李萱萱的能力、未患有在医学上认为不应当收养子女的疾病、无不利于被收养人健康成长的犯罪记录，则卞保国可以收养李萱萱。卞保国作为李萱萱的舅舅，虽然离异属于无配偶者，但作为三代以内旁系血亲，可以不受与异性被收养人年龄差距40周岁的限制。卞保国除了获得李萱萱祖父母的同意外，因李萱萱属于8周岁以上的未成年人，依据《民法典》第1104条，收养还需获得李萱萱本人的同意。符合上述条件，卞保国对李萱萱的收养才是合法的。

律师提示

《民法典》不再将被收养人的年龄限制在14周岁以下，未成年人满足被收养条件的均可以被收养。有配偶者收养子女，应当夫妻共同收养。所以，有配偶者收养子女的应当获得配偶同意。

155.亲生父母能否与未成年子女的收养人解除收养关系？

答案　贺某可向人民法院提起诉讼，主张解除老李与小李的收养关系。

相关法条

《民法典》第1114条　收养人在被收养人成年以前，不得解除收养关系，但是收养人、送养人双方协议解除的除外。养子女八周岁以上的，应当征得本人同意。

收养人不履行抚养义务，有虐待、遗弃等侵害未成年养子女合法权益行为的，送养人有权要求解除养父母与养子女间的收养关系。送养人、收养人不能达成解除收养关系协议的，可以向人民法院提起诉讼。

律师评析

《民法典》第1114条遵循最有利于被收养人的原则，规定了收养人在被收养人成年以前不得解除收养关系。这是为了确保被收养人能够正常获得生活来源，得以健康成长。但这一禁止不是绝对的，如果收养人与送养人达成一致协议，则可以解除收养关系，因为这样被收养人就不会陷入无人抚养的境地。在有些情形下，收养人不履行抚养义务，甚至存在虐待、遗弃等损害未成年养子女合法权益的情况，如果不允许解除收养关系，可能更不利于未成年子女的健康成长。在这种情况下，对于具有必要“监督”职责的送养人也可向收养人提出解除收养关系。

其中，对于已满8周岁的被收养人，解除收养关系还需征得其本人同意，这也是出于未成年人利益最大化的考虑。

本案中，李某与贺某共同将儿子小李送给李某的哥哥老李收养。但因老李无经济生活来源，抚养小李有困难，贺某、老李与小李三方签订了《解除收养关系协议》，约定解除老李与小李的收养关系。小李现年已 14 岁，自愿表示愿意跟随父母李某、贺某一起生活，同意解除与老李的收养关系。贺某诉讼请求老李解除收养关系是合法的，法院最终判决解除老李与小李的收养关系。

律师提示

根据民政部《中国公民收养子女登记办法》第 10 条的规定，收养关系当事人协议解除收养关系的，应当持居民户口簿、居民身份证、收养登记证和解除收养关系的书面协议，共同到被收养人户口所在地的收养登记机关办理解除收养关系登记。

156.成年养子女不尽赡养义务，收养关系能解除吗？

答案 老李可以向人民法院提起诉讼，要求解除收养关系。

相关法条

《民法典》第1115条 养父母与成年养子女关系恶化、无法共同生活的，可以协议解除收养关系。不能达成协议的，可以向人民法院提起诉讼。

律师评析

在解除收养关系纠纷中，法院审查收养关系是否应当予以解除的判断标准，一般是综合案件事实以及双方各自的陈述分析，看双方之间的关系是否已经恶化，是否无法共同生活。对于成年养子女主张解除的，审查予以解除的标准一般会更严格，因为此时一般是成年养子女应当尽赡养义务的时候，如果随意解除收养关系，可能导致老年人利益受到损害，易发生成年养子女借此逃避赡养义务等有悖道德与法律规定的事情。如果是养父母主张解除与成年养子女的收养关系，审查解除的标准相对宽松，确认是养父母的真实意思表示，养父母与成年养子女确实存在矛盾且不可调和，养父母并非一时冲动作出解除决定，之后的生活亦有相应保障，继续维持收养关系会直接影响到养父母的合法权益，实无益处，则可以予以解除。

本案中，老李与小李双方之间的关系已恶化多年，老李表示无法共同生活，且小李已经搬离老李的住所，同时并未支付生活费给老李。老李也还有两个女儿，不至于无人尽赡养义务。法院可支持老李的诉求，判决解除老李与小李的收养关系。

律师提示

收养关系解除后，经养父母抚养的成年养子女，对缺乏劳动能力又缺乏生活来源的养父母，应当给付生活费。因养子女成年后虐待、遗弃养父母而解除收养关系的，养父母可以要求养子女补偿收养期间支出的生活费和教育费。

生父母要求解除收养关系的，养父母可以要求生父母适当补偿收养期间支出的生活费和教育费，但因养父母虐待、遗弃养子女而解除收养关系的除外。

第六编 继 承

157.父子同时死亡，遗产该如何继承？

答案

钱某和孙某家的遗产应全部由孙某的父亲继承。

相关法条

《民法典》第1121条　继承从被继承人死亡时开始。

相互有继承关系的数人在同一事件中死亡，难以确定死亡时间的，推定没有其他继承人的人先死亡。都有其他继承人，辈份不同的，推定长辈先死亡；辈份相同的，推定同时死亡，相互不发生继承。

《民法典》第1127条　遗产按照下列顺序继承：

（一）第一顺序：配偶、子女、父母；

（二）第二顺序：兄弟姐妹、祖父母、外祖父母。

继承开始后，由第一顺序继承人继承，第二顺序继承人不继承；没有第一顺序继承人继承的，由第二顺序继承人继承。

本编所称子女，包括婚生子女、非婚生子女、养子女和有扶养关系的继子女。

本编所称父母，包括生父母、养父母和有扶养关系的继父母。

本编所称兄弟姐妹，包括同父母的兄弟姐妹、同父异母或者同母异父的兄弟姐妹、养兄弟姐妹、有扶养关系的继兄弟姐妹。

律师评析

在没有遗嘱的情况下，适用法定继承。因无法确定钱某等三人死亡的先后顺序，按照《民法典》第1121条，应推定钱某和孙某夫妇先于儿子死亡，夫妇二人同时死亡，彼此不发生继承，遗产由他们的继承人各自继承。继承开始后，钱某法定继承的第一顺序继承人只有儿子；而孙某法定的第一顺序继承人有儿子和父亲两人。此时，儿子已经取得钱某夫妇全部遗产的3/4，孙某父亲取得了全部遗产的1/4。依照钱某儿子最后死亡的推定，他的遗产应当由他的法定继承人继承，而孙某的父亲作为外祖父是其儿子在世的唯一法定继承人，因此，最终钱某夫妇所有的遗产都归孙某父亲继承。至于钱某的弟弟，在有第一顺序继承人继承遗产的情况下其无权继承。

如果发生意外事件，导致一个家庭中某几位成员共同离世，因这些家庭成员之间很可能互有继承权，故他们死亡时间的不同，将直接导致不同的遗产继承后果，所以首先需要对他们的死亡时间进行确定，才能开始继承。意外事件中往往难以判断数人之间死亡的先后顺序，此时就需要从法律上对他们的死亡顺序进行推定。

《民法典》第1121条对互有继承权的人在同一事件中死亡应当如何继承进行了规定。如果不能确定死亡的先后时间，则推定没有其他继承人的人先死亡，这里的"没有其他继承人"指既没有其他法定继承人也没有遗嘱继承人。这样规定是为了尽量避免出现遗产无人继承而被收归国家或集体所有的情况，从而保护私有财产权。死者各自都有继承人的，则推定长辈先死亡，几个死者辈分相同，则推定同时死亡，彼此不发生遗产继承，由他们各自的其他继承人分别继承。

律师提示

明天和意外，你永远无法知道哪一个会先来。随着家庭及个人财富的增加，我们应摒弃国人忌讳谈"身后事"的心理，未雨绸缪，提前规划，根据财产量级，综合运用遗嘱、保险及信托等法律、金融工具，做好家庭及个人财富的管理与传承。

158.丧葬费和死亡抚恤金是遗产吗?

答案

丧葬费和死亡抚恤金不是被继承人的遗产,但可以比照遗产进行分割。

相关法条

《民法典》第 1122 条　遗产是自然人死亡时遗留的个人合法财产。

依照法律规定或者根据其性质不得继承的遗产，不得继承。

律师评析

遗产是自然人死亡时遗留的个人合法财产。

首先，应注意“死亡时”这一关键点。如果财产是自然人死亡之后才产生的，则很可能不是遗产，这是从财产产生的时间点上明确遗产的判断标准。本案中，丧葬费和死亡抚恤金是被继承人死亡后其单位发放的，用于死者丧葬事宜以及对其近亲属进行精神抚慰，不是被继承人的遗产。当然，有些财产在自然人死亡后发生了形态变化的，不受该时间点的限制。例如，某人死前签订有房屋买卖合同，并支付了全款，但未交房，房屋所有权是被继承人死后才获得的，但该房屋也应当被视为遗产。虽然被继承人死亡时的遗产是合同债权形态，但是却可以对应将来的整个房屋所有权，待房屋产权登记后，房屋管理部门也会按购房合同记载内容出具登记在购买方也就是死者名下的房产证，被继承人的遗产只是从合同债权形态变成了不动产物权形态，房屋仍应视为遗产。

其次，遗产必须是“合法”的财产。也就是说，如果财产具有违法性，则不是遗产。如果发现某人去世后留有毒品，这些毒品就不能被视为遗产，因为其不具有合法性。

本案中的丧葬费和死亡抚恤金不是遗产，不受遗嘱的限制，所有法定继承人可以协商分割。很多继承案件中，原告在提出对遗产进行分割的同时，往往也提出对剩余的丧葬费和死亡抚恤金进行分割。对此，司法实践中存在不同的处理方式：有些法官不予处理，因为认为不是遗产，无需在继承案件中审理；有些法官进行调解处理；还有些法官比照遗产进行了分割。

律师提示

有很多财产不属于遗产范围，如果当事人想要做传承安排，要早做打算。例如，公房不属于遗产，因为公房属于产权单位所有，承租人只有承租权而没有房屋所有权，被继承人无权将房屋作为遗产处理。现实生活中，有很多人将公房写入遗嘱进行处分，这是无效的。如果想将公房承租权留给某人，应在生前变更房屋承租人。

被继承人如果有放在他人名下的财产，应保留相应的凭证证明该财产为自己所有，以便将来继承人或受遗赠人将该财产纳入遗产范围，并顺利继承。如果可能，应在生前及时将财产变更至自己名下。

159.沉默的受遗赠人可以获得遗产吗？

答案

受遗赠人应当在知道受遗赠后 60 日内，作出接受或者放弃受遗赠的表示；到期没有表示的，视为放弃受遗赠。如果小潘不能提交自己表示接受遗赠的相关证据，将被视为放弃受遗赠，得不到遗产。

相关法条

《民法典》第1124条 继承开始后，继承人放弃继承的，应当在遗产处理前，以书面形式作出放弃继承的表示；没有表示的，视为接受继承。

受遗赠人应当在知道受遗赠后六十日内，作出接受或者放弃受遗赠的表示；到期没有表示的，视为放弃受遗赠。

律师评析

《民法典》第1124条规定，如果是法定继承人，放弃继承要以书面形式作出表示，没有表示的，视为接受继承。受遗赠人则不然，必须在60日内作出接受遗赠的表示，方可受遗赠，否则视为放弃受遗赠。但很多人对于何为继承人、何为受遗赠人的概念理解不清，更不知道要在一定的时限内作出接受遗赠的表示，导致可能出现权利风险。

《民法典》第1127条规定了法定继承人的范围及继承顺序，按该条规定，配偶、子女、父母属于第一顺序法定继承人，兄弟姐妹、祖父母、外祖父母属于第二顺序法定继承人，而孙子女并不在此范围内。所以，如果将遗产留给孙子女，孙子女就是受遗赠人，而非继承人。

这是不是就意味着，本案中的小潘不能再得到奶奶的遗产了呢？也不尽然，法律并没有明确规定受遗赠人“表示”的形式，也没有规定其必须向法定继承人作出表示才可以。所以小潘还是应当尽量寻找证据，证明自己在知道受遗赠后60日内曾有过接受遗赠的表示。如在公开场合表达过，可以寻找证人；向好朋友提起过，可以寻找联系信息证据等。此外，小潘一直居住在该房内并持有遗嘱，也可主张是一种接受遗赠的行为。但显然，受遗赠人没有明确的表示很容易引发法律风险，导致顺利受遗赠出现不确定性。

所以，如果知道自己是受遗赠人，在法定时限内一定要有所“表示”才对。

律师提示

是否接受遗赠的表示时限是“知道自己受遗赠”后60日内，而非被继承人死亡后60日内，所以如果受遗赠人确不知情，如持有遗嘱的人故意隐瞒，则该60日并不起算。受遗赠人要利用好这一点来为自己争取利益。

法律并没有规定接受遗赠的“表示”需采用何种方式，所以可以采用多种方式进行“表示”。现实生活中，给法定继承人发律师函、电子邮件、短信、微信等明确表示，向法定继承人或其他人公开表示并录音录像，在公开平台发布声明等均可被视为有效的“表示”方式。受遗赠人应当有意识地做这些事，并保留多份证据。

受遗赠人如在该60日内提起诉讼，或有要求办理继承公证等行为，也是一种接受遗赠的明确表示。

160.虐待老人会丧失继承权吗？

答案

小儿子的行为已经构成了对苗大爷的虐待，且造成了老人不堪忍受而自杀的严重后果，其已丧失继承权，无权再继承苗大爷的遗产。

相关法条

《民法典》第 1125 条 继承人有下列行为之一的，丧失继承权：

（一）故意杀害被继承人；

（二）为争夺遗产而杀害其他继承人；

（三）遗弃被继承人，或者虐待被继承人情节严重；

（四）伪造、篡改、隐匿或者销毁遗嘱，情节严重；

（五）以欺诈、胁迫手段迫使或者妨碍被继承人设立、变更或者撤回遗嘱，情节严重。

继承人有前款第三项至第五项行为，确有悔改表现，被继承人表示宽恕或者事后在遗嘱中将其列为继承人的，该继承人不丧失继承权。

受遗赠人有本条第一款规定行为的，丧失受遗赠权。

律师评析

《民法典》第 1125 条规定了继承权的丧失和宽宥制度。继承权的丧失分为绝对丧失和相对丧失。继承权的绝对丧失是指出现某种法定事由，继承人的继承权便永久丧失，继承人再无继承被继承人遗产的权利，如《民法典》第 1125 条第 1 款和第 2 款规定的情况。继承权的相对丧失是指因某种法定事由继承人的继承权丧失，但在具备一定条件的时候继承权也可最终不丧失的情况，即《民法典》第 1125 条第 3 款至第 5 款规定的情况。

本案中小儿子平时对苗大爷辱骂推搡、不给饭吃等行为，已经构成了对苗大爷的虐待，且因辱骂行为直接导致苗大爷不堪忍受而自杀，可以认为造成了严重后果，属于《民法典》第1125条第3款丧失继承权的行为。同时，《民法典》第1125条又设定了宽宥制度，即继承人有该条第3款至第5款所述的行为，确有悔改表现，被继承人表示宽恕或者事后在遗嘱中将其列为继承人的，该继承人不丧失继承权。假设本案中苗大爷送医后抢救过来，小儿子对造成父亲自杀非常后悔，从此善待父亲，也取得了苗大爷的原谅，苗大爷后面立了一份遗嘱，将小儿子也列为继承人之一的，则小儿子已丧失的继承权可以恢复。

宽宥制度是本次《民法典》立法的一大亮点，体现了法律对于亲情的维护，也体现了法律对于个人意志的保护。

律师提示

《民法典》第1125条第3款至第5款规定的几种继承权相对丧失的情形，均需继承人的相关行为达到情节严重的程度，才会导致继承权的丧失。本案中，如果小儿子只是平时对父亲冷言冷语，对吃不吃得上饭、需要不需要看医生不闻不问，属于一般性的虐待，并不一定会导致继承权的丧失。根据权责利相统一的法律原则，此种情形下，可依据《民法典》第1130条“有扶养能力和有扶养条件的继承人，不尽扶养义务的，分配遗产时，应当不分或者少分”的规定，对小儿子不分或少分遗产。

161.私生子有继承权吗？

答案　小小是章某的非婚生子女，属于第一顺序法定继承人，有权继承章某的遗产。

相关法条

《民法典》第1071条　非婚生子女享有与婚生子女同等的权利，任何组织或者个人不得加以危害和歧视。

不直接抚养非婚生子女的生父或者生母，应当负担未成年子女或者不能独立生活的成年子女的抚养费。

《民法典》第1127条　遗产按照下列顺序继承：

（一）第一顺序：配偶、子女、父母；

（二）第二顺序：兄弟姐妹、祖父母、外祖父母。

继承开始后，由第一顺序继承人继承，第二顺序继承人不继承；没有第一顺序继承人继承的，由第二顺序继承人继承。

本编所称子女，包括婚生子女、非婚生子女、养子女和有扶养关系的继子女。

本编所称父母，包括生父母、养父母和有扶养关系的继父母。

本编所称兄弟姐妹，包括同父母的兄弟姐妹、同父异母或者同母异父的兄弟姐妹、养兄弟姐妹、有扶养关系的继兄弟姐妹。

律师评析

私生子在法律上的正式称谓为非婚生子女。《民法典》第1071条规定，非婚生子女享有与婚生子女同等的权利，任何组织或者个人不得加以危害和歧视。这里的“同等权利”，在继承关系中，指非婚生子女和婚生子女享有同等继承权。需要指出的是，法律保护非婚生子女的继承权，并不是提倡生育非婚生子女。非婚生子女虽然是没有婚姻关系的男女所生的子女，但相关责任应由其父母承担，作为子女是没有任何过错的，且非婚生子女与生父母有直接血缘关系，故法律对其权益应当一视同仁，予以保护。

那么，非婚生子女该如何继承遗产呢？继承分为遗嘱继承和法定继承，且遗嘱继承优先于法定继承。如果被继承人立有有效遗嘱，那么他在遗嘱中写明在其死亡后财产由谁继承、继承多少，均是其意志的合法表达。如果立遗嘱的人在遗嘱中明确非婚生子女有权继承哪些财产，那么其他任何人都无权干涉，即使遗嘱人在遗嘱中规定其全部财产均由非婚生子女继承，也是合法的。

如果被继承人没有立遗嘱，那么其死亡后财产将按法律的规定予以继承。按照《民法典》第1127条的规定，在法定继承情况下，配偶、子女和父母属于第一顺序继承人，也就是说，被继承人的财产由其配偶、子女和父母平均继承。《民法典》同时规定，这里的子女，不仅包括婚生子女，还包括非婚生子女。在上述案例中，小小作为非婚生子女，有权与李某和其子共同作为第一顺序法定继承人，均分章某的遗产。

律师提示

现实中经常出现非婚生子女继承权受到侵害的情况，非婚生子女可通过向法院提起诉讼的方式进行维权。非婚生子女要在诉讼中主张其享有生父母遗产继承权的，首先必须提供能够证明其与生父母之间存在身份关系的证据，如出生证明、亲子关系鉴定等。

162.姐姐的儿子是代位继承人吗？

答案 李泽伟是代位继承人，可以分得遗产。

相关法条

《民法典》第1128条 被继承人的子女先于被继承人死亡的，由被继承人的子女的直系晚辈血亲代位继承。

被继承人的兄弟姐妹先于被继承人死亡的，由被继承人的兄弟姐妹的子女代位继承。

代位继承人一般只能继承被代位继承人有权继承的遗产份额。

律师评析

《民法典》继承编第1128条与《继承法》(已失效)第11条相比，增加了一款，即第2款“被继承人的兄弟姐妹先于被继承人死亡的，由被继承人的兄弟姐妹的子女代位继承”。相应地，第3款的内容也作了调整。

《继承法》第11条是这样规定的：被继承人的子女先于被继承人死亡的，由被继承人的子女的晚辈直系血亲代位继承。代位继承人一般只能继承他的父亲或者母亲有权继承的遗产份额。

可以看出，《民法典》拓宽了代位继承人的范围，将被继承人的兄弟姐妹的子女也纳入了代位继承人的范畴。这将会改变许多案件的裁判结果。

本案中已无第一顺序法定继承人，第二顺序法定继承人只有王一鸣的弟弟一人。如果依《继承法》的规定，李泽伟根本不是代位继承人，全部遗产只能由王一鸣的弟弟来继承。而依《民法典》的规定，李泽伟作为被继承人姐姐的儿子，享有代位继承权，可以继承其母亲应继承的份额，即房屋的一半。

李泽伟虽然对被继承人的生病和死亡存在一定的过错，但还不足以构成《民法典》第1125条规定的丧失继承权的情形，无法剥夺其继承权。

律师提示

本案中，若被继承人生前知晓此法律规定，明白该规定的法律后果，在李泽伟侵犯自己权益时，应当尽快立下遗嘱，将房屋留给他人继承。然而现实中，很多人对于有关继承尤其是代位继承这样的规定，并不是特别熟悉和理解，故不能准确判断自己的情况是不是需要留遗嘱。所以，学习一些法律常识是非常必要的。

《民法典》第1128条第3款规定的“代位继承人一般只能继承被代位继承人有权继承的遗产份额”，是指所有的代位继承人都有权继承。以本案为例，如果李泽伟还有兄弟姐妹，他们都是母亲的代位继承人，应以母亲的继承份额为限，均等继承遗产。

163.丧偶儿媳可以继承婆婆遗产吗？

答案

贾女士有权继承婆婆的遗产。贾女士和齐先生的姐姐一样，可以作为第一顺序继承人继承婆婆的遗产。

相关法条

《民法典》第1128条　被继承人的子女先于被继承人死亡的，由被继承人的子女的直系晚辈血亲代位继承。

被继承人的兄弟姐妹先于被继承人死亡的，由被继承人的兄弟姐妹的子女代位继承。

代位继承人一般只能继承被代位继承人有权继承的遗产份额。

《民法典》第1129条　丧偶儿媳对公婆，丧偶女婿对岳父母，尽了主要赡养义务的，作为第一顺序继承人。

律师评析

儿媳与公婆、女婿与岳父母系姻亲关系，按照我国现行法律，婆媳、翁婿之间不存在法定的赡养关系。通常而言，无论是否丧偶，儿媳、女婿对公婆或岳父母均无遗产继承权。但在现实生活中，有些儿媳或女婿在丧偶后，选择继续承担死亡配偶父母的赡养责任，并事实上尽到了主要赡养义务。从法律上看，其行为构成了一项债法上的无因管理，从道德上看，则彰显了一种高尚的道德品质。

为弘扬社会传统美德，切实解决丧子老人养老的现实问题，体现“权利与义务相一致”精神及公平原则，法律需要鼓励丧偶儿媳、女婿赡养公婆、岳父母。为此，《民法典》第1129条特别规定，对公婆、岳父母尽到主要赡养义务的丧偶儿媳、女婿作为法定继承第一顺序继承人参与分配。

本案中，贾女士在丈夫去世后继续赡养婆婆，其在婆婆生前尽了主要赡养义务，依法可作为第一顺序法定继承人和齐先生的姐姐一起参与遗产继承。

此外，根据《民法典》第1128条，齐先生先于其母亲去世，故在齐先生母亲的遗产继承中，齐先生与贾女士所生的儿子可以代位继承齐先生应继承的份额。

律师提示

在司法实践中，丧偶儿媳必须尽了主要赡养义务而非一般的赡养义务才能享有继承权。对于是否“尽了主要赡养义务”，一般从以下几个方面综合考虑认定：

1. 在经济上对老人提供了主要的经济帮助、扶助或供养。

2. 为老人日常生活提供主要劳务，如吃穿起居上的料理及生病时的护理等。

3. 赡养老人具有长期性、经常性。对老人偶尔性的探望、帮助，不能视为尽了主要赡养义务。

尽了主要赡养义务的丧偶儿媳、女婿，无论是否再婚，均作为第一顺序法定继承人依法享有对公婆、岳父母遗产的继承权。同时，丧偶儿媳或丧偶女婿作为第一顺序法定继承人时，也不影响其子女对于已故父母应当继承遗产份额的代位继承。

164.同为子女，为什么继承的遗产份额不均等？

答案

法院判决合理，有法律依据。老四王丁虽然照顾李某较少，但并不存在法律规定的丧失继承权的情形，故有权继承李某的遗产。根据对被继承人生前照顾、赡养的实际情况，法院有权根据法律规定判决适当少分或不分遗产。

相关法条

《民法典》第1130条 同一顺序继承人继承遗产的份额，一般应当均等。

对生活有特殊困难又缺乏劳动能力的继承人，分配遗产时，应当予以照顾。

对被继承人尽了主要扶养义务或者与被继承人共同生活的继承人，分配遗产时，可以多分。

有扶养能力和有扶养条件的继承人，不尽扶养义务的，分配遗产时，应当不分或者少分。

继承人协商同意的，也可以不均等。

律师评析

遗产分割是遗产继承中的主要环节，分割遗产的多少直接涉及各继承人的利益。从现实生活来看，大多遗产纠纷都是在分割遗产时产生的，那么，遗产该如何分割才公平合理呢？遗产的继承，应首先尊重被继承人的意愿，避免继承人之间遗产纷争的最好办法便是被继承人在生前立好符合法律形式要件的遗嘱，遗产继承按遗嘱确定的份额分配。

但是现实生活中，往往是没有遗嘱或者遗嘱无效的情况居多。《民法典》对此作出规定，一般情况下，同一顺序各法定继承人，应按人数均等分配遗产数额。所谓一般情况，是指同一顺序的各法定继承人，彼此在生活状况、劳动能力及对被继承人所尽抚养、扶养或赡养义务等方面，情况基本相同，条件大致接近。所谓均等分配遗产，是指同一顺序各法定继承人取得被继承人遗产的数额和比例相同，没有明显差别。但是，毕竟每个家庭的实际情况不同，基于继承人各方面条件的差异以及对被继承人生前照顾的程度，在分配遗产时适当地向弱势一方或对被继承人照顾较多的人倾斜，既是法理的要旨，也是情理的需要。为此，《民法典》特别规定了在哪些特殊情况下同一顺序继承人可不均等分配，如对生活有特殊困难又缺乏劳动能力的继承人，分配遗产时，应当予以照顾；对被继承人尽了主要扶养义务或者与被继承人共同生活的继承人，分配遗产时，可以多分等。

本案中，王乙对被继承人一直有力所能及的照顾，依法可以多分；王丁在外地生活，尽赡养义务较少，依法可以少分。故法院的判决兼顾了继承人各方面条件的差异及对被继承人生前照顾程度，是比较合理的。

律师提示

是不是只要不存在《民法典》第1130条指出的情况，法定继承人就一定能够均等分到遗产呢？其实不然。遗产分割中还存在继承人一分钱都分不到的情况。例如，继承人存在故意杀害被继承人、为争夺遗产而杀害其他继承人，或存在《民法典》第1125条规定的其他行为的，继承人将丧失继承权。

165.遗嘱信托是什么？

答案 张大爷依法设立了遗嘱信托，张伟不可以直接继承张大爷的存款，只能作为遗嘱信托的受益人，按时按条件领取资金。

相关法条

《民法典》第1133条 自然人可以依照本法规定立遗嘱处分个人财产，并可以指定遗嘱执行人。

自然人可以立遗嘱将个人财产指定由法定继承人中的一人或者数人继承。

自然人可以立遗嘱将个人财产赠与国家、集体或者法定继承人以外的组织、个人。

自然人可以依法设立遗嘱信托。

律师评析

《民法典》第1133条为“遗嘱处分个人财产”条款，其中第4款是新增内容，也是继承编的亮点之一。

遗嘱信托，是指遗嘱人以遗嘱的方式设立信托处分身后遗产的制度。它有诸多的优势，可以实现财产转移，将财产交给遗嘱人信任的人或机构；可以更灵活地分配遗产，设定遗产取得条件。本案中，张大爷担心儿子拿到巨额存款后，不珍惜也不会使用，不能有助于其生活，甚至可能还会带来麻烦，所以想设立信托。钱交给信任的机构来管理，其子作为受益人，可按时按量按条件地分步得到遗产，达到了张大爷不让儿子轻易挥霍光遗产的目的。

其实，关于遗嘱信托，不仅仅普通的老百姓，即便是对很多法律人来说也是一个新鲜事。这些年，国内的家族财产信托业也在不断发展，但是关于遗嘱信托的相关研究和专著并不多见，总体上仍是社会新生事物。本次《民法典》将遗嘱信托写入继承编，定会带动遗嘱信托的发展。

律师提示

目前国内信托财产以现金类为主，兼有保险金类信托，而不动产及股权等纳入信托在技术操作层面还有待发展。

受托人是信托公司的，设立信托肯定会产生费用，且信托的起点较高，这也是遗嘱人在规划时要充分考虑的。

166.代书遗嘱什么情况下无效？

答案

老黄的遗嘱无效。因为该遗嘱只有老陈一个见证人，不符合法律规定的代书遗嘱应当有两个以上见证人在场见证的形式要件。

相关法条

《民法典》第1135条 代书遗嘱应当有两个以上见证人在场见证，由其中一人代书，并由遗嘱人、代书人和其他见证人签名，注明年、月、日。

律师评析

俗话说，细节决定成败。一份有效的遗嘱会达成被继承人的最后心愿，一份有瑕疵的遗嘱可能让继承人之间心生嫌隙，互相仇恨，甚至对簿公堂。《民法典》规定了自书遗嘱、代书遗嘱、打印遗嘱、录音录像遗嘱、口头遗嘱和公证遗嘱六种法定的遗嘱形式。法律对各种遗嘱的形式予以明确的立法，本意在于充分保障遗嘱的真实性，并维护遗嘱自由原则。其背后的法理依据在于：遗嘱是立遗嘱人对其财产处分意愿的自由表达，但这种意愿在其死后才能表达。因此，为了确保其真实性和严肃性，法律必须对遗嘱设以严格的形式要求，以最大限度防止他人伪造、篡改遗嘱内容。

本案所涉的代书遗嘱是由他人代为书写的，立遗嘱人虽有签名，但其意思表示要通过他人的代书来表达，某种程度上其表达个人意愿的自由度会有所降低。如果没有其他形式要件的约束，立遗嘱人极易受到他人的诱导或胁迫，乃至出现他人伪造遗嘱的情形。因此，对于代书遗嘱，法律规定了比自书遗嘱更为严格的生效条件，不但要求内容明确、形式具体合法，还要求至少要有两个见证人在场。

本案中，老黄的“代书遗嘱”只有老陈一个见证人，虽有老黄与老陈二人的亲笔签名，但由于其不符合《民法典》明确规定的见证人数要求，不符合法定的形式要件，该遗嘱仍属无效。

律师提示

六种法定的遗嘱形式中，除自书遗嘱和公证遗嘱外，其他四种遗嘱形式均要求有两名以上见证人到场见证。法律不仅对遗嘱的形式有明确规定，对于见证人的身份也有严格的限制。见证人必须具有完全民事行为能力，且不能是继承人、受遗赠人或与继承人、受遗赠人有利害关系的人。

167.打印的遗嘱有效吗？

答案 老冯的打印遗嘱无效，因为没有两个以上见证人在场见证，且无见证人签署名字和日期。

相关法条

《民法典》第1136条　打印遗嘱应当有两个以上见证人在场见证。遗嘱人和见证人应当在遗嘱每一页签名，注明年、月、日。

律师评析

《继承法》(已失效)中原来只规定了五种遗嘱形式，即自书遗嘱、代书遗嘱、录音遗嘱、口头遗嘱和公证遗嘱，《民法典》第1136条增加了打印遗嘱这种形式，是重大的创新和改变。

《民法典》规定了打印遗嘱的形式要件，即要有两个以上见证人在场见证，且遗嘱人和见证人应当在遗嘱每一页签名，注明年、月、日。这是由打印遗嘱的特殊性决定的。在实践中，有人利用他人的签名页，在纸的上半部分手写或打印法律文件，此时就出现签名为真、文件为假的情形。所以，打印遗嘱必须有两个以上见证人在场见证，否则很难证实其真实性，且见证人和遗嘱人在每一页都要签名字和日期，保证每一页遗嘱的真实性。同时，《民法典》第1140条还对哪些人可以作为见证人作出了规定，例如，继承人本人就不能作为见证人。

本案中的打印遗嘱只有老冯本人的签名和日期，没有两个以上见证人签署名字和日期，不符合打印遗嘱的形式要件，因此该遗嘱无效，本案应按法定继承办理。

律师提示

在所有遗嘱形式中，公证遗嘱的效力最容易被法院认可。公证员经受专业训练，对遗嘱内容及立遗嘱过程也要进行专业审查。有条件的话，应当尽可能采用公证形式，以保证遗嘱的有效性。

打印遗嘱看似简单，其实其形式要件还是很多的。不仅要有两个以上见证人在场见证，见证人还要符合《民法典》第 1140 条规定的条件，两个见证人和遗嘱人在遗嘱的每一页都要亲自签名，并注明年、月、日。立打印遗嘱一定要注意这些形式要件，否则可能会导致打印遗嘱无效。

168.由亲属见证的录音录像遗嘱有效吗？

答案 李琼一家都不符合见证人的身份，该份遗嘱因缺乏有效见证人因而无效。李丽和李芳可以依法继承母亲的房产。

相关法条

《民法典》第1137条 以录音录像形式立的遗嘱，应当有两个以上见证人在场见证。遗嘱人和见证人应当在录音录像中记录其姓名或者肖像，以及年、月、日。

《民法典》第1140条 下列人员不能作为遗嘱见证人：

（一）无民事行为能力人、限制民事行为能力人以及其他不具有见证能力的人；

（二）继承人、受遗赠人；

（三）与继承人、受遗赠人有利害关系的人。

律师评析

《民法典》第1137条将《继承法》（已失效）中规定的录音遗嘱改为录音录像遗嘱。《继承法》颁布于1985年，那时录像设备还未进入寻常百姓家。而随着时代的发展，现在几乎人人都有智能手机，录像成为一件十分方便的事。《民法典》顺应时代发展，将录音遗嘱改为录音录像遗嘱形式，是十分有益的改变。

《民法典》同时规定了录音录像遗嘱的形式要件，即“有两个以上见证人在场见证”，而且“遗嘱人和见证人应当在录音录像中记录其姓名或者肖像，以及年、月、日”。根据《民法典》第1140条的规定，李琼作为继承人不能当见证人，李琼的丈夫和儿子是与继承人李琼有利害关系的人，也不能作为见证人。所以金阿姨的录像既未说明录像时间，也没有符合条件的见证人，等于无人见证，不符合录音录像遗嘱的形式要件，是无效的。

李琼持有的这份录音录像遗嘱是无效的，因此，李丽和李芳可作为法定继承人继承母亲的房屋。当然，李琼因和母亲住在一起，平日里尽了更多的赡养义务，可以依法主张适当多分遗产。

律师提示

制作录音录像遗嘱，要注意说明遗嘱人和见证人的姓名、遗嘱制作的日期。制作录像遗嘱的，还应显示遗嘱人和见证人的肖像。

实践中，很多录音录像遗嘱都存在出现见证人不合格的问题，如见证人是继承人或与继承人有利害关系的人。制作录音录像遗嘱前应了解《民法典》对于见证人的要求，也可聘请律师等第三方机构人员作为见证人在场见证，避免出现因见证人不符合要求导致遗嘱无效的情况。

169.口头遗嘱有法律效力吗?

答案

因立口头遗嘱时的危急情况已消除，郭某可以用其他形式立遗嘱，所以其之前所立的口头遗嘱无效，郭某的遗产应按法定继承来进行分割。

相关法条

《民法典》第1138条 遗嘱人在危急情况下，可以立口头遗嘱。口头遗嘱应当有两个以上见证人在场见证。危急情况消除后，遗嘱人能够以书面或者录音录像形式立遗嘱的，所立的口头遗嘱无效。

律师评析

本案中郭某在病危时立的口头遗嘱，属于《民法典》第1138条规定的在危急情况下立口头遗嘱，且该口头遗嘱符合法律规定的要件，因此是有效的。如果郭某立完遗嘱后死亡，则郭某的女儿有权按照该口头遗嘱继承郭某的房产，儿子继承郭某的银行存款。但后来郭某转危为安并出院，表明法律规定的危急情况已消除，郭某此时应该用书面或录音录像等其他形式立下遗嘱，但郭某没有这样做，其之前所立的口头遗嘱随着危急情况的消除已经归于无效，故郭某的遗产应当按照法定继承来分割。

口头遗嘱要具备法律效力，同《民法典》规定的代书遗嘱、录音录像遗嘱等其他法定遗嘱形式一样，需要首先满足一些基本条件：

1. 遗嘱人具有订立遗嘱的能力。即立遗嘱人在订立遗嘱时有行为能力，头脑清醒，可以完全自由地表达自己对身后财产的分配意愿。

2. 有两个或两个以上见证人在场。在场是指在订立遗嘱的场合，时间和地点都要与遗嘱人一致。而见证人并不是随便两个人都可担任的，法律要求见证人必须是有证明和作证能力的完全行为能力人，且不能是继承人和受遗赠人及与他们有利害关系的人。

3. 遗嘱的内容合法。遗嘱继承指定的遗产要属于立遗嘱人的个人合法财产，处分非本人的财产属于无权处分，涉及该无权处分财产的继承无效。

此外，口头遗嘱要有效，还需要一些特别的要件：(1)口头遗嘱只能在危急情况下订立。这里的危急情况主要指当事人已经濒临死亡或者生命受到随时终结的危险，来不及或不宜用其他形式来订立遗嘱。(2)若危急情况解除而立遗嘱人没有死亡的，口头遗嘱即失效，立遗嘱人应以其他形式立下遗嘱。

律师提示

《民法典》对口头遗嘱的有效期未作明确规定，只在条件上进行了限定。所以在“非危急”的通常情形下，立遗嘱人不能订立口头遗嘱，即使立有口头遗嘱也是无效的。

170.谁是合格的遗嘱见证人？

答案 朱某和韩某按照法律规定均不能作为遗嘱见证人，这直接导致该代书遗嘱因不符合法律规定的要件而无效。

相关法条

《民法典》第1135条 代书遗嘱应当有两个以上见证人在场见证，由其中一人代书，并由遗嘱人、代书人和其他见证人签名，注明年、月、日。

《民法典》第1140条 下列人员不能作为遗嘱见证人：

（一）无民事行为能力人、限制民事行为能力人以及其他不具有见证能力的人；

（二）继承人、受遗赠人；

（三）与继承人、受遗赠人有利害关系的人。

律师评析

遗嘱见证人提供证明的真实与否，将直接关系到遗嘱的法律效力，因此，对遗嘱见证人应当有一定的要求。《民法典》没有从正面规定遗嘱见证人所具备的条件，但明确了遗嘱见证人不能是以下人员：

1. 无民事行为能力人或者限制民事行为能力人。遗嘱见证人应当对事物具有足够的认知能力和判断能力，未成年人、精神病人等均不能作为遗嘱见证人。遗嘱见证人的行为能力，应以其见证遗嘱设立时的情况为准，如果在遗嘱见证时神智正常，而后丧失行为能力的，那么其见证有效；反之，如果进行遗嘱见证时无行为能力，而后具有（或恢复）行为能力的，其所做遗嘱见证仍是无效的。

2. 继承人、受遗赠人。继承人和受遗赠人直接参与继承，同继承本身有重大和直接的利害关系，如果由他们代书遗嘱，歪曲遗嘱本意、篡改遗嘱、更改遗嘱内容等弄虚作假、损害其他继承人或受遗赠人利益的风险难以避免。即使继承人、受遗赠人完全忠实于立遗嘱人的意思表示，但其身份的敏感性也容易引起其他继承人、受遗赠人的怀疑，从而挑战遗嘱的真实性和有效性，引起相关的法律纠纷。所以法律直接规定继承人、受遗赠人不能做遗嘱见证人。

3. 与继承人和受遗赠人有利害关系的人。主要指继承人、受遗赠人的配偶、子女、父母、兄弟姐妹、祖父母、外祖父母，共同合伙经营的合伙人以及债权人、债务人等。该类人员与继承人、受遗赠人有利害关系，存在损害其他继承人、受遗赠人继承利益的风险，也易引起挑战遗嘱的真实性和有效性的法律纠纷，故法律规定此类人员也不能担任遗嘱见证人。

律师提示

应注意，依照法律规定不能做遗嘱见证人的人，也不能做代书遗嘱中的代书人。因为，根据《民法典》第1135条关于代书遗嘱的要求，代书人是由见证人中的一个来担任的。

171.遗嘱人先后写有多份遗嘱，到底哪份有效？

答案

立有数份遗嘱，内容相抵触的，以最后的遗嘱为准。所以小女儿赵小梅所持有的遗嘱有效。

相关法条

《民法典》第1142条　遗嘱人可以撤回、变更自己所立的遗嘱。

立遗嘱后，遗嘱人实施与遗嘱内容相反的民事法律行为的，视为对遗嘱相关内容的撤回。

立有数份遗嘱，内容相抵触的，以最后的遗嘱为准。

律师评析

根据《民法典》第1142条的规定，遗嘱人可以撤回、变更自己所立的遗嘱。所以遗嘱人佟淑雅老人在生前多次修改变更自己的遗嘱是没有问题的。根据该条最后一款，即“立有数份遗嘱，内容相抵触的，以最后的遗嘱为准”的规定，小女儿赵小梅持有的遗嘱是“最后的遗嘱”，应以该遗嘱为准，遗产继承按该遗嘱处理。

在《民法典》实施以前，《继承法》(已失效)第20条规定，“自书、代书、录音、口头遗嘱，不得撤销、变更公证遗嘱”。所以，如果适用《继承法》，则最后一份公证遗嘱是有效遗嘱，因为自书遗嘱不能撤销和变更公证遗嘱。那么本案中，有效的遗嘱就是二儿子赵爱国持有的遗嘱了。但是《民法典》并没有采纳公证遗嘱效力最高的原则，而是选择更尊重遗嘱人的意愿，只要采用了法律规定的有效遗嘱形式，以最后的遗嘱为准。也就是说，依《民法典》第1142条的规定，自书、代书、录音录像、口头遗嘱，是可以撤销、变更公证遗嘱的，这和《继承法》的规定大为不同。

自2021年1月1日《民法典》施行起，“自书、代书、录音、口头遗嘱，不得撤销、变更公证遗嘱”的规定彻底成为过去式，不再有效。

律师提示

虽然《民法典》规定，立有数份遗嘱，内容相抵触的，以最后的遗嘱为准，但律师认为，有可能的话，应尽量采用公证方式订立遗嘱。公证遗嘱不容易产生纠纷，也比较容易得到法院认可。很多案件中，当事人并不认可自书遗嘱等的真实性，可能要就遗嘱是否真实进行多方举证，甚至必须做笔迹鉴定才行，会产生很多麻烦。公证遗嘱就不存在这些问题。

按照《继承法》的规定，如果立有公证遗嘱，遗嘱人又想撤销或变更遗嘱的，只能再以公证的方式立一份遗嘱，从而达到撤销或变更的目的。而《民法典》实施后，就不必如此了，其他形式的遗嘱也可以撤销和变更公证遗嘱，只要日期在后就可以。

172.精神病人的遗嘱有效吗?

答案 乔乔属于无民事行为能力人或限制行为能力人，其所立的遗嘱无效。

相关法条

《民法典》第 1143 条　无民事行为能力人或者限制民事行为能力人所立的遗嘱无效。

遗嘱必须表示遗嘱人的真实意思，受欺诈、胁迫所立的遗嘱无效。

伪造的遗嘱无效。

遗嘱被篡改的，篡改的内容无效。

《民法典》第 21 条　不能辨认自己行为的成年人为无民事行为能力人，由其法定代理人代理实施民事法律行为。

八周岁以上的未成年人不能辨认自己行为的，适用前款规定。

《民法典》第 22 条　不能完全辨认自己行为的成年人为限制民事行为能力人，实施民事法律行为由其法定代理人代理或者经其法定代理人同意、追认；但是，可以独立实施纯获利益的民事法律行为或者与其智力、精神健康状况相适应的民事法律行为。

律师评析

本案中，乔乔属于精神病人，是“不能辨认自己行为”或者“不能完全辨认自己行为”的成年人，依照《民法典》第 21 条和第 22 条的规定，属于无民事行为能力人或者限制民事行为能力人。根据《民法典》第 1143 条第 1 款的规定，无民事行为能力人或者限制民事行为能力人所立的遗嘱无效。所以，乔乔所立的遗嘱应属无效，赵姨不能凭该遗嘱获得房屋。

律师提示

如果精神病人没有法定继承人，如精神病人未结婚，无子女，无兄弟姐妹，父母、祖父母和外祖父母又已去世，其遗产只能收归国有。因为此种情况下既无法定继承人，又因精神病人无法立遗嘱处分遗产而不能将遗产留给其他人。

所以，如子女中有精神病人等无行为能力人或限制行为能力人，父母在传承财产时应当有所考虑。父母在精神病人名下放置财产有可能出于保护他们的目的，但也随之产生了一些风险。考虑到此类特殊情况，律师建议结合意定监护等方法统筹安排财产，妥善解决这一类人的生活问题。

173.继承开始后，由谁担任遗产管理人？

答案　张泽旭和张致友没有权利管理父亲的遗产。张大朋是遗嘱执行人，也就是遗产管理人，他才有权利管理遗产。

相关法条

《民法典》第1145条　继承开始后，遗嘱执行人为遗产管理人；没有遗嘱执行人的，继承人应当及时推选遗产管理人；继承人未推选的，由继承人共同担任遗产管理人；没有继承人或者继承人均放弃继承的，由被继承人生前住所地的民政部门或者村民委员会担任遗产管理人。

律师评析

遗产管理人是在继承开始后、遗产分割前，负责处理涉及遗产有关事务的人。根据《民法典》第1145条的规定，可以担任遗产管理人的主体为：(1)遗嘱执行人；(2)继承人推选的人；(3)继承人共同担任遗产管理人；(4)被继承人生前住所地的民政部门或者村民委员会。

但是这些主体间并不是择一关系。根据该条规定，遗产管理人的确定是有递进关系和条件的：指定了遗嘱执行人的，遗嘱执行人为遗产管理人；没有遗嘱执行人的，继承人进行推选；继承人未推选的，继承人共同担任遗产管理人；没有继承人或者继承人均放弃继承的，由被继承人生前住所地的民政部门或者村民委员会担任遗产管理人。由此可见，这些主体担任遗产管理人，是有先后顺序和条件的。

本案中，张老师在遗嘱里指定了遗嘱执行人张大朋，则遗嘱执行人就是遗产管理人，其遗产就应当由大儿子张大朋来管理，张泽旭和张致友无权管理。

律师提示

如果遗产是不动产，一般不存在遗产在被继承人去世后灭失的风险；但如果主要遗产是字画之类的财产，存在灭失风险，这时，指定遗嘱执行人是必要的。遗嘱执行人同时是遗产管理人，履行管理职责，可以避免因管理人不明而导致混乱，引发矛盾，甚至抢夺遗产，引发遗产灭失等后果。

174.不能协商一致时，到底该如何确定遗产管理人？

答案 他们可向人民法院起诉，申请法院来指定遗产管理人。

相关法条

《民法典》第1146条 对遗产管理人的确定有争议的，利害关系人可以向人民法院申请指定遗产管理人。

律师评析

根据《民法典》第1133条的规定，自然人可以在遗嘱中指定遗嘱执行人。但是对于有多个遗嘱执行人或者没有指定遗嘱执行人，继承人及受遗赠人对由谁担任遗产管理人最终不能达成一致意见的，该如何处理呢？《民法典》第1146条指明，如果对遗产管理人的确定有争议的，利害关系人可以向人民法院申请指定遗产管理人。此处的利害关系人一般包括遗嘱执行人、继承人、被继承人生前住所地的民政部门或者村民委员会以及受遗赠人等与遗产有利害关系的人。具体到本案中，彤彤、彤彤的父亲和姑姑都有权作为利害关系人向人民法院申请确定遗产管理人。

尽快确定遗产管理人，并由其履行管理职责，是尽快完成遗产分配的前提条件。遗产管理人须依《民法典》的相关规定履行自己的职责，未尽职责的，要承担相应的民事责任。在遗产中有大量高价值动产的情况下，遗产管理人的确定是十分重要的。遗产管理人要负责采取必要措施防止遗产毁损、灭失等，责任重大。

律师提示

对遗产管理人有争议，遗产价值又颇高的，利害关系人宜尽快提起确定遗产管理人之诉，以防遗产毁损、灭失等，影响继承人和受遗赠人的权益。

法院选任遗产管理人，也要考虑被继承人的内心意愿、所选任的人有无相应的能力、与被继承人的关系亲疏等。如果当事人希望自己中意的人选被指定，应提交相应的证据并说明理由。

175.遗产管理人损毁遗产要承担责任吗？

答案 方律师需要承担赔偿责任。根据《民法典》的相关规定，遗产管理人应当依法履行职责，因故意或者重大过失造成继承人、受遗赠人、债权人损害的，应当承担民事责任。

相关法条

《民法典》第1148条　遗产管理人应当依法履行职责，因故意或者重大过失造成继承人、受遗赠人、债权人损害的，应当承担民事责任。

《民法典》第1149条　遗产管理人可以依照法律规定或者按照约定获得报酬。

律师评析

创设遗产管理人制度是本次《民法典》完善我国继承制度的重大创新和亮点。在继承开始后至遗产被分配完毕前，遗产的权利归属处于不明确状态。此阶段的遗产如果没有被统一保存和管理，极易发生被转移、私分、毁损、灭失等情况，导致继承人、受遗赠人及债权人等的利益得不到保障。随着社会上财产形态越发多样，涉及遗产的法律关系也愈加复杂，为了统筹保障遗产价值、维护继承人权利、保护债权人利益，构建遗产管理人制度是十分必要的。

遗产管理是实现被继承人遗愿，保护继承人、受遗赠人与债权人利益的重要环节。遗产管理人的主要职责为清理遗产并制作遗产清单、向继承人报告遗产情况、采取必要措施防止遗产毁损灭失、处理被继承人的债权债务、按照遗嘱或者依照法律规定分割遗产及实施与管理遗产有关的其他必要行为。遗产管理人法定义务的核心就是履行保管义务，对遗产进行妥善保管和公平公正的分割。这既是遗产管理人的权利，也是遗产管理人的义务。对于遗产管理人在遗产管理、分配过程中因自身过错，给继承人、受遗赠人、债权人带来损失的，遗产管理人应该承担民事责任。

遗产管理是一个长期性的活动，且遗产管理人在管理遗产的过程中投入了大量的时间、人力、物力，因此，《民法典》第1149条也赋予了遗产管理人的报酬请求权，遗产管理人其可以按照规定获得相应报酬。

律师提示

《民法典》规定，继承必须设置遗产管理人，可以说，遗产管理人制度和我们每一个人息息相关，其重要性不言而喻。建议尽可能委托专业机构、专业人士担任遗产管理人。

一方面，随着社会的发展，人们的财产形式逐渐多样化、复杂化，从过去的工资、奖金、房产、存款，逐渐扩大到有价证券、知识产权、股权、债权等，其管理往往涉及一些专业的知识。另一方面，遗产管理人的职责涉及清理遗产、采取保全措施、处理债权债务等事项，对遗产管理人有一定的专业技能要求。例如，在清理遗产并制作遗产清单时，首先要审查所涉财产是否属于遗产，而《民法典》对于遗产范围并非列举式的规定，要确定遗产的范围，必须由遗产管理人运用专业知识进行判断。遗产继承经常涉及债权债务的处理，很可能涉及诉讼，如果不委托专业机构或专业人士管理，可能会导致遗产管理结果与被继承人生前愿望产生很大出入。

176.孙子可以继承爷爷的遗产吗？

答案

巫小甲的父亲巫甲先于巫教授去世，巫小甲可以代位继承爷爷巫教授的遗产；巫小乙的父亲巫乙在巫教授去世后、遗产分割前死亡，生前从未声明放弃继承，故巫乙应继承的遗产转由其包括巫小乙在内的继承人来继承；而巫丙在世，其子李小丙作为被继承人的外孙不满足代位继承和转继承的要件，无权继承外祖父巫教授的遗产。

相关法条

《民法典》第1152条　继承开始后，继承人于遗产分割前死亡，并没有放弃继承的，该继承人应当继承的遗产转给其继承人，但是遗嘱另有安排的除外。

《民法典》第1128条　被继承人的子女先于被继承人死亡的，由被继承人的子女的直系晚辈血亲代位继承。

被继承人的兄弟姐妹先于被继承人死亡的，由被继承人的兄弟姐妹的子女代位继承。

代位继承人一般只能继承被代位继承人有权继承的遗产份额。

律师评析

从本案可以看出，法定继承权的实现，按照被继承人与继承人死亡顺序及遗产分割完成时间之间的关系，可能会形成代位继承、转继承等多种不同的继承关系。

案例中，大儿子巫甲先于被继承人巫教授死亡，巫小甲作为巫甲的直系晚辈血亲可代位继承。代位继承的发生，须满足以下几个条件：(1)继承人于继承开始前死亡。(2)继承人未丧失继承权。(3)继承人是被继承人的子女或兄弟姐妹。

代位继承人的范围有一定限制。被继承人子女先于被继承人死亡的，代位继承人是子女的直系晚辈血亲；兄弟姐妹先于被继承人死亡的，代为继承人是该兄弟姐妹的子女。

案例中的巫乙在巫教授去世后、遗产分割前死亡，其生前从未声明放弃继承，故巫乙应继承的遗产转由他的继承人来继承。巫小乙作为巫乙的子女，是第一顺序法定继承人，其根据转继承取得相应遗产。转继承的发生须满足以下条件：(1)继承人在被继承人死亡之后、遗产分割之前死亡。(2)继承人没有丧失继承权或放弃继承权。(3)转继承人是继承人的合法继承人。

律师提示

转继承和代位继承的区别主要表现在以下几方面：

1. 适用范围不同。转继承可以发生在法定继承中，也可以发生在遗嘱继承中，而代位继承只适用于法定继承，不适用于遗嘱继承。

2. 发生的时间和条件不同。转继承发生在继承开始后、遗产分割前，继承人死于被继承人之后；代位继承的前提是继承人先于被继承人死亡，即继承人在继承开始前死亡。

3. 主体不同。在转继承中，享有转继承权的人是继承人死亡时生存的所有法定继承人。而代位继承中的代位继承人有一定的范围限定。

177.处分了夫妻共同财产的遗嘱有效吗？

答案

朱教授的遗嘱无效或部分无效，其无权处分以上全部财产。

相关法条

《民法典》第1153条　夫妻共同所有的财产，除有约定的外，遗产分割时，应当先将共同所有的财产的一半分出为配偶所有，其余的为被继承人的遗产。

遗产在家庭共有财产之中的，遗产分割时，应当先分出他人的财产。

《民法典》第1062条　夫妻在婚姻关系存续期间所得的下列财产，为夫妻的共同财产，归夫妻共同所有：

（一）工资、奖金、劳务报酬；

（二）生产、经营、投资的收益；

（三）知识产权的收益；

（四）继承或者受赠的财产，但是本法第一千零六十三条第三项规定的除外；

（五）其他应当归共同所有的财产。

夫妻对共同财产，有平等的处理权。

律师评析

《民法典》第1153条旨在说明被继承人应在遗产范围内处分遗产，不能处分他人财产。《民法典》第1062条实际规定了我国的夫妻财产制度，即婚后所得共同制，夫妻在婚后取得的大部分财产实际属于夫妻共同所有。所以，在立遗嘱时，遗嘱人必须考虑这一财产制度，不能将配偶的财产份额一并处分了，否则该部分内容无效。本案中，朱教授显然不了解《民法典》规定的夫妻财产制度，没有考虑到这一点，直接处分了全部夫妻共同财产。

那么，朱教授的遗嘱到底是全部无效还是部分无效呢？这要根据案情来判断。本案有两种可能走向：一种可能，有些法官可能认为，朱教授如果得知配偶应享有共同财产的一半，其安排遗产分配的比例可能就会有变化，因为已无法推知遗嘱人本意，法官据此认定遗嘱全部无效，将本案变成法定继承。另一种可能，有些法官可能认为，依据遗嘱的内容可以推知遗嘱人的本愿，可将遗嘱人的遗产部分按此比例分配，从而判令遗嘱部分无效。即判决房屋价值的一半中的 40% 归配偶，30% 归女儿，30% 归儿子，则整个房屋产权的 70% 归李某，15% 归女儿，15% 归儿子。存款中，70 万元归李某，12.5 万元归女儿，12.5 万元归儿子，5 万元归老刘。

律师提示

1. 遗嘱人立遗嘱时，经常会犯这样的错误，处分了属于配偶的财产，导致遗嘱无效或部分无效。所以立遗嘱时应特别注意，只能处分自己的部分，比如夫妻共同的房屋，遗嘱人只能处分房屋的一半价值，无法处分整个房屋。

2. 如果夫妻二人想把整个房屋留给子女继承，可以分别立遗嘱，将自己的房屋产权份额留给子女继承，就可以达到将整个房子最终留给该子女的目的。

178.胎儿可以继承遗产吗?

答案 章某腹中的胎儿有权继承杨某的遗产。《民法典》规定，涉及遗产继承、接受赠与等胎儿利益保护的，胎儿视为具有民事权利能力。遗产分割时，应当保留胎儿的继承份额。

相关法条

《民法典》第16条　涉及遗产继承、接受赠与等胎儿利益保护的，胎儿视为具有民事权利能力。但是，胎儿娩出时为死体的，其民事权利能力自始不存在。

《民法典》第1155条　遗产分割时，应当保留胎儿的继承份额。胎儿娩出时是死体的，保留的份额按照法定继承办理。

《民法典》第1141条　遗嘱应当为缺乏劳动能力又没有生活来源的继承人保留必要的遗产份额。

律师评析

在遗产继承中，原则上，胎儿享有必留份的权利。胎儿在其出生后很多年都属于缺乏劳动能力又没有生活来源的继承人，因此，根据《民法典》第1141条的规定，其对被继承人遗产具有要求为自己保留必要份额的特权。司法实践中，被继承人订立遗嘱，如果不考虑作为继承人的胎儿，不为其保留必要份额，一般都会被认定为无效或部分无效。

《民法典》第16条规定，涉及遗产继承、接受赠与等胎儿利益保护的，胎儿视为具有民事权利能力。同时，《民法典》第1155条规定，遗产分割时，应当保留胎儿的继承份额。以上规定都明确了胎儿的继承权。故本案中，章某腹中胎儿依法享有继承权。

本案中，章某腹中胎儿和杨某的母亲、继父都属于法定第一顺序继承人，依照法律规定对杨某的遗产享有继承权。而章某因为没有和杨某结婚登记，依法不享有继承权。

律师提示

为胎儿保留的必要遗产份额，在胎儿出生后会面临三种情况：

1. 胎儿出生时是活体的，份额归该婴儿所有，可由其母亲代为管理这部分遗产，并依法承担监护职责。

2. 胎儿出生后不久死亡，份额为婴儿所有，由婴儿的法定继承人按照法定继承处理。

3. 胎儿出生时为死胎的，份额由胎儿父亲的继承人再按法定继承进行分割。

179.人死债消，还是父债子偿？

答案

朱甲和朱乙如果继承父亲的遗产，应当首先清偿父亲应偿还的债务，但以自己实际所得的遗产价值为限；超过遗产价值的债务，除非朱甲和朱乙愿意，否则没有义务偿还。朱甲和朱乙如果放弃对父亲遗产的继承，那么对父亲生前的债务也没有偿还义务。

相关法条

《民法典》第1159条　分割遗产，应当清偿被继承人依法应当缴纳的税款和债务；但是，应当为缺乏劳动能力又没有生活来源的继承人保留必要的遗产。

《民法典》第1161条　继承人以所得遗产实际价值为限清偿被继承人依法应当缴纳的税款和债务。超过遗产实际价值部分，继承人自愿偿还的不在此限。

继承人放弃继承的，对被继承人依法应当缴纳的税款和债务可以不负清偿责任。

《民法典》第1141条　遗嘱应当为缺乏劳动能力又没有生活来源的继承人保留必要的遗产份额。

律师评析

中国有句俗语，叫作“父债子还，天经地义”，“父债子还”在中国有着根深蒂固的文化传统，在相对简单的社会生产条件下，这样的风俗习惯有利于维护债权人的利益。但在现代法治社会，法律上没有父债子还的规定，所谓的“父债子还”都是有条件的。

之所以说法律上没有父债子还的规定，是因为如果父亲健在，则法律上的成年的父与子本质上是两个独立的民事主体，各自对其民事法律行为负责。父债，是父亲作为民事主体与他人发生的债权债务关系，因此，债务应当由其个人承担，子女没有义务为父母清偿债务，除非子女自愿代父偿还。同样的，对于已成年的子女在外欠下债务，债权人也不能将其父母的财产强制用来抵押清偿。

如果父亲死亡，父债子还也要遵循以下原则：

1. 限定继承原则。即当儿子继承父亲的遗产时，其在继承遗产的实际价值范围内偿还父亲的债务；对于负债超过遗产价值的部分，其不必清偿。儿子作为继承人，承担的是有限责任。如果儿子放弃继承，那么他对父亲的债务就可以不负清偿责任。如果儿子愿意承担超过自己继承遗产部分的债务，法律不会干预。

2. 特留份原则。即对继承人中缺乏劳动能力又没有生活来源的人，即使遗产不足以清偿债务，也应当为其保留适当的遗产份额。

3. 清偿优先于继承。即在被继承人有债务的情况下，应当优先用遗产清偿债务，留有余额的才能继承。

本案中，如果朱甲和朱乙继承了父亲朱某某的遗产，要在自己继承遗产的实际价值，也就是 90 万元的范围内清偿朱某某的债务，对于超出实际继承部分的债务，朱甲和朱乙没有偿还义务。

律师提示

除因继承原因“父债”可能“子还”外，司法实践中通常还有以下两种可能产生父债子还的情况：

1. 子女接受了父亲的赠与，造成父亲的债务不能偿还。比如父母欠债后，把自己的房产赠与或者低价卖给子女，并过户给成年子女。此种情况下，债权人可以申请法院撤销赠与合同或者买卖合同。

2. 若父亲的债务是用于家庭共同生活，则该笔债务就不能被认为是父母的个人债务，应当由家庭成员共同偿还。父母逝世后，生前因此所欠债务其子女有义务在家庭财产范围内来偿还。

180.没有法定继承人和受遗赠人的遗产该归谁？

答案 姑姑不能继承小马的遗产，依《民法典》的规定，小马的遗产只能收归国有。

相关法条

《民法典》第 1160 条　无人继承又无人受遗赠的遗产，归国家所有，用于公益事业；死者生前是集体所有制组织成员的，归所在集体所有制组织所有。

《民法典》第 1127 条　遗产按照下列顺序继承：

（一）第一顺序：配偶、子女、父母；

（二）第二顺序：兄弟姐妹、祖父母、外祖父母。

继承开始后，由第一顺序继承人继承，第二顺序继承人不继承；没有第一顺序继承人继承的，由第二顺序继承人继承。

本编所称子女，包括婚生子女、非婚生子女、养子女和有扶养关系的继子女。

本编所称父母，包括生父母、养父母和有扶养关系的继父母。

本编所称兄弟姐妹，包括同父母的兄弟姐妹、同父异母或者同母异父的兄弟姐妹、养兄弟姐妹、有扶养关系的继兄弟姐妹。

律师评析

《民法典》第 1160 条规定了无人继承遗产的归属。什么情况属于无人继承呢？首先得通过《民法典》第 1127 条来确定，该条规定了法定继承人的范围及继承顺序。如果被继承人没有留下将遗产留给受遗赠人的遗嘱，也没有该条规定的第一顺序和第二顺序的法定继承人的，则该人无法定继承人，也无受遗赠人，其遗产便“无人继承”。按照《民法典》第 1160 条的规定，遗产归国家所有，用于公益事业；死者生前是集体所有制组织成员的，归所在集体所有制组织所有。

本案中，小马的姑姑虽然是小马最近的亲属，但其不在法定继承人范围内，而小马又没有留有遗嘱把房屋遗赠给姑姑，所以小马的姑姑无法取得小马的房屋，其遗产只能归国家所有。

律师提示

本案中，小马骤然离世实属意外，但如果其懂得法律知识、了解自己没有法定继承人的情况，为规避风险，提前立下遗嘱，将房屋遗赠给较亲密的亲属或朋友，也许能实现他的本愿。

遗嘱是可以更改的，如果小马未发生意外，后来结婚、生子，情况发生变化，可以修改、变更或销毁遗嘱，立新的遗嘱，将遗产留给配偶及子女。

第七编　侵权责任

181.什么是侵权责任中的过错责任？

答案

李琼应赔偿王春的损失（包含医疗费、护理费、误工费、住院伙食补助费、交通费等）。

相关法条

《民法典》第 1165 条　行为人因过错侵害他人民事权益造成损害的，应当承担侵权责任。

依照法律规定推定行为人有过错，其不能证明自己没有过错的，应当承担侵权责任。

律师评析

行为人因过错侵害他人民事权益造成损害的，应当承担侵权责任。侵害他人造成人身损害的，应当赔偿医疗费、护理费、交通费等为治疗和康复支出的合理费用，以及因误工减少的收入。《民法典》第 1165 条规定的是侵权责任归责原则中的过错责任与过错推定。除此之外，《民法典》还规定了无过错责任。但过错推定和无过错责任均须依据具体法律规定予以使用。根据法律规定推定行为人有过错，行为人不能证明自己没有过错的，应当承担侵权责任，是为过错推定原则；行为人损害他人民事权益，不论行为人有无过错，法律规定应当承担侵权责任的，依照其规定，视为无过错责任。

本案双方因大棚合同问题产生纠纷，在争执过程中，李琼故意拿水果刀侵犯王春身体并造成王春轻微伤，具有明显的过错且侵权事实成立。王春的损失理应由李琼承担。

律师提示

在过错责任原则中，不仅要考虑行为人的过错，也要考虑受害人的过错或者第三人的过错。如果受害人或者第三人对损害的发生也存在过错，要根据过错程度来分担损失，因此可能减轻甚至抵消行为人承担的责任。在共同侵权的场合，共同侵权人的过错程度甚至可能成为其内部分担损失的依据。

过错责任原则要求行为人尽量履行注意义务，避免损害后果，也要求每个人充分尊重他人的权益，从而为行为人确立了自由行为的范围，体现了对人的尊重；它有利于预防损害的发生，通过赋予过错行为以侵权责任，行为人应尽到注意义务，努力避免损害的发生。

182.什么是侵权责任中的无过错责任？

答案 刘园应当对王红承担赔偿责任。

相关法条

《民法典》第 1166 条 行为人造成他人民事权益损害，不论行为人有无过错，法律规定应当承担侵权责任的，依照其规定。

律师评析

《民法典》第 1166 条规定了侵权责任中的无过错责任原则。无过错责任原则，也称无过失责任原则，是指没有过错造成他人损害的，依法律规定由与造成损害原因有关的人承担民事责任的归责原则。适用这一原则，主要不是根据行为人的过错，而是基于损害事实的客观存在，根据行为人的活动及所管理的人或物的危险性质与所造成损害后果的因果关系，由法律规定的特别加重责任。

无过错责任原则必须在法律规定的范围内适用，不能随意扩大或者缩小其适用范围。典型的适用无过错责任的案件有：产品缺陷致人损害、高度危险作业致人损害、环境污染致人损害、饲养的动物致人损害等损害赔偿案件。

本案所涉即是饲养动物致人损害的侵权行为。动物的饲养人或管理人对动物具有管理职责，饲养动物造成他人损害时，应承担侵权责任。依据《民法典》的规定，动物造成人身损害侵权，如果是饲养动物的，由饲养人承担责任，如果是遗弃动物的，由原饲养人承担责任。

饲养的动物致人损害，属于无过错责任，适用举证责任倒置。虽然刘园辩解自家狗是拴在园子里的，但在庭审中，其如果不能就受害人王红有故意或重大过错进行举证，则需要承担相应的侵权责任。王红的诉请符合法律规定，刘园应对王红承担赔偿责任。

律师提示

在许多适用无过错责任原则的领域，法律让行为人承担责任，并非其从事了法律禁止的活动，而是因为这些活动虽是社会经济发展所必需的，但这些活动充满不同寻常的危险，且这些风险多数是不可控制的，即使采取预防意外的措施，也不可能绝对避免危险。在这些危险活动中，行为人承担侵权责任，不是因为其知道意外可能发生而没有加以防范，而是因为其为了自己的利益，使别人面临这种特殊风险。法律允许其活动的条件是他必须对这种风险产生的后果负责。

183.二人以上共同实施侵权行为，如何承担法律责任？

答案　丽丽要求小友和小森赔偿财产损失，符合法律规定。

相关法条

《民法典》第 1168 条　二人以上共同实施侵权行为，造成他人损害的，应当承担连带责任。

律师评析

依照《民法典》的规定，二人以上共同实施侵权行为，造成他人损害的，应当承担连带责任。这是关于共同侵权行为的规定，按照法理，共同侵权行为是指两个或者两个以上的行为人，由于共同的过错导致他人合法权益损害，应当承担连带责任的侵权行为。

本案中，小友和小森因过错侵害他人财产权益，应当承担侵权责任。小森、小友应当赔偿丽丽经济损失 1688 元，并互负连带赔偿责任。

律师提示

实践中，如果共同侵权人不在同一地，或者是部分侵权人下落不明、没有财产，起诉起来比较复杂，为了及时充分地维护自己的权益，受害人可以先选择起诉部分侵权人。在连带责任中，每一个侵权人都应当承担全部赔偿责任，受害人有权起诉请求部分侵权人承担责任。

184.教唆未成年人侵权要承担什么责任?

答案 刘某的健康权受到《民法典》的保护，其赔偿请求权能够得到支持。

相关法条

《民法典》第1169条　教唆、帮助他人实施侵权行为的，应当与行为人承担连带责任。

教唆、帮助无民事行为能力人、限制民事行为能力人实施侵权行为的，应当承担侵权责任；该无民事行为能力人、限制民事行为能力人的监护人未尽到监护职责的，应当承担相应的责任。

《民法典》第1188条　无民事行为能力人、限制民事行为能力人造成他人损害的，由监护人承担侵权责任。监护人尽到监护职责的，可以减轻其侵权责任。

有财产的无民事行为能力人、限制民事行为能力人造成他人损害的，从本人财产中支付赔偿费用；不足部分，由监护人赔偿。

律师评析

本案中，张某系指使焦某“教训”刘某的教唆人，虽然焦某殴打刘某时张某并未在场，但根据《民法典》第1169条的规定，张某作为教唆人，依法也应当承担侵权责任。

被教唆人焦某案发时系已满16周岁的未成年人，属限制民事行为能力人。根据《民法典》的规定，无民事行为能力人、限制民事行为能力人造成他人损害的，由监护人承担侵权责任。监护人尽到监护责任的，可以减轻其侵权责任。而焦某常有打架斗殴行为却未因家庭教育而收敛，其监护人难以被认为“尽到了监护责任”，焦某的监护人应承担侵权责任，赔偿刘某的损失。

同样，张某也系未成年人、限制民事行为能力人，其监护人也应当承担未尽监护职责的责任。因此，张某及其监护人、焦某及其监护人应对刘某受伤承担法律责任。

此外，根据《民法典》第1188条的规定，有财产的无民事行为能力人、限制民事行为能力人造成他人损害的，从本人财产中支付赔偿费用。不足部分，由监护人赔偿。

律师提示

无民事行为能力人和限制民事行为能力人在侵犯他人权利时，是直接侵害人，所以他们不能摆脱成为民事被告的风险。但因主体资格的限制，虽然他们是被告，承担责任或部分责任的主体却是他们的监护人。

教唆无民事行为能力人、限制民事行为能力人实施侵权行为的，应当承担侵权责任。教唆人与被教唆人均为未成年人时，两方的监护人都应承担相应责任。

父母作为未成年人的监护人，应当正确履行好自身的义务，承担起监护职责，加强对孩子的教育，引导孩子遵纪守法，不从事危险活动，在外玩耍打闹要适可而止，避免给他人造成不必要的伤害。

185.共同危险行为致人伤害，应如何承担法律责任?

答案

小鹏要求小珍和小林支付医疗费、护理费、住院伙食补助费、营养费、误工费、残疾辅助器具费、精神损害抚慰金、交通费、鉴定费、内科检查费等费用，符合法律规定。

相关法条

《民法典》第1170条　二人以上实施危及他人人身、财产安全的行为，其中一人或者数人的行为造成他人损害，能够确定具体侵权人的，由侵权人承担责任；不能确定具体侵权人的，行为人承担连带责任。

律师评析

根据《民法典》第1170条的规定，二人以上实施危及他人人身、财产安全的行为，其中一人或者数人的行为造成他人损害，能够确定具体侵权人的，由侵权人承担责任；不能确定具体侵权人的，行为人承担连带责任。小林和小珍所实施的共同危险行为，给小鹏造成了伤害，且不能确定具体的侵权人，应承担连带责任。

本案涉及的是主要是共同危险行为。共同危险行为，是指数人共同实施危及他人人身安全的行为并造成损害结果，而实际侵害行为人又无法确定的侵权行为。共同危险行为成立后，虽然真正侵害行为人只能是其中一人或一部分人，但如果无法确定谁是真正的侵害行为人，共同实施危险行为的数人承担连带责任。

律师提示

民事法律中的共同危险行为和共同加害行为有本质区别。在共同危险行为中，并非每个人的行为都与实际损害结果的发生有因果关系，而只是实际致害人的行为与损害结果的发生有因果关系，只不过不能判明而已。对于谁为实际致害人，受害人无须证明之，其仅需证明数人的行为具有危险性即可。由于受时间、空间和其他条件的限制，法院难以确认谁是真正加害人。此时应由共同危险行为人举证免责，不能举证者，法律推定其全部为加害人而应承担连带责任。

186.分别侵权造成同一损害，责任怎么承担？

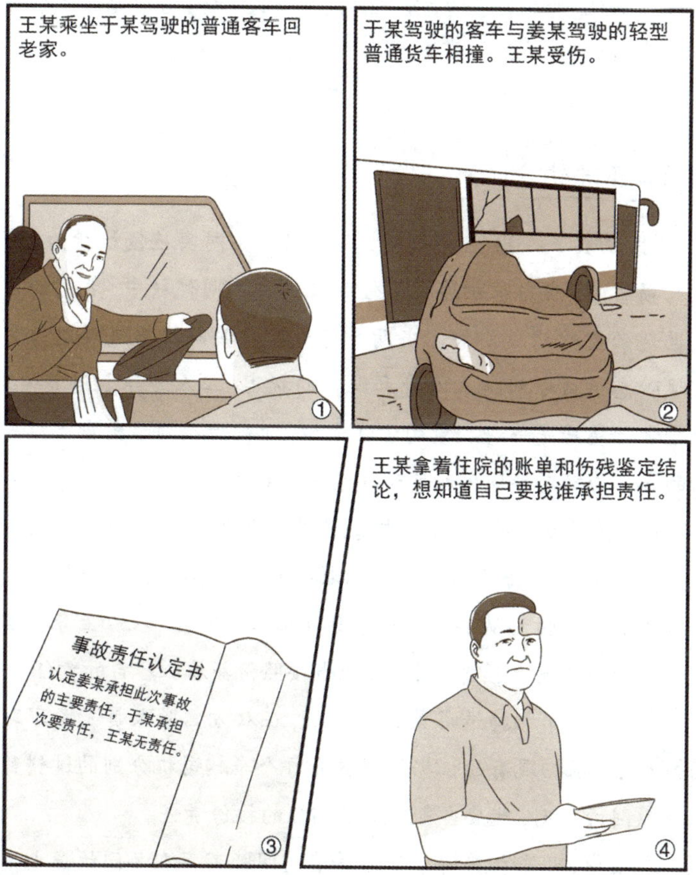

答案 姜某承担事故的主要责任，于某承担事故的次要责任，二人按照各自的责任比例对王某的损失承担按份责任。

相关法条

《民法典》第1172条　二人以上分别实施侵权行为造成同一损害，能够确定责任大小的，各自承担相应的责任；难以确定责任大小的，平均承担责任。

律师评析

《民法典》第1168条规定，二人以上共同实施侵权行为，造成他人损害的，应当承担连带责任。在这种共同侵权中，共同的主观意思是必要的构成要件。当两个行为人以共同故意或共同过失的主观心态造成了对他人人身和财产的损害，二人应承担连带责任。连带责任实质是一种加重的责任承担，即行为人须超出自己应当承担的责任份额对共同侵权所造成的全部损害承担赔偿责任。

而《民法典》第1172条规定的是承担按份责任的无意思联络人侵权。立法者将无意思联络的数个行为直接结合在一起造成同一损害后果的情形从共同侵权中独立出来，规定二人以上分别实施侵权行为造成同一损害后果的，应当按照份额承担各自的责任。

例如，两车相撞造成第三人受伤，在双方驾驶人员无意思联络的情形下，根据现有的证据能够区分每个车辆司机分别的过错程度以及原因力比例，就应当各自承担相应的按份责任。

本案中，两车相撞时于某与姜某之间既不存在共同故意也不存在共同过失，主观上也没有任何的意思联络，是两个加害行为直接结合发生同一损害后果，属行为竞合致人损害，且根据交通事故责任认定书的意见，于某应当承担事故的次要责任，姜某应当承担事故的主要责任，因此于某、姜某应按照各自的责任比例对外承担按份责任，赔偿王某的医药费等损失。

律师提示

如果两个侵权人有主观意思的联络，则应适用《民法典》第1168条规定，属于共同侵权，对外承担连带赔偿责任。

如适用《民法典》第1172条，侵权行为人所承担的按份责任由法院根据行为人各自的过错比例进行确定。

187.有过错的被侵权人能获得全部损害赔偿吗？

答案 小强和小美均存在过错，应适用过失相抵，即对于自己的损害，小美也要承担一定比例责任。

相关法条

《民法典》第 1173 条　被侵权人对同一损害的发生或者扩大有过错的，可以减轻侵权人的责任。

律师评析

我国民法对于侵权责任规定了过失相抵制度。过失相抵，事实上是行为人各自对自己的行为造成的后果负责。一般根据过失程度和原因力大小进行比较，确定侵权人应当承担责任的比例，其他因被侵权人自己的原因造成的损害部分，须自己承担。

本案中，小强应当在楼梯转弯处慢行而没有减速，同样小美也应注意楼上下来的行人，但由于戴着耳机听音乐而未及时发现和避让，即对于小美受伤这一损害结果的发生，不仅有小强的过失和原因力，也有小美的过失和原因力，是双方当事人的过失行为造成了同一损害结果的情形。而且小美在上楼梯的时候应在上楼方向的楼梯右侧，但事发时小美在左侧，因而产生了迎面撞击。小美在此次事故中的过错是明显的，应自己承担一部分责任。本案中，小强的过失程度和行为原因力小于被侵权人小美，可以承担次要责任。

律师提示

日常生活中，我们应对自己的行为担负起合理注意义务，在可能发生危险的地方更应格外谨慎。对侵权行为的发生或者扩大有过错的，即使身为被侵权人，也要承担一部分责任。

虽然现在手机已经成为每个人生活中必不可少的一部分，但走路、骑车，特别是过马路时，应尽量不要低头看手机。

188.在自愿参加的足球赛中受伤，能否要求其他队员承担赔偿责任?

答案

王刚在自愿参加的足球赛中受到损害，不能请求杨亮承担侵权责任。但是，如果杨亮对王刚的受伤有故意或者重大过失，应当承担赔偿责任。

相关法条

《民法典》第1176条　自愿参加具有一定风险的文体活动，因其他参加者的行为受到损害的，受害人不得请求其他参加者承担侵权责任；但是，其他参加者对损害的发生有故意或者重大过失的除外。

活动组织者的责任适用本法第一千一百九十八条至第一千二百零一条的规定。

律师评析

《民法典》第1176条明确规定了自甘风险的原则。所谓自甘风险，是指已经知道有风险，而自己自愿去冒风险，那么当风险出现的时候，就应当自己来承担责任、承担损害后果。

随着健康意识的普及，人们参与体育运动的热情高涨，在运动中出现意外，如何确定侵权纠纷适用的归责原则变得越来越重要。《民法典》明确了自甘风险原则，填补了之前的立法空白。日常生活中，在自愿参加的足球比赛或者其他文体活动中发生人身伤害，受害者的行为即属于自甘风险行为。自甘风险通常会产生减轻或免除加害人赔偿责任的后果。但是，加害人故意或重大过失侵权的，加害人不能适用自甘风险进行抗辩。

自甘风险原则势必对今后的司法实践产生极大的指引意义。过去，人们文体活动中受到伤害，很自然地认为应当追究组织者或致伤者的责任。在《民法典》生效后，即使在活动中受伤，只要赛事组织者或活动承办者尽到了注意义务，活动的其他参加者也没有故意或重大过失，便无法追究他人责任。

本案中，王刚作为一名成年人，应当认识到足球比赛是存在一定风险的，其在比赛中受伤，主要原因是自己未尽到注意义务。在受伤后，其亦没有要求及时就医，造成伤残的后果。且杨亮并不存在故意或重大过失，王刚应对自己的损害后果自行承担责任。

律师提示

在进行文体活动前，一定要充分了解活动内容，评估活动风险，根据自身状况选择与之相适应的活动内容。在活动过程中，要遵守活动规则，避免造成不必要的伤害。未成年人的监护人应尽到监护义务，帮助未成年人选择与其身心成长阶段相适应的活动。

自甘风险原则并不意味着在自愿参加的活动中只要出现损害，就只能由自己承担。如果该损害的加害人有故意或重大过失，加害人应承担责任；若活动组织者、场所经营者等未尽到安全保障义务，也应承担相应责任。

189.饭店老板可以扣押拒绝付账的客人吗？

答案

大陈采取的是自助行为，自助行为是权利人为了保护自己的合法权益，在情况紧迫而又不能获得国家机关及时救助的情况下，对他人财产或者自由在保护自己合法权益的必要范围内采取的扣押、拘束或者其他相应措施，是为法律或者社会公德所认可的行为。康康无权要求大陈赔偿损失。

相关法条

《民法典》第1177条　合法权益受到侵害，情况紧迫且不能及时获得国家机关保护，不立即采取措施将使其合法权益受到难以弥补的损害的，受害人可以在保护自己合法权益的必要范围内采取扣留侵权人的财物等合理措施；但是，应当立即请求有关国家机关处理。

受害人采取的措施不当造成他人损害的，应当承担侵权责任。

律师评析

自助行为的构成要件是：(1)行为人的合法权益受到侵害；(2)情况紧迫且不能及时获得国家的保护；(3)不立即采取措施将使其权益受到难以弥补的损害；(4)在保护自己合法权益的必要范围内对侵权人实施扣留财产或者限制人身自由的行为。行为人实施了自助行为，在权益得到保障后，即应立即解除相应行为。如果仍需要采取上述措施，应当立即请求有关国家机关处理。行为人如果对侵权人采取自助行为措施不适当，造成侵权人损害的，应当承担侵权责任，赔偿损失。本案中，青年康康用餐后不付钱，大陈不让其离开，将其关进储物间，之后求助警察，并解除限制措施，系在保护自己合法权益的必要范围内采取扣留侵权人的合理措施，无须赔偿。如本案发生大陈将康康约束多时或者多日，甚至将康康打伤的情况，将被法律评价为采取的措施不当造成对他人损害，则大陈应当承担侵权责任，甚至刑事责任。

律师提示

权利人为了保护自己的合法权益，在情况紧迫而又不能获得国家机关及时救助的情况下，可以对他人财产或者自由采取扣押、拘束或者其他自力救济措施，但不要超过必要的限度。

消费者在购买或接受他人货物和服务后应及时支付对价，以避免被采取扣押、拘束等自力强制措施。

190.同一事故死亡，会“同命不同价”吗？

答案

小刚的家属可以比照小明死亡赔偿金的数额，要求老王给付死亡赔偿金。

相关法条

《民法典》第 1180 条 因同一侵权行为造成多人死亡的，可以以相同数额确定死亡赔偿金。

律师评析

死亡赔偿金，是指受害人因各种事故死亡的，由相关责任人按照一定的标准给予死者家属的一定数量的赔偿。一般认为，死亡赔偿金不是对死者自身失去生命的赔偿，而是对死者近亲属因受害人死亡导致的生活资源减少和丧失的补偿。

现行司法解释采取定型化的赔偿模式，使死亡赔偿金的数额相对固定，不受个人收入、家庭情况等其他因素影响。但是，因城乡居民纯收入存在差距，会出现即使是在同一事故中不幸遇难，城市居民与农村居民的死亡赔偿金数额并不一致的情况。

死亡赔偿金是对受害人亲属进行生活上的补偿，由于城镇、农村生活成本并不一致，对城镇居民、农村居民的死亡赔偿金数额进行区分，似乎具有合理性。但这种标准终究会产生伦理上的风险：生命本身没有价值上的区别，但因同一场事故而亡，最终赔偿不同，是否透露出一种“同命不同价”的价值观？

《民法典》第 1180 条解决了这一问题。同一侵权事故造成多人死亡，即使死者存在城市、农村户籍的差异，也可以按照相同的数额确定死亡赔偿金。这样的规定在特定条件下完成了“同命同价”的目标，但适用法条仍需满足一定条件：

第一，对标的必须是同一侵权行为中的其他死者的赔偿金数额。这就对赔偿的时空条件进行了较为严格的限制：参照的必须是同一时间、同一地区的同一侵权行为造成的其他死者，援引其他地区、其他时间的相似情况下的死者的死亡赔偿金数额，并不能得到法律的支持。

第二，必须是“多人死亡”的事故。对“多人死亡”的解释，有学者认为“三人为多，两人为少”；但实务中认定较为宽泛，不乏法院认定两人死亡即符合“多人死亡”的条件。

第三，是“可以”而非“应当”。依据文义解释，“可以”并不是硬性的保护，而是赋予死者家属主张相同赔偿的权利。如果死者家属主张了这一权利，法官一般都会同意，以体现人文关怀；但如果死者亲属不主张这一权利，加害人根据不同标准给付死亡赔偿金，也并不会被法律追究，毕竟“法律不保护躺在权利簿上的人”。

律师提示

司法实践中，死亡赔偿金一般是当地20年平均工资。如果受害人在多人事故中不幸遇难，受害人家属应在悲痛之余保持理智，尽可能收集各类信息，确定加害人的个人信息、侵权事实等，为请求死亡赔偿金做足准备。必要时可以联系其他受害人家属，联合起来维护自身合法权益。

如果受害人是农村户籍，但其他受害人中有城市户籍，受害人家属可以要求加害人按照城镇居民标准赔付死亡赔偿金，最大限度维护自身利益。若加害人不愿赔付，受害人家属可以通过民事诉讼程序，请求法院的保护。

191.被侵权人何时能够请求精神损害赔偿？

答案　小芳可以以人格尊严受到损害为由，向小丽要求精神损害赔偿。

相关法条

《民法典》第1183条　侵害自然人人身权益造成严重精神损害的，被侵权人有权请求精神损害赔偿。

因故意或者重大过失侵害自然人具有人身意义的特定物造成严重精神损害的，被侵权人有权请求精神损害赔偿。

律师评析

精神损害赔偿，是侵权人因侵犯受害人人身权益致使其受到精神上的痛苦所应承担的民事责任。因为精神损害的不可量化，其赔偿数额并没有一个统一、客观的确定标准。最高人民法院《关于确定民事侵权精神损害赔偿责任若干问题的解释》列出了确定赔偿数额应考虑的因素，包括侵权人过错、侵权具体情节、侵权后果、获利情况、侵权人承担责任的能力、受诉法院所在地平均生活水平等。但这也只是提供了一个思考方向，并没有说明各因素在最终赔偿数额确定中的权重，具体数额的确定依旧有赖于法官的裁量。

因为精神损害及赔偿的主观性都很强，适用精神损害赔偿同样有严格限制：

第一，受损的必须是人身权益，财产权受损不可主张精神损害赔偿。人身权益包括人格权和身份权，前者包括肖像权、隐私权、名誉权、生命权等具体人格权和人格尊严、人身自由等一般人格权，后者包括亲权、配偶权、亲属权等权利。只有这些权利受损，受害人才可以主张精神损害赔偿。以本案为例，如果小丽只是打砸了小芳的办公室，没有对小芳当众羞辱、施暴，此时小芳只是财产受到损害，仅能要求财产损害赔偿，不能要求精神损害赔偿。

在《侵权责任法》(已失效)的基础上，《民法典》统合了司法解释，将“侵害具有人身意义的特定物造成严重精神损害”列入法律规定，使精神损害赔偿制度更为完善。本案中，如果小丽打砸了小芳的办公室，没有伤害小芳本人，但却撕烂了小芳放在办公室的唯一一张照有小芳已经去世的父母的全家福，虽然受损的依旧是财产，但这唯一的照片寄托着对亲人的思念，对小芳具有特殊的纪念意义，其损坏给小芳带来了精神痛苦，此时小芳可以主张精神赔偿。

第二，必须受到严重的精神损害，才能主张精神损害赔偿。法律未能给出“严重”的客观判定标准，总体依旧是由法官考虑侵权事实、结果、对受害人的心理打击、社会效果等多方面因素，自行裁量是否达到“严重”的标准。如果认定精神损害未达到“严重”的程度，依据司法解释，人民法院最多判令侵权人停止侵害、恢复名誉、消除影响、赔礼道歉，而不会支持精神损害赔偿。

律师提示

公民要注意保护自己的人身权益，在受到侵害后应积极寻求救济。如果人身权益受到侵害，造成非财产性损失，公民可以要求侵权人采取停止侵害、恢复名誉、消除影响、赔礼道歉等措施；如果精神损害达到严重的程度，公民可以要求精神损害赔偿。必要时通过民事诉讼程序维护自身合法权益。

因为精神损害主观性较强，在诉讼程序中，很多方面需要法官进行主观判断。因此，若想主张精神损害赔偿，受害人应当充分准备材料，及时固定证据，明确侵害人身权的事实，证明对受害人造成严重精神损害，尽力争取法官的支持。

192.双方都无过错，责任由谁承担？

答案 小明和小杨均无过错，但是根据公平原则，小明的监护人应当给予受害人小杨一定经济补偿。

相关法条

《民法典》第1186条　受害人和行为人对损害的发生都没有过错的，依照法律的规定由双方分担损失。

《民法典》第1188条　无民事行为能力人、限制民事行为能力人造成他人损害的，由监护人承担侵权责任。监护人尽到监护职责的，可以减轻其侵权责任。

有财产的无民事行为能力人、限制民事行为能力人造成他人损害的，从本人财产中支付赔偿费用；不足部分，由监护人赔偿。

律师评析

《民法典》第1186条没有用“被侵权人”“侵权人”，而是用“受害人”“行为人”指代行为双方，事实上明确了该条文所规定的行为并不构成侵权责任。行为人的行为不构成侵权，没有受到法律的负面、否定评价，只是在客观上，某一个人受害了，另一个人实施了行为，双方对损害的发生均没有过错，需要根据实际情况来分担损害后果。

《民法典》第1186条将《侵权责任法》（已失效）第24条“根据实际情况，由两方分担损失”的规定变更为“依照法律的规定由双方分担损失”。可以看出，立法者把自由裁量权从法官手里收回到了立法者手中，即只有法律规定的情况下才适用该条公平分担损失，使这一条的适用范围缩小且需要借助其他法律条文的规定。具体适用情形还需要立法机构进一步明确。

本案中，因为小明和小杨都是已满8周岁的未成年人，属于限制民事行为能力人。所以，二人都没有独立分担损失的能力，其监护人将承担相应的责任。

律师提示

行为人应当合理注意自己的行为，避免因过失或无过失行为给他人造成损害，尤其是实施危险性比较大的行为时，更应多加注意。

受害人在双方均无过错和过失的情况下，对自己遭受的损害，有权要求行为人合理分担损失。

193.精神障碍患者侵权，谁来承担责任？

答案

受害人陈某可向蔡某及其监护人蔡某某、林某主张赔偿经济损失。

相关法条

《民法典》第1188条　无民事行为能力人、限制民事行为能力人造成他人损害的，由监护人承担侵权责任。监护人尽到监护职责的，可以减轻其侵权责任。

有财产的无民事行为能力人、限制民事行为能力人造成他人损害的，从本人财产中支付赔偿费用；不足部分，由监护人赔偿。

律师评析

不能辨认自己行为的成年人为无民事行为能力人，不能完全辨认自己行为的成年人为限制民事行为能力人。蔡某在作案过程中对自身作案行为的实质性辨认能力及控制能力丧失，不具有刑事责任能力，同时也应认定其是不能辨认自己行为的无民事行为能力人。

无民事行为能力人、限制民事行为能力人造成他人损害的，《民法典》第1188条第1款明确规定由监护人承担侵权责任，这是由监护人的职责所决定的。而第2款明确规定了在具体承担赔偿责任时，如果被监护人有财产的，先从其本人财产中支付赔偿费用，不足部分由监护人赔偿。

蔡某某、林某作为蔡某的监护人应当履行监护职责，并对因履行职责不到位使蔡某造成他人损害的后果承担侵权责任。对于陈某的损失，应先由蔡某本人支付，蔡某不能履行的赔偿款项，由蔡某某、林某承担补充赔偿责任。因此，陈某可以向蔡某及其监护人蔡某某、林某主张损害赔偿。

律师提示

精神障碍患者违法犯罪的，可以由政府将其送往强制医疗机构进行治疗，直到被指定的医疗机构评估为康健，才能回归社会。

有必要建立全国统一的精神障碍患者信息库，实现精神卫生工作信息共享。由政府牵头，各个部门各司其职，家属积极配合，社会共同参与，实施全国性的精神病人健康普查并作出医学诊断和风险评估。在建立统一的精神病人信息库的基础上，建立并落实家庭、社会、医院跟踪随访制度。由有关部门组织专业医生走访基层，对精神疾病患者进行康复训练。

194.用餐时被服务员烫伤，谁来承担赔偿责任？

答案

陈某有权向酒店主张赔偿责任，王某如有故意或重大过失的，酒店可以向其追偿。

相关法条

《民法典》第 1191 条 用人单位的工作人员因执行工作任务造成他人损害的，由用人单位承担侵权责任。用人单位承担侵权责任后，可以向有故意或者重大过失的工作人员追偿。

律师评析

在现实生活中，员工因执行工作任务造成他人损害的情况比较常见。用人单位工作人员因执行工作任务造成他人损害的，应由单位承担侵权责任，但职工存在故意或重大过失的，用人单位承担责任后，可向实际侵权职工追偿。

这种责任也在理论上被称为替代责任，即由他人对行为人的行为承担责任。由于工作人员是为用人单位工作，用人单位可以从工作人员的工作中获取一定的利益，因此，工作人员因工作所产生的风险，需要用人单位承担。用人单位与工作人员相比，一般经济能力较强。让用人单位承担责任，有利于更好地保护被侵权人的合法权益，也可促进用人单位在选任工作人员时尽到相当的谨慎和注意义务，加强对工作人员的监督和管理。

我国对于用人单位采取的是无过错责任，只要工作人员在上班期间实施侵权行为造成他人的损害，用人单位就要承担赔偿责任。用人单位不能通过证明自己在选任或者监督方面尽到了相应的义务来免除自己的责任。但需要指出的是，用人单位承担责任的前提是工作人员的行为构成了侵权。也就是说，只有工作人员的行为符合法律规定的侵权行为构成要件，用人单位才对该侵权行为对外承担无过错责任。

用人单位承担侵权责任的另一重要前提是工作人员的行为与“执行工作任务”有关。工作人员应当按照用人单位的授权或者指示进行工作。与工作无关的行为，即使发生在工作时间内，用人单位也不承担侵权责任，该责任由工作人员自己承担。例如，一职工在上班时间因私事将一朋友打伤，受害人就应当直接找该职工要求赔偿。

用人单位承担责任后，只有职工有故意或重大过失的，其才可向实际侵权职工追偿。一般认为，重大过失的行为人欠缺一般人所应有的最起码的注意，其漠不关心的冷漠态度已达到极致，从而与故意的心理状态在法律和道德上的应受谴责程度已相差无几，其与故意几乎应等同对待。如果行为人仅是缺乏具有一般知识、智力和经验的人诚实处理事物所应有的注意，仅构成一般过失，不构成重大过失，用人单位不可以向其追偿。

律师提示

为避免侵权责任的产生，用人单位应加强内部管理，制定完善的规章制度，明确每个人的岗位职责，加强岗位职责培训及岗位安全培训，避免发生致人损害的行为。

本条规定了用人单位的追偿权，这就促使工作人员在工作中谨慎行事，认真对待自己的工作，减少侵权行为的发生。此外，可以通过对主观恶意较大的工作人员进行追偿起到制裁的作用，并在一定程度上弥补用人单位的损失。

195.受雇承揽某项工作致自己损害，谁来承担责任？

答案

李某与摄像师之间是承揽法律关系。李某不应当对摄像师的损害承担赔偿责任，摄像师依法可以请求造成其损害的第三人承担赔偿责任。

相关法条

《民法典》第1193条　承揽人在完成工作过程中造成第三人损害或者自己损害的，定作人不承担侵权责任。但是，定作人对定作、指示或者选任有过错的，应当承担相应的责任。

律师评析

适用《民法典》第1193条首先要区分承揽关系与雇佣关系。在司法实践中，可以综合分析下列因素，结合案件具体情况予以认定：(1)当事人之间是否存在控制、支配和从属关系；(2)是否由一方指定工作场所，提供劳动工具或设备，限定工作时间；(3)是定期给付劳动报酬还是一次性结算劳动报酬；(4)是持续性提供劳务，还是一次性提供工作成果；(5)是否为当事人业务或者经营活动的组成部分。

在确定属于承揽关系的前提下，《民法典》第1193条所阐释的责任承担方式可分为以下两种：

1. 承揽人单独承担赔偿责任。承揽人因执行承揽事项致使他人或自己遭受损害，如果定作人并无过错，则定作人不承担责任，由承揽人自行担责。如果定作人的指示虽有过错，但承揽人没有依照定作人的指示办事，因而损害的发生与定作人的指示没有因果关系，即定作人的过错对损害结果不具有原因力，定作人也不承担责任，由承揽人单独承担。

2. 定作人要承担相应的责任。一般又分为定作人负担一部分责任与全部责任两种情形，其中负担一部分责任时应当与承揽人共同负担，应当为连带赔偿责任。

(1)定作人承担完全的替代赔偿责任。即定作人具有全部过错，而承揽人的行为毫无过错时，定作人承担全部的赔偿责任，承揽人对其行为不承担责任。

(2)定作人与承揽人共同承担赔偿责任。即承揽人执行承揽事项不法侵害他人权利，虽然定作人具有过错，但是承揽人也有过错，构成共同侵权，定作人和承揽人应当共同承担赔偿责任。双方承担责任的份额大小，可依据双方的过错程度和致害行为的原因力比例确定。

本案中，李某不存在明显的选任或指示过错，其作为承揽法律关系中的定作人，无过错则不对第三方或承揽人的损害承担责任，即李某无须对摄像师承担赔偿责任。

律师提示

承揽人在进行承揽工作时，要充分评估该项工作可能产生的风险，在各个环节加强管理，注意每个安全细节，避免产生致自己损害或者第三人损害的后果。

定作人对工作进行指示时，承揽人不应盲目听从，应该基于自己的专业判断综合衡量，如发现定作人的指示有风险，则应与定作人沟通好后再进行相关作业。

定作人应尽量避免就定作、指示或者选任出现过错。定作过失，是指承揽事项本身即为不法，如加工危险物品等。指示过失，是指定作本身为正当，但定作人在对承揽人完成定作事项的指示中具有过失，如用低标号水泥代替高标号水泥施工。选任过失，是指定作人在选任承揽人时存在过失，未尽必要的注意义务，如选择了没有资质的人从事专业作业。

196.顾客受伤，经营者是否要承担赔偿责任？

答案 小娥作为茶馆的经营者应当承担相应的补充责任，在承担补充责任之后，小娥可以向第三人小龙追偿。

相关法条

《民法典》第1198条　宾馆、商场、银行、车站、机场、体育场馆、娱乐场所等经营场所、公共场所的经营者、管理者或者群众性活动的组织者，未尽到安全保障义务，造成他人损害的，应当承担侵权责任。

因第三人的行为造成他人损害的，由第三人承担侵权责任；经营者、管理者或者组织者未尽到安全保障义务的，承担相应的补充责任。经营者、管理者或者组织者承担补充责任后，可以向第三人追偿。

律师评析

法律的主要任务之一就是保障人民生命财产安全。人们在公共场所可以享受科技和社会进步给人类带来的便利，同时，也将自己置于潜在的危险中，公共场所潜在的危险导致的人身、财产损害事故日渐增多。《民法典》第1198条规定了安全保障义务人责任，让经营者、管理者或者群众性活动的组织者承担安全保障义务。原因是，他们对其经营、管理或组织的场所具有他人不可比拟的控制能力，作为最了解整个场所的运营情况的人，其能预见到可能发生的危险和损害，可以以最小的成本采取必要的措施防止损害的发生或者使损害减轻。

小娥经营的茶馆属于公共场所，小娥是该场所的经营者，茶馆地上积水后未及时清理，其未尽到安全保障义务，致使小婷在受到小龙的推搡后滑倒摔伤，造成损害后果。依照《民法典》1198条的规定，小娥应当承担相应的补充责任。在承担补充责任之后，小娥可以向第三人小龙追偿。

律师提示

经营场所、公共场所的经营者、管理者或群众性活动的组织者应了解自身担负的安全保障义务，如保障设施设备安全、配备适当的安保力量、在危险处张贴警示标志、充分告知活动风险并做好防护措施等。

对于因第三人行为造成的损害，经营者、管理者、组织者已充分尽到安全保障义务的，不再承担责任，如果其未尽到安全保障义务，则应在其能够防止或制止损害的范围内承担相应的补充责任。

197.小学生在校受伤，学校要承担责任吗？

答案　如果某小学提供的证据不足以证明其已尽到教育、管理职责，其应对李某的损害后果承担主要的赔偿责任。

相关法条

《民法典》第1199条　无民事行为能力人在幼儿园、学校或者其他教育机构学习、生活期间受到人身损害的，幼儿园、学校或者其他教育机构应当承担侵权责任；但是，能够证明尽到教育、管理职责的，不承担侵权责任。

律师评析

《民法典》第1199条规定，无民事行为能力人在幼儿园、学校或者其他教育机构学习、生活期间受到人身损害的，幼儿园、学校或者其他教育机构应当承担责任，但能够证明尽到教育、管理职责的，不承担责任。本案中，李某与王某系某小学一年级新生，属于不满8周岁的未成年人，其作为无民事行为能力人的行为控制和识别能力较低，学校应当对其加强教育管理。王某在校园内玩耍小弓箭的行为具有危险性，但学校没有及时发现，也没有对其行为进行必要的管理、告诫或者制止，可认为是疏于对儿童人身安全方面的日常管理，导致李某在学校学习期间受伤。此外，本案中，事故发生在第二节课后，但校方并未及时将学生送医，且直到上午11时学校才将相关情况通知了未成年人的家长，也体现了校方管理的疏漏。如果该小学提供的证据不足以证明其已对包括李某、王某在内的在校学生尽到教育、管理职责，根据《民法典》第1199条的规定，对李某的损害后果某小学应当承担主要的赔偿责任。

律师提示

学校教师或者其他工作人员负有组织、管理未成年学生的职责，发现学生行为具有危险性，应进行必要的管理、告诫或者制止。对未成年学生擅自离校等与学生人身安全直接相关的信息，学校发现或者知道时应及时告知未成年学生的监护人。

学校应组织或者安排未成年学生从事适宜未成年人参加的劳动、体育运动及其他活动，了解学生的身体状况，并对有特异体质或者特定疾病的学生给予必要的注意。学生在校期间突发疾病或者受到伤害，学校发现后应根据实际情况及时采取相应措施。学校知道教师或者其他工作人员患有不适宜担任教育教学工作的疾病，应采取必要措施。

198.高中生在校受伤，学校在何种情况下承担侵权责任？

答案 某高中在该事故中存在过错，应承担侵权责任。齐某和李某二人也存在一定过错，可适当减轻某高中的赔偿责任。

相关法条

《民法典》第1200条 限制民事行为能力人在学校或者其他教育机构学习、生活期间受到人身损害，学校或者其他教育机构未尽到教育、管理职责的，应当承担侵权责任。

律师评析

《民法典》第1199条和第1200条规定了教育机构对校内人身损害的责任。其中，第1199条的归责原则为过错推定。无民事行为能力人在教育机构受到侵害的，教育机构负有举证责任证明自己无过错，否则其应承担责任。第1200条的归责原则是一般过错责任。因为限制民事行为能力人对其自身行为具有一定的判断和控制能力，所以在举证责任分配上，须由受害人对教育机构是否存在过错承担举证责任。就本案而言，齐某和李某均系某高中的学生，事故发生时二人均系未满18周岁的限制民事行为能力人，本案应适用《民法典》第1200条之规定，学校未尽到教育、管理职责的，应当承担侵权责任。

本案中，某高中未采取有效监管和安全教育措施，且未在校园内科学合理地设置夜间照明设施，上述情形是导致齐某和李某相撞，致使李某受伤的主要原因。故某高中存在重大过错，应依据《民法典》第1200条之规定承担民事赔偿责任。同时，齐某作为限制民事行为能力人，对自己的行为及后果已有一定的预见能力，其在跑动时未充分尽到安全注意义务，自身存在一定过错；李某作为限制民事行为能力人在黑暗处没有充分尽到避让和自我保护义务，其自身也存在一定过错。结合本案实际情况，应认定齐某和李某过错程度相当，依据过失相抵原则，应适当减轻某高中的民事赔偿责任。

律师提示

学校的校舍、场地、其他公共设施，以及学校提供给学生使用的学具、教育教学和生活设施等，均应符合国家规定的标准。同时，学校应不断完善安全保卫、消防、设施设备管理等安全管理制度，避免因管理混乱导致意外事故的发生。

学校组织学生参加教育教学活动的，应对学生进行相应的安全教育，并在可预见的范围内采取必要的安全措施。

199.未经家人同意将未成年人交由他人接走后发生事故，幼儿园是否应当承担责任？

答案 幼儿园在管理上存在疏漏，未尽到管理职责，其对因明明死亡造成的各项损失，应承担相应的补充责任。

相关法条

《民法典》第1201条　无民事行为能力人或者限制民事行为能力人在幼儿园、学校或者其他教育机构学习、生活期间，受到幼儿园、学校或者其他教育机构以外的第三人人身损害的，由第三人承担侵权责任；幼儿园、学校或者其他教育机构未尽到管理职责的，承担相应的补充责任。幼儿园、学校或者其他教育机构承担补充责任后，可以向第三人追偿。

律师评析

《民法典》第1201条解决的是无民事行为能力人和限制行为能力人在教育机构学习、生活期间，受教育机构外的第三人人身损害的责任承担问题。

明明系无民事行为能力人，其在某幼儿园学习、生活期间，受到幼儿园以外的第三人即璐璐父亲驾车车祸造成人身损害，璐璐父亲是直接侵权人，应当对小明的死亡承担侵权责任。

而幼儿园对明明应当尽到管理职责，如果没有尽到管理职责，应当承担补充责任。本案中，明明平日都是由幼儿园班车接送上下学，其被璐璐父亲接走当日，幼儿园方面并没有事先接到明明家人关于明明当日放学不再搭乘幼儿园班车、由璐璐父亲接走的通知。此种情况下幼儿园方面就允许了璐璐父亲接走明明，且在明明被接走后幼儿园方面也没有将这一情况告知明明的家人，显然是失职的。明明的家人已经交纳园费及班车费用，由幼儿园接送明明上、下园，从明明早上被交给幼儿园至晚上由班车安全送回家止，应视为明明在幼儿园学习、生活期间，幼儿园在此期间有保护明明人身安全的义务与职责。

本案中虽明明与璐璐父亲有亲属关系，但幼儿园与明明家人并没有事先对明明可由他人接送进行过约定，此次璐璐父亲接走明明也没有事先得到明明法定代理人的授权，这种情况下幼儿园允许璐璐父亲接走明明，没有尽到管理职责，应当对明明的死亡承担补充责任。

律师提示

未成年人作为无民事行为能力人或限制民事行为能力人，缺乏自我保护能力，未成年人的监护人一定要注意避免意外事故和其他会对未成年人造成伤害的事件发生。

在接送未成年人上下学过程中，未成年人的家人如委托家人以外的人接送，应当提前告知幼儿园或学校等教育机构。

幼儿园在对待未成年人接送的问题上应当尽到管理职责，不能将未成年人交给未得到未成年人监护人委托的他人，如有他人接送，幼儿园应当与未成年人的监护人提前确认，并在未成年人被接走后及时向监护人进行告知。

200.产品缺陷导致损害，生产者应承担何种责任？

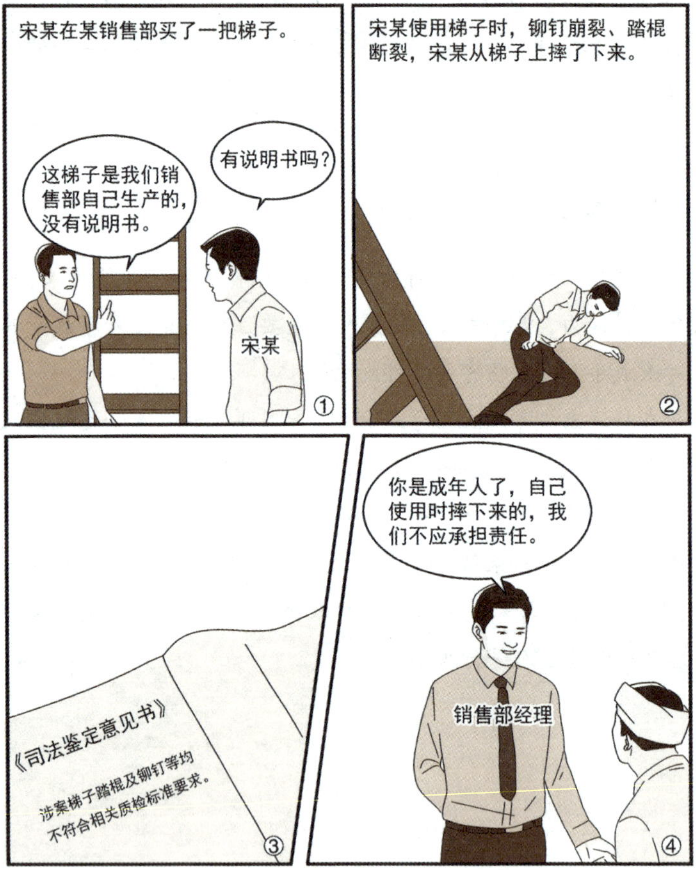

答案 梯子的生产者某销售部应对宋某遭受的损害承担侵权责任。

相关法条

《民法典》第1202条 因产品存在缺陷造成他人损害的，生产者应当承担侵权责任。

律师评析

产品责任属于无过错责任。本案中，根据《司法鉴定意见书》的鉴定意见，涉案梯子存在不符合保障人身、财产安全的国家标准、行业标准的产品质量缺陷，而且涉案梯子无产品质量合格证书和产品使用说明书（或未注明产品操作和使用方法），违反了《产品质量法》第27条的规定，属于质量不合格产品。根据《民法典》第1202条的规定，因产品存在缺陷造成他人损害的，生产者应当承担侵权责任。最高人民法院《关于民事诉讼证据的若干规定》第4条第1款第6项规定："下列侵权诉讼，按照以下规定承担举证责任：……（六）因缺陷产品致人损害的侵权诉讼，由产品的生产者就法律规定的免责事由承担举证责任。"此外，《产品质量法》第41条规定的不承担赔偿责任的情形包括：（1）未将产品投入流通的；（2）产品投入流通时，引起损害的缺陷尚不存在的；（3）将产品投入流通时的科学技术水平尚不能发现缺陷的存在的。根据本案情况，某销售部无法举证证明存在以上情况。因此，某销售部不能免责，应对宋某的损失承担侵权责任。

产品责任纠纷适用无过错责任归责原则，即只要因产品存在缺陷造成他人损害即他人人身、财产损害的，除了法定可以免责的事由外，不论缺陷产品的生产者主观上是否存在过错，都应当承担赔偿责任。本案中，宋某所受伤害系因某销售部生产的梯子存在不符合国家标准、行业标准的产品质量缺陷，宋某在攀爬梯子时铆钉崩裂、踏棍断裂导致其摔落受伤。宋某作为消费者，在使用某销售部生产的梯子时，有理由认为该梯子为合格产品，无法也无需预料到梯子会出现问题，且攀爬梯子本身为日常生活中经常出现的行为，无需特殊资质，宋某作为完全民事行为能力人，已尽到相应的安全注意义务，故其对自身受伤不存在过错。

律师提示

消费者在购买商品和接受服务前，要充分了解相关消费信息，包括所需购买的商品或接受服务的价格、安全使用的原则和条件、商品有效期及有效期满后的注意事项等。

消费者在维护自己的合法权益时，一定要持有相应的消费凭证，包括发票、保修卡、合格证、产品使用说明书等，作为消费维权中的法律凭证使用。

201.因产品缺陷致人损害，应该向谁主张责任？

答案

王女士有权主张A商场承担赔偿责任，也有权要求B电器厂承担赔偿责任。

相关法条

《民法典》第1203条 因产品存在缺陷造成他人损害的，被侵权人可以向产品的生产者请求赔偿，也可以向产品的销售者请求赔偿。

产品缺陷由生产者造成的，销售者赔偿后，有权向生产者追偿。因销售者的过错使产品存在缺陷的，生产者赔偿后，有权向销售者追偿。

律师评析

因产品存在缺陷致人损害，属于侵权行为的一种。产品，可以说贯穿了每个人生活的方方面面，小到食品、日用品、家用电器，大到交通工具、生产机械等，因产品存在缺陷致人损害的侵权行为在现实生活中也可谓层出不穷，被侵权后找谁承担责任是消费者常常面临的问题。《民法典》第1203条对于被侵权人请求损害赔偿的途径和先行赔偿人追偿权都作了明确的规定，为被侵权人维护自身的合法权益提供了法律依据。

本条所讲的"被侵权人"，是指因产品存在缺陷造成人身、财产损害之后，有权要求获得赔偿的人。既包括直接购买并使用缺陷产品的人，也包括非直接购买并使用缺陷产品但受到缺陷产品损害的其他人。

被侵权人因产品存在缺陷造成损害后，往往不清楚这一缺陷究竟是谁造成的，因此也就不知道应当向谁请求赔偿。《民法典》第1203条从方便被侵权人维护自己合法权益的角度出发，规定了被侵权人请求赔偿的两个途径：被侵权人可以向产品的生产者请求赔偿，也可以向产品的销售者请求赔偿。也就是说，只要是缺陷产品引起的损害，被侵权人可以向生产者和销售者中的任何一方提出赔偿请求。如果二者不予赔偿，被侵权人可以生产者和销售者中的任何一方为被告提起民事诉讼。法律规定为被侵权人提供了两条请求损害赔偿的途径，为被侵权人的合法权益提供了多重保障。

根据本条规定，产品缺陷由生产者造成的，销售者赔偿后，有权向生产者追偿。因销售者的过错使产品存在缺陷的，生产者赔偿后，有权向销售者追偿。也就是说，没有责任的生产者或者销售者，对因缺陷产品引起的赔偿请求，预先替对方垫付了赔偿费用，有权要求有责任的一方支付自己已经垫付的赔偿费用。需要明确的是，生产者和销售者承担产品责任的原则是不同的，生产者承担无过错责任，销售者承担过错责任，先行垫付赔偿费用的一方只有在另一方符合承担产品侵权责任条件的情形下，才可以向对方行使追偿权。

律师提示

现实生活中，如果所购买的缺陷产品是从固定商家购买，那么直接找商家主张赔偿比较便捷，但如果产品是在类似于展销会等非固定的场所购买，很可能寻找销售者比较困难。这种情况下被侵权人可以直接找到生产者要求承担赔偿责任。除此之外，被侵权人选择主张权利的对象时还应充分考虑对方的偿付能力，以便实际取得赔偿。

虽然法律给予被侵权人两条途径维护自身权益，但消费者应注意在购买产品时选择有信誉的销售者及产品生产者，如果在流动的摊点购买了三无产品，真的发生了因缺陷产品导致的损害也会出现维权的困难。

作为产品流通的最终环节，产品的销售者在选择所销售产品时应当从正规途径进货，严格把好进货关，切忌因贪便宜而选择问题产品、三无产品等，并且在销售前做好检查工作，否则可能导致垫付了赔偿费用后无法追偿造成自身损失。

因产品质量问题导致人员死亡的，根据法律规定，可以按照生产、经营假冒伪劣产品罪来进行认定。

202.运输者过错导致产品缺陷造成他人损害，受害者应当向谁主张权利？

答案　超市应当对小明家人承担责任。超市作为销售者，赔偿后有权向第三人运输商追偿。

相关法条

《民法典》第1204条　因运输者、仓储者等第三人的过错使产品存在缺陷，造成他人损害的，产品的生产者、销售者赔偿后，有权向第三人追偿。

律师评析

《民法典》第1204条明确了因运输者、仓储者等第三人过错导致产品缺陷的侵权赔偿责任。被侵权人可以要求产品生产者、销售者承担侵权责任，后者承担责任后有权向负有赔偿责任的运输者、仓储者进行追偿。

产品在运输流通过程中，运输者、仓储者有按照有关规定及产品包装表明的储藏运输标准进行储存及运输的义务。如果运输者、仓储者等不按上述规定运输或者仓储，有可能造成产品缺陷。根据过错原则，行为人应当对因自己的过错产生的损害负赔偿责任，因此，因运输者、仓储者等第三人导致产品缺陷造成他人损害的，该第三人应当承担赔偿责任。

生活中，一件产品出厂后，会经过生产、储存、运输、销售多个环节，最终由使用人获得。在侵权事实发生后，被侵权人想要厘清产品缺陷的真正原因及所涉运输者和仓储者的身份都有较大难度，对于被侵权人而言，向生产者或者销售者主张赔偿最为便捷。根据本条规定，即使产品缺陷是运输者、仓储者等第三人过错造成的，被侵权人仍然可以向产品销售者、生产者主张赔偿。产品的销售者及生产者承担责任后，可以向造成产品缺陷的运输者、仓储者等第三人行使追偿权，要求其承担相应责任。

本案中，虽然面粉变质是由运输商的行为导致的，但小明家人仍然可以要求作为面粉销售者的超市承担责任。超市承担责任后，可以向运输商进行追偿。

律师提示

因产品缺陷受到损害的被侵权人，往往只知道产品是由谁销售或生产的，对于产品的运输、仓储环节难以进行查实，也难以确定产品缺陷的真正原因。此时被侵权人可以向产品销售者或生产者要求赔偿，这种方式有助于被侵权人进行维权。

购买产品时，消费者应当注意保留发票等相关消费凭证，在出现产品缺陷导致损害时，上述消费凭证可以确定产品的销售者或生产者，便于被侵权人进行维权。

203.把车辆借给别人发生交通事故，车主要担责吗？

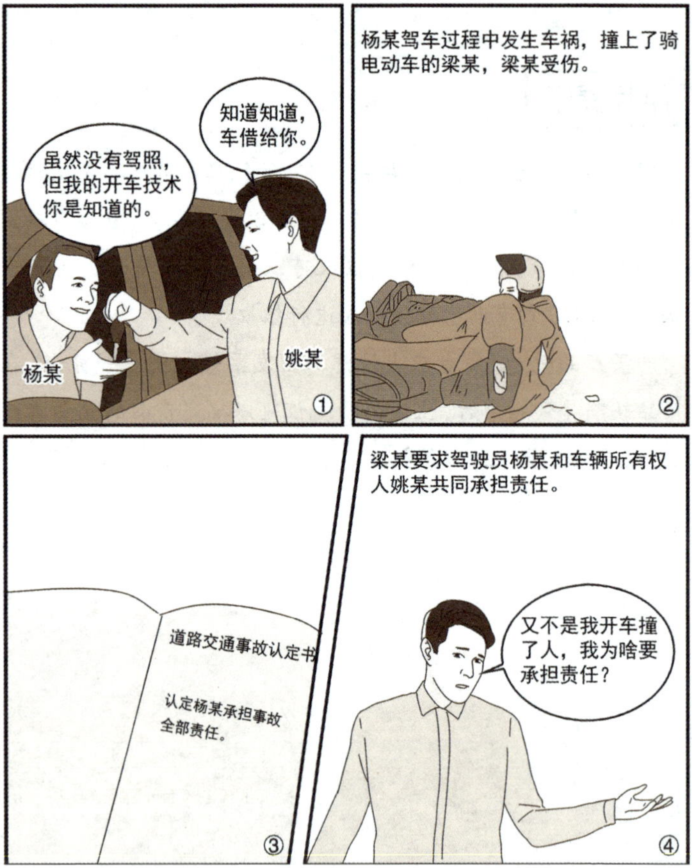

答案

姚某作为车辆所有权人，将车辆借用给没有驾驶资格的杨某使用，发生交通事故造成损害且责任属于机动车一方，姚某对损害发生有过错，应当根据其过错程度承担相应赔偿责任。

相关法条

《民法典》第1209条 因租赁、借用等情形机动车所有人、管理人与使用人不是同一人时，发生交通事故造成损害，属于该机动车一方责任的，由机动车使用人承担赔偿责任；机动车所有人、管理人对损害的发生有过错的，承担相应的赔偿责任。

律师评析

现实生活中，因存在租赁、借用等情形，会出现机动车所有人、管理人与使用人并非同一人的情况。一旦发生交通事故，且属于机动车一方的责任时，一般是由实际使用人承担赔偿责任，但是如果所有人和管理人对损害的发生存在过错的，要根据过错程度承担相应的赔偿责任。

本案中，车辆所有权人是姚某，但因姚某将其自有车辆借给朋友杨某使用，导致机动车所有人（姚某）与使用人（杨某）不是同一人，此时发生交通事故造成梁某受伤，且机动车一方承担全部责任，由机动车使用人即杨某对梁某承担赔偿责任。

同时，姚某作为车辆所有权人，将车辆出借给杨某使用时，应当对借用人进行必要审查，包括确保借用人杨某具有驾驶资格。但姚某明知杨某没有驾驶资格，仍然将车辆借给杨某使用，导致杨某驾驶车辆发生事故造成梁某受伤。虽然姚某不是车祸发生时的驾驶人员，但因姚某对梁某受伤存在过错，应当根据其过错程度对梁某承担赔偿责任。

律师提示

将自有车辆出租、出借给他人使用时，车主一定要对承租人、借用人进行必要的审查，特别要审查承租人、借用人是否有驾驶资格。车主应当查看承租人、借用人的驾驶执照，确保承租人、借用人有驾驶资格，且驾照处于有效期内。

车主还应当保障机动车性能符合安全的要求，如车辆制动灵敏等。机动车所有人没有尽到上述注意义务，造成他人损害的，机动车所有人应当对因自己的过错造成的损害负相应的赔偿责任。

204.机动车未过户，侵权责任谁承担？

答案

老陈应该向小刘主张赔偿，但也可以向车主小李主张赔偿，最终还是应由小刘承担赔偿责任。

相关法条

《民法典》第1210条　当事人之间已经以买卖或者其他方式转让并交付机动车但是未办理登记，发生交通事故造成损害，属于该机动车一方责任的，由受让人承担赔偿责任。

律师评析

实践中，当事人之间已经以买卖等方式转让并交付机动车，但因以物抵债、节省费用等原因未及时办理机动车所有权转移登记，机动车名义所有人与实际所有人不一致的情况大量存在。此时，一旦机动车发生交通事故造成他人损害，往往会引发由何人承担责任的争议。

《民法典》第1210条对于机动车已交付未过户造成事故的侵权责任承担进行了明确规定，确认由受让人承担赔偿责任。这主要是基于以下两方面原因：

1. 机动车买卖未过户不影响买卖合同效力。《民法典》第502条规定，依法成立的合同，自成立时生效，但是法律另有规定或者当事人另有约定的除外。机动车买卖合同效力，主要是依据一般合同效力的条件来认定的，买卖双方只要达成合意、内容不违反法律规定，买卖合同即成立生效。车辆的过户登记并不是买卖合同成立的必要条件，未登记过户也不影响机动车买卖合同的效力。

2. 机动车买卖未过户发生交通事故，原登记车主未实施侵权行为。道路交通事故发生的民事责任属于侵权责任，当事人承担责任的基础必须符合侵权责任的构成要件。侵权责任构成的要件包括加害行为的违法性；侵权事实；行为人的主观过错；加害行为与所造成损害之间的因果关系。原登记车主在该类事故中未实施侵权行为，并不具备以上要件，不应承担侵权责任。

本案中，原车主已经将机动车卖给买受人且已经交付给买受人实际使用，发生事故侵害他人权利的也是买受人，因此机动车买卖未过户发生交通事故的，原登记车主不承担赔偿责任。

律师提示

现实中如果发生机动车事故，车辆登记车主与实际所有人不同的，被侵权人可向实际所有人（买受人）提起诉讼。

虽然本条已经明确了由买受人承担赔偿责任，但如果被侵权人向机动车登记车主主张赔偿责任，原车主也需要举证机动车已经买卖且交付。

当事人之间已经以买卖或者其他方式转让并交付机动车的，应及时办理机动车过户登记，消除机动车名义所有人与实际所有人不一致的状态，从而避免因转让的机动车发生交通肇事给自己招致不必要的麻烦。

205.搭乘同事车辆发生事故致伤，同事是否担责？

答案

李强出于好意让刘明搭车，因李强原因发生交通事故给刘明造成损害的，李强应当承担赔偿责任，但应当减轻其赔偿责任。如果李强有故意或者重大过失，则不能减轻赔偿责任。

相关法条

《民法典》第1217条　非营运机动车发生交通事故造成无偿搭乘人损害，属于该机动车一方责任的，应当减轻其赔偿责任，但是机动车使用人有故意或者重大过失的除外。

律师评析

好意同乘，是指驾驶人出于好意而无偿搭载他人的行为，经常发生在我们日常生活中，特别是邻里、同事、朋友之间，其特点是无偿。是否无偿，是判断构成好意同乘与否的关键所在。实践中，应当综合考虑双方当事人的熟悉程度、机动车是否为营运车辆、乘坐时间与地点及交易习惯等因素具体进行认定。

好意同乘是一种善意施惠行为，其实质是助人为乐，符合传统道德和绿色出行理念，应当受到鼓励和支持。因此，《民法典》第1217条明确规定交通事故责任属于本机动车一方的，应当减轻驾驶人对于搭乘人的赔偿责任。在《民法典》出台前，法官只能基于公平原则或公序良俗等减轻驾驶人的责任。而好意同乘被写入《民法典》，使得好意搭载的责任减轻有了明确的法律依据。

本案中发生的交通事故，如果驾驶人李强没有故意或者重大过失，也就是说在其尽到了一般注意义务的情况下，可以一定程度上减轻其赔偿比例。但如果因李强故意或者重大过失发生交通事故，造成刘明在事故中受伤，则李强的赔偿责任不能减轻。

律师提示

好意同乘行为实质上是受惠于人，一旦发生交通事故，造成搭乘人损失，应当互谅互让。如果驾驶人不存在故意或重大过失，不应当苛责驾驶人对搭乘者的损失承担全部赔偿责任。

206.公益组织是否有权要求污染企业承担惩罚性赔偿责任？

答案　某公益组织有权要求建华公司承担惩罚性赔偿责任。

相关法条

《民法典》第1229条　因污染环境、破坏生态造成他人损害的，侵权人应当承担侵权责任。

《民法典》第1232条　侵权人违反法律规定故意污染环境、破坏生态造成严重后果的，被侵权人有权请求相应的惩罚性赔偿。

律师评析

在政府大力提倡生态文明建设、保护生态环境的今天，危害环境的行为人如仅仅承担行政责任及传统的民事责任，污染成本很低。《民法典》引入"惩罚性赔偿"制度，是打击环境污染、生态破坏行为的有利武器。

根据《民法典》的规定，不论行为人有无过错，只要其客观上实施了污染环境、破坏生态的行为，造成他人损害，即应当赔偿被侵权人因此遭受的损失。对故意污染环境的人适用惩罚性赔偿，不仅可以对行为人进行惩罚，而且对其他人可以起到威慑作用。

环境污染受害人属于弱势群体，在过去的司法实践中，即使胜诉，得到的赔偿也仅限于在申请救济时有证据证明的已有损害的赔偿，不包括潜在的损害。本次《民法典》增加的惩罚性赔偿条款，有利于受害人获得比其实际损害更多的赔偿。

律师提示

同一环境污染或生态破坏行为可能既导致人身、财产等损失，同时也会导致生态环境公共利益损失。实践中可以考虑提起针对同一环境污染行为的侵权诉讼和公益诉讼。

《民法典》调整的是平等民事主体之间的法律关系,《民法典》第 1232 条的适用不是为了代行环境保护行政管理的职能,不能过分背离侵权责任损害填平的原则,既要体现法律的威慑力,又要为法官提供裁判指引,以受害人受损金额或者加害人获利金额为基准,法院在确定惩罚性赔偿金时,还应结合个案综合考虑。

207.高空抛物致人损害，整栋楼都要承担赔偿责任吗？

答案　张力父亲有权向抛物楼宇中可能的侵权人主张补偿责任，也有权要求物业管理人承担赔偿责任。

相关法条

《民法典》第1254条 禁止从建筑物中抛掷物品。从建筑物中抛掷物品或者从建筑物上坠落的物品造成他人损害的，由侵权人依法承担侵权责任；经调查难以确定具体侵权人的，除能够证明自己不是侵权人的外，由可能加害的建筑物使用人给予补偿。可能加害的建筑物使用人补偿后，有权向侵权人追偿。

物业服务企业等建筑物管理人应当采取必要的安全保障措施防止前款规定情形的发生；未采取必要的安全保障措施的，应当依法承担未履行安全保障义务的侵权责任。

发生本条第一款规定的情形的，公安等机关应当依法及时调查，查清责任人。

律师评析

高空抛物致人损害属于侵权行为的一种。高空抛物对于个人生命安全有很大威胁，同时也会危害公共安全，影响社会和谐稳定，是我们需要认真面对的一个重要问题。《民法典》第1254条对于高空抛物行为导致的损害进行了专门规定。

高空抛物致损取证困难。针对这一问题，《民法典》特别规定了公安等机关主体应及时调查及查清侵权责任主体的相应义务。在日常生活中，公安机关对高空抛物的调查取证确实会面临很大的实际困难。此时，我们需要法律来合理地分配责任，化解矛盾。为此，《民法典》规定，在无法找到实际侵权人的情况下，由可能侵权的一方来承担举证责任，证明自己没有实施侵权行为，如高空抛物发生时自己不在家、自己家的位置抛物不可能击中张力父亲等。如果举证不能，就需要对被侵权的一方进行补偿。

当然，这里所说的补偿不等于赔偿，只是法律基于公平原则对各方利益进行平衡的结果。如果在补偿后又查明了实际侵权人，已经作出补偿的一方有权向实际侵权人进行追偿。

《民法典》还特别强调了物业服务企业等建筑物管理人的安全保障义务。如果其没有采取必要的安全保障措施防止高空抛物情形的发生，应当依法承担未履行安全保障义务的侵权责任。

律师提示

杜绝高空抛物行为有赖于全体物业使用人、物业管理人的共同抵制和规范。在日常生活中，要杜绝随意向楼下抛物的行为。对于阳台、窗台上摆放的物品，要注意采取措施防止其不慎掉落。尤其是在大风天，要特别注意物品被吹落砸伤行人的风险。

如果发生自己、亲友或路人不慎被高空落物砸中，首先要及时报警和抢救，生命健康高于一切。同时，可以通过观察判断及时找寻抛物人。比起事后调查，在发生抛物的第一时间更加有可能找到侵权人，避免之后的调查取证困难。发现抛物人线索后，要及时将线索告知警方，配合警方调查取证。但同时，也要注意情绪的克制，避免与侵权人发生冲突，导致二次侵权或其他次生责任。

高空抛物致损行为不仅可能承担侵权赔偿责任，还可能构成以危险方法危害公共安全罪、故意伤害罪、故意杀人罪、过失致人死亡罪、过失致人重伤罪、重大责任事故罪等刑事犯罪。

图书在版编目(CIP)数据

生活离不开的民法典 / 北京市炜衡律师事务所编著
. -- 北京 : 法律出版社, 2021(2024.12 重印)
ISBN 978-7-5197-4985-9

Ⅰ. ①生… Ⅱ. ①北… Ⅲ. ①民法-法典-基本知识
-中国 Ⅳ. ① D923

中国版本图书馆 CIP 数据核字(2020)第 182663 号

生活离不开的民法典
SHENGHUO LIBUKAI DE MINFADIAN

北京市炜衡律师事务所 编著

策划编辑 朱轶佳 程 岳
责任编辑 朱轶佳
装帧设计 鲁 娟
漫画作者 深圳市卓越律商法律文化传播有限公司

出版发行 法律出版社
编辑统筹 司法实务出版分社
责任校对 周合芝 周诗湄
责任印制 胡晓雅
经 销 新华书店

开本 A5
印张 21 **字数** 497 千
版本 2021 年 3 月第 1 版
印次 2024 年 12 月第 16 次印刷
印刷 固安华明印业有限公司

地址:北京市丰台区莲花池西里 7 号(100073)
网址:www.lawpress.com.cn
投稿邮箱:info@lawpress.com.cn
举报盗版邮箱:jbwq@lawpress.com.cn

销售电话:010-83938349
客服电话:010-83938350
咨询电话:010-63939796

书号: ISBN 978-7-5197-4985-9
定价: 92.00 元
凡购买本社图书,如有印装错误,我社负责退换。电话:010-83938349